ADAC Reiseführer

Mallorca

Palma Pollença Alcúdia

Strände · Städte · Dörfer · Shopping · Ausflüge
Museen · Nachtleben · Hotels · Restaurants

Die Top Tipps führen Sie zu den Highlights

von Cornelia Hübler

Intro

Unterwegs

Der Südosten – malerische Buchten und eindrucksvolle Talaiots 118

Mallorca Kaleidoskop

Mallorca – die schönsten Wanderungen

Karten und Pläne

☐ Service

Leserforum

Die Meinung unserer Leserinnen und Leser ist wichtig, daher freuen wir uns von Ihnen zu hören. Wenn Ihnen dieser Reiseführer gefällt, wenn Sie Hinweise zu den Inhalten haben – Ergänzungs- und Verbesserungsvorschläge, Tipps und Korrekturen –, dann kontaktieren Sie uns bitte:

Redaktion ADAC Reiseführer
Travel House Media GmbH
Grillparzerstr. 12, 81675 München
adac.reisefuehrer@travel-house-media.de

Mallorca Impressionen

Wie es euch gefällt

Vorhang auf! Die noch schlaftrunkenen Augen blinzeln der Sonne entgegen, nehmen die fantastischen Umrisse von knorrigen Olivenbäumen wahr, die rot leuchtende Bougainvillea an der Trockensteinmauer gegenüber. Langsam erwachen auch die Ohren und lauschen dem morgendlichen Konzert der Vögel, untermalt vom fernen Geblöke einer Schafherde. In die Nase steigt eine köstliche Melange aus frischem Kaffee und dem harzigen Duft der Aleppokiefern – auf Mallorca beginnt ein neuer Tag.

Zweiter Akt, etliche Stunden später: Das Bergsteigerherz klopft vor Anstrengung und Freude. Vom Gipfel des Puig de Massanella wandert der Blick über schroffe Felshänge und glitzerndes Meer.

Szenenwechsel, wenige Kilometer entfernt: Das Pochen im Kopf wird lauter, Wasser und eine Schmerztablette wären jetzt angesagt. Doch wird sich noch einmal umgedreht und geschaut, wer da neben einem liegt. War ganz schön wild gestern Abend, mit reichlich Alkohol und Oktoberfeststimmung beim ›Bierkönig‹. Und nachher am Strand soll's eigentlich schon weitergehen…

Dritter Akt, Abendstimmung: Die Siesta ist vorbei und in die schattigen Gässchen rund um die Kathedrale von Palma kehrt wieder Leben ein. Unzählige kleine Boutiquen, Schuhgeschäfte und Juweliere präsentieren verführerisch ihre Waren, und dazwischen haben Galerien und private Kunststiftungen ihre Türen geöffnet. Zwei Sommerkleider, ein Paar Sandalen und eine bunte Glasperlenkette später erholen sich die müden Beine in einem Korbsessel an der Hafenpromenade, wo weiße Segeljachten beruhigend im Wasser schaukeln…

Über 8 Mio. Reisende kommen jedes Jahr mit den unterschiedlichsten **Erwartungen** und Interessen nach

Oben: *Nacht- und Tagaktive können sich auf Mallorca gleichermaßen austoben*
Rechts oben: *Malerisches Kleinod: Valldemossa im Südwesten zählt zu den schönsten Dörfern der Insel*
Rechts: *Mit Traumbuchten wie Cala Santanyì bezaubert die Südostküste*

Mallorca – und die Insel im Mittelmeer erfüllt sie auf wunderbare Weise alle: Naturfreunde und Ruhesuchende finden noch scheinbar unberührte Landstriche, Partygänger feiern bis zum Morgengrauen in den zahlreichen mehr oder weniger schicken Klubs, Shopping-Fans kehren mit prall gefüllten Einkaufstaschen vom Stadtbummel heim, Kulturinteressierte streifen durch exquisite Museen und besuchen renommierte Musikfestivals, internationale Prominenz lässt sich vom Sternekoch am Jachthafen verwöhnen und Familien planschen vor dem Hotelblock im kristallklaren Meerwasser.

Wer keinen Kontakt zu den ›anderen‹ haben möchte, kann ihnen auf der Insel problemlos aus dem Weg gehen – nur im Flugzeug sitzen dann wieder alle für zwei Stunden eng beieinander.

Schroffe Gipfel, blühende Gärten, weißer Strand

Wie ihr Name kundtut, ist Mallorca (lat. Maiorica, die Größere) zwar die größte der Baleareninseln, mit einer Maximalausdehnung von 100 km zwischen Sant Elm im Südwesten und Cala Rajada im Nordosten aber dennoch überschaubar. Auf ihrer relativ kleinen Fläche von nur 3620 km² entfaltet sich ein ganzes Universum an Landschaften. Steil fallen im Nordwesten die bis zu 1445 m hohen Berge der **Serra de Tramuntana** in das tiefblaue Mittelmeer. Ihre Hänge sind teils schroff und felsig, teils mit Steineichen, Aleppokiefern und Schneidgras bewachsen. Im Schutz des Gebirges gedeihen Mandel-, Oliven- und Zitrusbäume, an den Rebstöcken von **Binissalem** und Santa Maria del Camí reifen die Trauben für die hervorragenden mallorquinischen DOC-Weine. In der Inselmitte erstreckt sich die weite, fruchtbare Ebene *Es Pla*, auf der Windräder mit ihren Pumpen die Bewässerung von Aprikosenhainen und Gemüsegärten besorgen. Mehrere kleinere Erhebungen und der mächtige Tafelberg **Puig de Randa** offenbaren herrliche Aussichten bis zur Küste mit zwei grandiosen Naturparks: im Süden die Salzfelder der **Salines de Llevant** und im Norden das vogelreiche Sumpfgebiet des **Parc Natural S'Albufera**. Im Osten wogen die Hügel der Serra de Llevant Richtung Meer. Sie sind zwar niedriger als die Berge im Westen, aber nicht minder wild mit ihrem gelb blühenden Ginster und den windgepeitschten Zwergsträuchern. Bleibt schließlich noch die **Küste**, die ganze 550 km Länge aufweist und so facettenreich ist wie die Insel selbst: Kilometerlange Sandstrände, die sanft ins kristallklare Meerwasser auslaufen, gibt es hier ebenso wie kleine verträumte Kiesbuchten, fjordartige Meeresarme und dramatische Steilklippen.

Eine Entdeckung wert sind auch die verborgenen Landschaften unter der Erdoberfläche, etwa die einzigartigen Tropfsteinhöhlen von Campanet, Artà und Drac.

Schauplatz europäischer Vorgeschichte

Seit 6000 Jahren wissen Menschen den natürlichen Reichtum Mallorcas zu schätzen und hinterließen ihre Spuren. In der Bronzezeit waren es Siedler der **Talaiot-Kultur**, die mit scheinbar übermenschlichen Kräften Türme und Wehrmauern aus tonnenschweren Steinquadern errichteten, Bauwerke wie z. B. bei *Capocorb Vell*, die die Jahrtausende überdau-

erten und noch heute ehrfurchtsvolles Staunen auslösen. Die ersten Olivenbäume kamen mit den Karthagern, die die Insel um 600 v. Chr. zum Handelsplatz erkoren. Auch die **Römer** waren sich der strategisch günstigen Lage Mallorcas bewusst, nahmen es 123 v. Chr. ein und gründeten bedeutende Städte wie *Palma* und *Pollentia* – letzteres leistete sich sogar ein Amphitheater, das nicht einmal die Vandalen gänzlich dem Erdboden gleich machen konnten. Der ostgermanische Stamm fiel im 5. Jh. über die Insel

Oben: *Romantische Buchten und Piratenspuren locken Wanderfreunde in Cala Pi*
Links Mitte: *Jung und exklusiv gibt sich Palmas Shoppingmeile Avinguda Jaume III*
Links unten: *Von der Morgensonne gestreichelt – Fischerortidylle Portocolom*

her, doch war ihm nur ein relativ kurzes, unbedeutendes Intermezzo in der Inselgeschichte beschieden.

Viel präsenter ist das **Erbe der Mauren**, die Mallorca 300 Jahre lang beherrschten und in dieser Zeit nicht nur herrliche Städte mit Palästen, öffentlichen Bädern und Moscheen erbauten, sondern auch blühende Gärten und fruchtbare Felder anlegten. In den *Banys Arabs* in Palma, beim Spaziergang in den Laubengängen der verwunschenen *Jardins d'Alfàbia* oder beim Blick über die Terrassenfelder von *Banyalbufar* gewinnt man noch heute eine Vorstellung von jenen arabischen Blütejahren, die 1229 mit der **Reconquista** durch Jaume I., König von Aragon und Katalonien, ein Ende fanden.

Die christlichen Herrscher ihrerseits ließen herrliche Kirchen auf den Grundmauern der zerstörten Moscheen errichten, allen voran die *Kathedrale von Palma,* eine Meisterleistung gotischer Architektur! Klöster wie das *Santuari de Cura* auf dem Berg Randa oder das *Kloster Lluc* wurden zum Hort für sakrale Kunst und Wissenschaft, ihre hoch verehrten Ma-

donnen zum Ziel Tausender Wallfahrer. Auch die Wirtschaft florierte, man pflegte rege Handelsbeziehungen mit den Mittelmeeranrainern und gönnte sich die prächtige Seehandelsbörse *Sa Llotja* in Palma. Auf dem Land entstanden riesige Güter wie *La Granja* oder *Els Calderers*, die im Besitz mächtiger Feudalherren waren. Derartiger Reichtum zog immer wieder **Piraten** an, die brandschatzend und plündernd die meernahen Ortschaften unsicher machten. Erst mit einer Reihe von Wachtürmen, Talaias, entlang der Küste gelang es, die Bevölkerung vor derartigen Überfällen zu schützen. Doch ab dem 16. Jh. ließen Epidemien, Bauernaufstände, die Verlagerung der Seehandelsrouten in den Atlantik und politische Gängelei Mallorca zunehmend ins Abseits geraten. Als um 1900 auch noch Ungeziefer die Wein- und Orangenernten vernichtete, wurde die wirtschaftliche Not so groß, dass sich viele Insulaner zur Emigration gezwungen sahen. Einige von ihnen kehrten als reiche Männer zurück und ließen prachtvolle Häuser in der Manier des katalanischen **Modernisme**, einer Spielart des Jugendstils, erbauen, die noch heute die Innenstädte von Palma und Sóller schmücken. Ein besonders schönes Architekturbeispiel hierfür ist das *Gran Hotel* in Palma, das zugleich die bedeutendste Entwicklung des 20. Jh. auf Mallorca markiert: Die Entdeckung der Insel durch den **Tourismus**. Was zunächst eher bescheiden begann, wurde in den 1960er-Jahren zum Mega-Geschäft mit dem meistfrequentierten Flughafen Spaniens und unzähligen Bettenburgen entlang der Küste. Massen an Urlaubern aus Großbritannien, Skandinavien und besonders Deutschland machten Mallorca reich und bescherten ihm seinen Ruf als ›Putzfraueninsel‹ oder ›Deutschlands 17. Bundesland‹. Nachrichten von wüsten Alkoholexzessen, einer rücksichtslosen Bauwut, Wassermangel und Müllproblemen sorgten für ein zweifelhaftes Bild der Insel in der Öffentlichkeit. Und dennoch gab es Reisende, die nach wie vor von ihrer Schönheit, ländlichen Ruhe und Ursprünglichkeit schwärmten. Dieses Potenzial erkannten in den 1990er-Jahren auch Politiker und Fremdenverkehrsexperten und begannen mit der Förderung des Qualitätstourismus. Fincas wurden zu gemütlichen Ferienapartments umgebaut, in den Städten und Küstenorten nahmen sich internationale Designer in die Jahre gekommener Hotels an und

Links oben: *Ob Pool oder Meeresbuchten wie Cala d'Or, Badespaß ist Mallorcas Trumpf*
Links: *Exquisite Museen wie Palmas Es Baluard und delikate Küche verwöhnen die Sinne*
Rechts oben: *Die zartrosa Farbenpracht der Mandelblüte bezaubert nicht nur Romantiker*
Rechts Mitte: *Beschauliche Altstadtplätze wie in Alcúdia laden zum Verweilen ein.*

schufen schicke Unterkünfte für solvente Gäste. Lärmschutzgesetze bereiteten dem ungezügelten Partytreiben unter freiem Himmel ein Ende, und in den kommenden Jahren soll sich sogar die Sündenmeile Platja de Palma mit S'Arenal in ein elegantes Strandbad verwandeln…

Spielwiese für Entdecker

Auch in Sachen Aktivurlaub ist für ein abwechslungsreiches Programm gesorgt. Natürlich stehen **Badefreuden** und **Wassersport** noch immer auf Platz eins der Urlaubergunst: Kein Wunder, denn verlockend sind überall entlang der Küste feine, vom türkisfarbenen Meer umspülte Sandstrände wie etwa die berühmte *Platja d'es Trenc*. Segler und Surfer begeistern die Winde in der *Badía de Pollença*, und Taucher genießen das Erlebnis einer atemberaubenden Unterwasserwelt rund um den *Archipiélago de Cabrera*. Vor allem im Frühjahr und Herbst stehen die Reize des Hinterlands hoch im Kurs. **Radfahrer** wissen die wenig befahrenen Straßen und herrlich grünen Landschaften Mallorcas zu schätzen, **Wanderer** durchstreifen auf einem gut ausgebauten Wegenetz die *Serra de Tramuntana* und nutzen die günstigen Übernachtungsmöglichkeiten in Berghütten und Klöstern. **Golfer** kommen auf malerisch gelegenen Greens, etwa in Platja de Canyamel, mit Meerpanorama auf ihre Kosten.

Als Symbiose von sportlichem und kulturellem Angebot wurden inzwischen einige Fincas wie etwa *Son Real* für Feriengäste erschlossen. In ihren alten Gemäuern laden Ausstellungen zum musealen Erlebnis der Inselgeschichte und ihrer Bewohner ein, während Spazier- und

Radwege zu Ausflügen in die weitläufigen Ländereien locken.

Wer die Menschen und Traditionen Mallorcas ›live‹ kennenlernen möchte, hat dazu auf einem der zahlreichen **Patronats- und Kirchenfeste** Gelegenheit. Feurig wild treiben als Teufel Maskierte ihr Unwesen beispielsweise während der *Revelta de Sant Antoni* (16./17.1.), dramatisch düster ist die Prozession der Kapuzen-Bruderschaften in Palma am *Gründonnerstag*, und überaus feierlich die *Schiffsprozession* zu Ehren der Muttergottes *Nostra Senyora del Carmen* im idyllischen Fischerort Cala Figuera. Auch nicht entgehen lassen sollte man sich den Besuch eines **Wochenmarktes** in einem Landstädtchen wie *Sineu* oder *Felanitx*, wo man sich direkt beim Bauern mit köstlich eingelegten Oliven, Tomaten, frischem Brot, Käse und der würzigen Schweinemettwurst *Sobrassada* für ein typisch mallorquinisches Picknick ausstatten kann. Die Einheimischen versammeln dazu sonntags meist die ganze Familie und zelebrieren das gemeinsame Essen gerne auf einem der Klosterberge im Landesinneren. Dort oben liegt ihnen ihre ganze facettenreiche Insel zu Füßen.

Geschichte, Kunst, Kultur im Überblick

Von Arabern, christlichen Königen und Mallorcas Aufbruch zum sanften Tourismus

um 4000 v. Chr. Erste Siedler sind vermutlich steinzeitliche Seeleute aus Südfrankreich oder Spanien, die durch einen Sturm von ihrer üblichen Route abgekommen sind und dabei auf die Küste Mallorcas stoßen.

2500–1400 v. Chr. Sippen aus Südfrankreich und den östlichen Pyrenäen lassen sich auf Mallorca nieder. Entsprechend ihrer Lebensweise in künstlichen und natürlichen Höhlen wird die Zeit als Höhlenkultur bezeichnet. Die Sippen leben von Fischfang, Viehzucht, Ackerbau und Jagd.

1400 v. Chr.–200 v. Chr. Eine dritte Einwanderungswelle aus dem zentralen Mittelmeerraum begründet die Talaiot-Kultur. Die Neuankömmlinge schützen ihre Dörfer durch starke Befestigungsmauern vor Überfällen. Elfenbein- und Metallfunde beweisen den Handel mit anderen Mittelmeerkulturen.

um 600 v. Chr. Die Karthager gründen Handelsniederlassungen und pflanzen wohl auch die ersten Olivenbäume auf Mallorca.

ab 5. Jh. v. Chr. Die Talaiot-Kultur erlebt einen langsamen Niedergang. Wirtschaftliche Not zwingt viele Männer, mit ihren kriegerischen Fähigkeiten als Steinschleuderer bei karthagischen Söldnerheeren anzuheuern. Möglicherweise ist auf sie die Bezeichnung Balearen (griech. ballein = werfen) zurückzuführen.

264–146 v. Chr. Während der drei Punischen Kriege müssen die Karthager ihre Vormachtstellung im Mittelmeerraum an Rom abtreten, Karthago wird zerstört. Mallorquinische Piraten nutzen die strategische Schwäche der Kriegsparteien aus und überfallen ihre Handelsschiffe.

123 v. Chr. Um dem Unwesen der Seeräuber ein Ende zu bereiten, nehmen die Römer unter Quintus Caecilius Metellus die Balearen ein. Bedeutende römische Stadtgründungen auf Maiorica, der ›größeren Insel‹, sind Palma und Pollentia (bei Alcúdia), in denen Eroberer und Inselbevölkerung friedlich zusammenleben. Ihre Existenz sichert der Export von Weizen, Wein und Olivenöl.

ab 2. Jh. Das Christentum breitet sich auf Mallorca aus.

4./5. Jh. Vermutlich durch Dekadenz, Missstände in Verwaltung und Armee sowie ein erstarkendes Christentum beginnt ein sukzessiver Zerfall des Weströmischen Reichs. Im Zuge der Völkerwanderung drängen germanische Stämme nach Süden, die römischen Soldaten sind nicht mehr im Stande, die Grenzen ihres riesigen Herrschaftsgebiets zu schützen.

426 Die ostgermanischen Vandalen greifen erstmals Mallorca an, Pollentia wird zerstört.

ab 429 Die Vandalen besetzen beträchtliche Gebiete in Nordafrika, 455 zerstören sie Rom.

465–534 Die gesamten Balearen werden von den Vandalen erobert und ihrem nordafrikanischen Reich einverleibt.

534–903 Unter dem byzantinischen Feldherrn Belizar wird das Vandalenreich zerschlagen, die Balearen werden dem Oströmischen Reich angegliedert. Der Katholizismus erblüht, erste Kirchen wie die Basílica Paleocristiana Sa Carrotja in Porto Cristo entstehen.

um 610 Mohammed begründet den Islam. Im Rahmen der arabischen Völkerwanderung kommt es ab dem 7. Jh. zu Überfällen im gesamten Mittelmeerraum. Viele Christen fliehen auf die Balearen.

707 Die Balearen genießen eine weitgehende Unabhängigkeit von Byzanz. Sie sind erstmals Ziel eines arabischen Überfalls.

ab 711 Mauren, von Arabern islamisierte Berberstämme aus Nordafrika, besetzen fast die ganze Iberische Halbinsel.

Vandalen zerstören 426 das römische Pollentia am Ortsrand des heutigen Alcúdia

ab 778 Vom Statthalter Saragossas zu Hilfe gerufen, marschiert der Frankenkönig Karl I., der spätere Kaiser Karl der Große, auf der Iberischen Halbinsel ein und kämpft in der Folgezeit mit wechselndem Erfolg gegen maurische Herrschaftsgebiete. 798 schickt er außerdem Truppen zur Unterstützung der Balearen gegen arabische Angriffe.

9. Jh. Mallorquinische Piraten entern zahlreiche arabische Handelsschiffe. Der Emir von Córdoba reagiert 848 mit einer Strafexpedition, bei der viele Inselbewohner getötet werden, Mallorca aber noch nicht eingenommen wird.

902 Unter General El Jaulani erobern Truppen des Emirs von Córdoba Mallorca, El Jaulani wird erster Statthalter (Wali) der Insel und beginnt mit dem Ausbau der Residenzstadt Medina Mayurka (heute Palma), Moscheen und öffentliche Bäder werden errichtet. Auf dem Land entstehen große Güter mit Terrassenfeldern und ausgeklügelten Bewässerungsmethoden. Mandeln, Zitrusfrüchte, Reis und Gemüse sowie Wein werden angebaut. Die Christen leiden unter Verfolgung.

ab 1009 Das Emirat von Córdoba zerfällt. Muyahid, einer der abtrünnigen Statthalter, ernennt sich zum König von Denia (bei Alicante), erobert 1014 die Balearen und gliedert sie seinem Reich ein. Unter ihm und seinem Sohn Ali blühen Kunst und Kultur, der bedeutende islamische Dichter Ibn Hazm lebt auf Mallorca. Den Christen wird Glaubensfreiheit gewährt.

1076 Die Balearen werden unabhängiges Emirat, Medina Mayurka wird aufgrund zunehmender Piratenüberfälle zur Festung ausgebaut, doch auch die Mallorquiner ihrerseits sind tüchtige Seeräuber, die das Mittelmeer unsicher machen. Christen leiden erneut unter Repressionen.

1114–16 Die Seerepublik Pisa rückt gemeinsam mit Katalonien gegen die Balearen aus, um die Piraterie zu unterbinden und die mallorquinischen Christen zu befreien. Mallorcas Emir Mubasir ruft die Almoraviden, eine nordafrikanische Berberdynastie, zu Hilfe. Als deren Flotte 1116 die Insel erreicht, ist Medina Mayurka zerstört, Mubasir getötet und die christlichen Truppen sind bereits in ihre Heimatländer zurückgekehrt. Die Almoraviden übernehmen die Herrschaft über die Insel und bringen sie erneut zur Blüte.

1203 Die arabischen Almohaden, ebenfalls eine Berberdynastie, erobern die Balearen. Medina Mayurka zählt zu diesem Zeitpunkt bereits zu den wichtigsten europäischen Metropolen und hat ca. 35 000 Einwohner.

1229 Jaume I., König von Aragon und Katalonien, und seine über 15 000 Mann starken Truppen gehen im Zuge der Reconquista, der christlichen Rückeroberung, am 12. September bei Santa Ponça an Land. Am 31. Dezember nehmen sie Medina Mayurka ein und zerstören die blühende Stadt weitgehend. Die Insel wird dem katalanisch-aragonesischen Feudalwesen einverleibt, Jaumes Getreue erhalten Ländereien als Lohn. Es sind vornehmlich katalanische Siedler, die sich niederlassen. Die ersten gotischen Kirchen werden erbaut.

Christlichen Sinnes erobert König Jaume I. 1229 Mallorca

1276 Nach dem Tod Jaumes I. wird sein Reich unter den Söhnen Pere und Jaume aufgeteilt. Letzterer wird als Jaume II. König von Mallorca und ernennt die Ciutat de Mallorca, wie Medina Mayurka, das heutige Palma nun heißt, zu seiner Hauptstadt. Er residiert aber zunächst vor allem in den heute französischen Städten Perpignan und Montpellier.

1285 Der Sohn Peres, als Alfonso III. König von Aragon, erobert die Balearen. Auf Drängen des Papstes erhält Jaume II. aber nach Alfonsos Tod 1291 sein Königreich zurück und lebt nun auch dort. Er fördert Landwirtschaft und Handel, lässt in Palma den Almudaina-Palast erweitern und die gotische Kathedrale La Seu erbauen. Sineu wird zur Residenzstadt ernannt. Auf der ganzen Insel werden zahlreiche Kirchen, Klöster und Paläste errichtet. Der Gelehrte Ramón Llull wirkt auf Mallorca und etabliert das Katalanische als Literatursprache.

1311 Sanç I. (Sancho), Sohn Jaumes II., besteigt als dritter König von Mallorca den Thron, er bleibt jedoch kinderlos. Rege Handelsbeziehungen im gesamten Mittelmeerraum sorgen für Wohlstand.

1324 Jaume III., Neffe von Sanç I., wird zum mallorquinischen König gekrönt. Er fördert Handel und Seefahrt, baut die Flotte aus und gründet das Consolat de Mar (Seehandelsgericht).

1349 Pere IV., König von Aragon, erobert die Balearen, unterstellt die Insel der aragonesisch-katalanischen Krone und degradiert seinen Vetter Jaume III. zum einfachen Feudalherren. Bei dem Versuch, sein Königreich zurückzuerobern, fällt Jaume III. in der Schlacht von Llucmajor. Seine Witwe und Kinder werden im Schloss Bellver in Palma gefangen gehalten.

1352–87 Die zahlreichen Kriege, die Pere IV. führt, leeren die Staatskasse der Mallorquiner, der Handel erlahmt. Es folgt eine zunehmende Verarmung, Hungersnöte und Pestepidemien dezimieren die Bevölkerung.

1375 Der mallorquinisch-jüdische Kartograf Jafuda Cresques zeichnet den Atlas Català, eine der ältesten Weltkarten mit allen damals bekannten Gebieten.

1391 Seehandel und Landwirtschaft florieren zwar wieder, doch nur wenige profitieren. Die sozialen Spannungen machen sich in Bauernaufständen Luft. Die wütende Landbevölkerung überfällt in Palma das jüdische Viertel Call und tötet 300 Menschen.

1403 Der Sturzbach Riera tritt in Palma über die Ufer, die Flutwelle kostet 3000 Menschen das Leben.

um 1450 Die wachsende Kluft zwischen Arm und Reich führt zu erneuten Bauernaufständen und zum Teil bürgerkriegsartigen Zuständen.

1451 Christoph Kolumbus wird geboren, möglicherweise in Felanitx.

1469 Durch die Hochzeit von Isabella I. von Kastilien und Ferdinand II. von Aragon (Katholische Könige) wird Mallorca Teil des spanischen Großreichs.

Hochverehrt: Mallorcas Inselheilige Catalina Thomás, als Kachelbild in Valldemossa

1483 Die erste geisteswissenschaftliche Hochschule, die Universidad Lluliana i Literaria, wird in Palma gegründet (1832 geschlossen).

ab 1488 Die Inquisition mit Ketzerverbrennungen, Zwangskonvertierung von Juden und Judenverfolgung erreicht Mallorca.

1492 Mit der Entdeckung Amerikas verlagern sich die Seehandelsrouten in den Atlantik. Mallorca gerät zunehmend ins wirtschaftliche Abseits. Piraten aus Nordafrika und dem Osmanischen Reich suchen die Insel immer wieder heim und machen den Bau von Burgen und Wachtürmen, Talaias, notwendig.

1493 Rund 15 000 Menschen sterben an der Pest.

1520 Der Habsburger König Carlos I. von Spanien, Enkel der Katholischen Könige, wird zum römisch-deutschen Kaiser Karl V. gekrönt. In seinem riesigen Reich geht die Sonne nie unter.

1521/22 Mallorquinische Bauern und Handwerker reißen kurzfristig die Macht an sich, werden aber vom Heer Kaiser Karls V. vernichtend geschlagen.

1531 Catalina Thomás, später heilig gesprochen, wird in Valldemossa geboren.

1652 Die Pest rafft erneut 20 000 Menschen dahin.

1701–14 Nach dem Tod des spanischen Königs Carlos II. (Habsburger) kommt es zum Spanischen Erbfolgekrieg zwischen seinem testamentarisch bestimmten Nachfolger, dem Bourbonen Felipe V., und dem Habsburger Erzherzog Karl von Österreich. Felipe kann sich schließlich durchsetzen und straft Mallorca, das die Habsburger unterstützt hatte, mit der Einschränkung der Selbstverwaltungsrechte. Er installiert auf der Insel Kastilisch als Amtssprache.

1713 Der spätere Missionar Junípero Serra und Gründer San Franciscos (USA) wird in Petra geboren.

1808–14 Im Spanischen Unabhängigkeitskrieg gegen die Vorherrschaft Napoleons wird die mallorquinische Insel Cabrera zum Internierungslager für rund 9000 französische Soldaten. Zwischen 3000 und 5000 von ihnen verdursten, verhungern oder sterben an Krankheiten auf dem kargen Eiland.

1835 Isabella II. übernimmt die Regierung und säkularisiert Mallorcas Kirchen und Klöster. Die Universität Institut Balear wird gegründet

1838 Frédéric Chopin und George Sand verbringen einen Winter auf Mallorca. – Die regelmäßige Fährverbindung zwischen Barcelona und Palma wird etabliert.

um 1850 Schiffbau sowie Export von Agrarprodukten und Schuhen nach Amerika und Orangen nach Frankreich bringen ein zunehmendes Wirtschaftswachstum. Durch Trockenlegung

von Sümpfen, z.B. S'Albufera, wird Landgewinnung betrieben.
1851 Ein Erdbeben beschädigt die Hauptfassade der Kathedrale von Palma.
1865 Eine Choleraepidemie sucht Mallorca heim.
1869 Erzherzog Ludwig Salvator von Österreich lässt sich auf Mallorca nieder.
1875 Die Eisenbahnstrecke Palma–Inca wird gebaut.
um 1900 Ungeziefer befällt Wein und Orangen und macht die Ernten zunichte. Die Not vieler Inselbewohner hat eine Auswanderungswelle zur Folge. Zu Wohlstand gekommene Emigranten kehren häufig schon nach kurzer Zeit zurück und fördern u.a. den Modernisme (Jugendstil) auf der Insel.
1901 Das Gran Hotel in Palma wird eröffnet.
1905 Der mallorquinische Fremdenverkehrsverband Foment del Turisme de Mallorca wird ins Leben gerufen.
1916 Bei Son Bonet wird der erste Flughafen (heute Aero Club) auf Mallorca errichtet, 1920 geht er in Betrieb und befördert die ersten Touristen.
ab 1932 Nachdem sich zahlreiche Deutsche auf der Insel niedergelassen haben, wird 1933 in Palma eine deutsche Schule gegründet, Informationsorgan der Residenten ist die Wochenzeitung ›Deutscher Herold‹. Es formiert sich auch eine Ortsgruppe der NSDAP.
1936–39 Im Spanischen Bürgerkrieg unterstützt die Insel General Franco. 3000 Mallorquiner werden von Falangisten getötet.
1945 Der Künstler Joan Miró lässt sich auf Mallorca nieder.
ab 1960 Mit der Eröffnung des neuen Flughafens Son San Juan hält der Massentourismus Einzug. Bettenburgen schießen an der Küste aus dem Boden, rund 300000 Urlauber besuchen die Insel.
1975 Franco stirbt in Madrid. Unter König Juan Carlos I. beginnt die Demokratisierung Spaniens.
1977 Die Lufthansamaschine Landshut wird auf ihrem Flug von Palma nach Frankfurt am Main von mit der RAF sympathisierenden palästinensischen Terroristen nach Mogadischu entführt. Die deutsche Elitetruppe GSG 9 kann die Geiseln jedoch befreien.
1983 Die Balearen werden zur autonomen Region mit Palma als Hauptstadt.
1993 Die rechte katalanische Partit Popular (PP) gewinnt die spanischen Parlamentswahlen. Joan Flaquer wird Tourismusminister und führt neue Qualitätsrichtlinien ein, die strenge bauliche Auflagen und Landschaftsschutz beinhalten.
2000 Die Zahl der Urlauber erreicht die 8 Mio.
2003 Die 2001 eingeführte Ökosteuer von 1 € pro Tag wird wieder abgeschafft.
2004 Das Museum für Moderne Kunst Es Baluard in Palma öffnet seine Pforten.
2008 Das spanische Kabinett plant eine milliardenschwere Neugestaltung der Platja de Palma unter Projektleitung des niederländischen Landschaftsarchitekten Adriaan Geuze (West 8).
2009 Die weltweite Wirtschaftskrise führt auf Mallorca zu einem Rückgang der Urlauberzahlen und steigender Arbeitslosigkeit im Tourismussektor. – Tausende demonstrieren in Palma für eine stärkere Förderung des Katalanischen im öffentlichen Leben.
2011 Die anhaltende Wirtschaftskrise lässt die Arbeitslosenquote auf Mallorca auf einen Rekordwert von über 25% steigen. – Die Arbeiten an der Umgestaltung der Platja de Palma ruhen nach Bürgerprotesten vorerst.
2014 Die Stadtverwaltung von Palma beschließt schärfere Benimmregeln für Touristen und Einheimische. Mit drastischen Geldstrafen belegt werden u.a. öffentliche Saufgelage, Ruhestörung und zu knappe Bekleidung in der Öffentlichkeit.

Umstrittene Zukunftsvision: Adriaan Geuzes Pläne für die Platja de Palma liegen auf Eis

Unterwegs

Traumhafte Landschaft bei Valldemossa: Ab Mitte Januar entfaltet sich die Mandelblüte und verleiht der Insel einen ganz besonderen Zauber

Palma und die Badía de Palma – Kulturmetropole und Ferienhochburg

Die 20 km lange Küste der **Badía de Palma**, der Bucht von Palma, reicht von *Cala Figuera* im Westen bis nach *Cala Blava* im Osten. In ihrem Zentrum liegt die Hauptstadt **Palma**, das urbane Herz Mallorcas, mit seiner grandiosen, von der Kathedrale *La Seu* überragten Altstadt. Hier blühen Kunst und Kultur, Boutiquen laden zum Schaufensterbummel ein und am Abend wird in schicken Bars und Klubs gefeiert. Östlich und westlich der Inselmetropole erstrecken sich entlang meist schöner Sandstrände Ferien- und Partyhochburgen für Tausende von Urlaubern, **S'Arenal** und **Magaluf** sind die wohl berühmt-berüchtigtsten. Zwischen den Hotelblöcken verstecken sich jedoch auch immer wieder herausragende Sehenswürdigkeiten, z. B. das *Palma Aquarium* an der **Platja de Palma** oder die Kunststiftung *Fundació Pilar i Joan Miró* in **Cala Major**. Reisende mit gehobenen Ansprüchen fühlen sich wohl in exklusiven Ferienorten wie **Ses Illetes** oder **Portals Nous**, dem Treffpunkt der High Society, und Naturfreunde sollten sich einen Ausflug in die schöne Badebucht **Cala de Portals Vells** mit Sandstrand und kristallklarem Wasser nicht entgehen lassen.

1 Palma

TOP TIPP *Die Kultur- und Shoppingmetropole Mallorcas in Traumlage am Meer.*

Imposante Altstadt und modernes Wirtschaftszentrum, ehrwürdiger Bischofssitz und junge Universitätsstadt, Kulturmetropole und Shoppingparadies – Palma (398 000 Einw.), die Hauptstadt Mallorcas, fasziniert durch seine kontrastreiche Vielfalt. Nirgendwo sonst auf den Balearen findet man auf engstem Raum einen vergleichbaren Reichtum an bedeutenden Monumenten, Museen und Galerien, aber auch an Einkaufsmöglichkeiten, Restaurants und Nachtklubs wie in **La Ciutat** – der Stadt –, wie die Mallorquiner ihre Kapitale stolz nennen.

Auch die Lage Palmas am Scheitelpunkt der 20 km langen Bucht *Badía de Palma* ist ausgesprochen reizvoll: Zum Meer hin wird die Metropole gesäumt von Stadtstrand, Fischerhafen und luxuriösen Marinas. Und im Nordwesten setzen die bewaldeten Ausläufer der *Serra de Tramuntana* grüne Akzente.

Stolzes Panorama – Palma mit Catedral La Seu und Palau de l'Almudaina

Geschichte Archäologische Funde belegen, dass bereits um 2000 v. Chr. eine vortalaiotische Siedlung im Bereich der heutigen Oberstadt bestanden hat. Im Jahr 123 v. Chr. eroberte der römische Feldherr *Quintus Caecilius Metellus* Mallorca und gründete den Ort **Palmaria Palmensis** (lat. palmeria, Siegespalme), der sich in den darauf folgenden Jahrhunderten zu einem blühenden Handelsstädtchen entwickelte. Trotz seiner Befestigung konnte der Ort den Vandaleneinfällen im 5. Jh. n. Chr. nicht standhalten. Erst die Einnahme Mallorcas durch die Mauren im Jahr 903 brachte der **Medina Mayurka**, wie die Araber die Stadt fortan nannten, erneuten Aufschwung. Moscheen, Paläste, Gärten und Badehäuser wurden errichtet, zu Beginn des 13. Jh. zählte man 35 000 Einwohner. Doch auch diese Blütezeit währte nicht ewig: An Silvester 1229 eroberten die Christen unter *Jaume I.*, König von Aragon, nach dreimonatiger Belagerung die Stadt und brandschatzten sie. Dank ihres florierenden Hafens und des raschen Wiederaufbaus erholte sich die **Ciutat de Mallorca**, so ihr katalanischer Name, alsbald. Nach dem Tod Jaumes I. 1276 wurde das Reich unter seinen beiden Söhnen aufgeteilt, der jüngere von ihnen, *Jaume II.*, gründete das unabhängige Königreich **Regne de Mallorca**. Bedeutende gotische Bauwerke wie die Kathedrale von Palma oder das Castell de Bellver zeugen von dieser glanzvollen Epoche.

1349 fand König Jaume III. den Tod in der *Schlacht von Llucmajor* und Mallorca verlor seine Unabhängigkeit an das **Königreich Aragon**. Unruhige Jahrhunderte folgten: Einerseits gilt die Zeit bis zum 16. Jh. als Epoche wirtschaftlicher und kultureller Blüte: Die Seehandelsbörse *Sa Llotja* [s. S. 34] wurde 1426–48 erbaut, die geisteswissenschaftliche *Universidad Lluliana i Literaria* 1483 gegründet. Andererseits kam es aufgrund von sozialen Missständen zu Bauernaufständen, Antisemitismus führte zu grausamen Judenverfolgungen, und nicht zuletzt raffte die Pest viele Tausend Menschen dahin. Mit der Entdeckung Amerikas 1492 und der Entwicklung des transatlantischen Handels begann schließlich der Abgesang der mediterranen Seefahrt, Piraten machten die Küsten unsicher und die Bevölkerung Mallorcas wurde durch Hungersnöte und Epidemien dezimiert.

Erst Ende des 19. Jh. erholte sich die Insel, deren Kapitale seit 1716 den Namen **Palma** trägt, von der Krise. Landwirtschaft und Handwerk entwickelten sich zu den Haupteinnahmequellen der Mallorquiner. Wachsende Bevölkerungszahlen machten vor allem in der Hauptstadt bauliche Veränderungen notwendig: Die Ringmauer wurde abgetragen und im Bereich der Unterstadt fielen Kirchen und Klöster der Säkularisierung (1836) zum Opfer. Damit wurde Raum geschaffen für breite Straßenzüge und öffentliche Plätze. Als 1903 das *Gran Hotel* [s. S. 31] eröffnete, nahmen die ersten Vergnügungsreisenden Kurs auf die Insel, und mit dem Bau des Flughafens Son Sant Joan 1956 erlangte der **Tourismus** zunehmend Bedeutung für die Wirtschaft Mallorcas. Palma, seit 1983 Regierungssitz der Balearen, entwickelte sich als Tourismus-, Verwaltungs- und Handelszentrum zu einer der reichsten Kommunen Spaniens. Auch als Stätte moderner Kunst hat sich die Metropole inzwischen einen Namen gemacht, wie etliche neue Museen eindrucksvoll belegen, etwa die 2003 gegründete *Fundació Bartolomé March* (s. u.) oder das 2004 eröffnete Museum *Es Baluard* [s. S. 34].

Wasserspiele und üppiges Grün bezaubern im königlichen Garten S'Hort del Rei

Besichtigung Die Altstadt von Palma lässt sich gut zu Fuß erkunden. Zeitsparend und nervenschonend ist es, mit öffentlichen Verkehrsmitteln anzureisen (Verkehrszentrum *Plaça d'Espanya*, s. S. 30, mit Bahnhof, Busbahnhof und Metrostation, dann mit den städtischen Bussen zum Passeig Marítim). Denn die Zufahrtsstraßen nach Palma ersticken im Verkehr, Parkplätze sind rar, und in dem komplizierten System von Einbahnstraßen fällt die Orientierung schwer. Wer es dennoch mit dem Auto wagen möchte, findet im Parkhaus unter dem *Parc de la Mar* (s. u.) eine zentrale Parkmöglichkeit.

Guter Ausgangspunkt für eine Stadtbesichtigung ist die Hafenpromenade **Passeig Marítim**, von dem aus man einen ersten Eindruck von der Stadt gewinnt. Entlang der sich in *Passeig de Sagrera* und *Avinguda Gabriel Roca* gliedernden Promenade repräsentieren imposante Bauwerke die einzelnen Stadtviertel des Zentrums: Auf einer kleinen Anhöhe thront das Wahrzeichen Palmas, die gotische Kathedrale La Seu, hinter der sich die **Oberstadt** (Vila de dalt) mit eleganten Stadtpalästen, Kirchen und Klöstern ausbreitet. Ein wenig westlich markiert die Seehandelsbörse Sa Llotja den Eingang zur **Unterstadt** (Vila de baix) mit ihren reich ausgeschmückten Bauten des Modernisme, des katalanischen Jugendstils. Noch einige Schritte weiter, westlich der Festung *Bastió de Sant Pere* mit dem Museum Es Baluard, findet sich das Viertel Santa Catalina. Wo einst Fischer und Arbeiter lebten, empfangen heute zahlreiche schicke Restaurants ihre Gäste. An den vier historischen Windmühlen auf dem Hügel *Es Jonquet* und scheinbar endlosen Reihen millionenschwerer Jachten vorbei, erreicht der Passeig schließlich El Terreno, einen neueren Stadtteil, über dem sich das aussichtsreiche *Castell de Bellver* erhebt.

Die südliche Oberstadt – vom Parc de la Mar zur Plaça de Cort

Der Rundgang durch die Oberstadt beginnt mit einer Postkartenansicht: Im künstlich angelegten See des **Parc de la Mar** ❶ spiegelt sich die grandiose Südfassade der Kathedrale, links neben dem Gotteshaus grüßt auf dem Königspalast Palau de l'Almudaina die spanische Flagge. Der schönste Weg auf die Anhöhe führt westlich entlang der restaurierten Stadtmauern durch den **S'Hort del Rei** ❷, den Garten des Königs. Hier erinnert die

dynamische, von *Llorenc Rosselló* geschaffene Bronzeplastik ›Es Forner‹, ›Der Steinschleuderer‹, an die Zeit, als die Einwohner Mallorcas, Menorcas und Ibizas als eben jene Kämpfer gefürchtet waren. Sie verstanden so geschickt mit diesen Waffen umzugehen, dass sie ab dem 5. Jh. v. Chr. für Söldnerheere angeworben wurden. Darauf verweist auch der Name der Inselgruppe: Balearen leitet sich wohl vom griechischen ›ballein‹, werfen, ab. Hinter der Plastik kann man über einem Wasserbassin eines der wenigen architektonischen Zeugnisse aus arabischer Zeit in Palma sehen, den weiten Torbogen **Drassana Musulmana** (11./12. Jh.). Dieser bildete einst die Einfahrt zu dem zum Almudaina-Palast gehörenden Hafen. Bis in die 1960er-Jahre, als die Meerespromenade Passeig Marítim aufgeschüttet wurde, reichte das Meer bis an die Stadtmauer heran. Der S'Hort del Rei selbst – ursprünglich Obst- und Gemüsegarten – präsentiert sich heute als hübsche Ruheoase mit schattigen Laubengängen, Orangenbäumchen, Wasserspielen und modernen Skulpturen, darunter auch ein Mobile von Alexander Calder. Bevor man rechts die steilen Treppen der Costa de la Seu erklimmt, lohnt die Betrachtung der Bronzeplastik ›Personatge‹ von Joan Miró, deren schief aufgesetzter eiförmiger Kopf den eigenen Blick beinahe zu erwidern scheint.

Mehr moderne Kunst erwartet den Besucher gleich linker Hand der Treppengasse im Palau March. Der Multimillionär

Musik für die Augen – Skulpturenterrasse mit ›Meeresorgel‹ der Fundació Bartolomé March

Juan March [s. S. 32] ließ den eleganten Stadtpalast 1939 in einem Stilmix aus Renaissance und Barock erbauen, 2003 eröffnete sein Sohn Bartolomé darin die Kunst- und Kulturstiftung **Fundació Bartolomé March** 3 (Carrer Palau Reial, 18, Tel. 971711122, www.fundacionbmarch.es, April–Okt. Mo–Fr 10–18.30, Sa 10–14, Nov.–März Mo–Fr 10–17, Sa 10–14 Uhr). Ihr Highlight ist die von Arkadengängen gesäumte Skulpturenterrasse mit Werken von Henry Moore, Auguste Rodin und Eduardo Chillida. Besonders sehenswert ist die von *Xavier Corberó* geschaffene ›Meeresorgel‹, bestehend aus sieben dunklen Marmorsäulen und sieben riesigen goldenen Tropfen. Neben der Kunst genießt man hier auch einen schönen Blick über die Stadt. Im Inneren des Palastes sind kostbare Handschriften (14.–17. Jh.) sowie eine neapolitanische Weihnachtskrippe (18. Jh.) mit über 1000 liebevoll gestalteten Schnitzfiguren zu bewundern. Hinauf zum Deckengemälde (1944) von Josep Maria Sert schweift der Blick im Treppenhaus: Es ehrt bedeutende Persönlichkeiten wie Christoph Kolumbus, dessen Geburtsort einige Historiker in Felanitx [Nr. 41] oder Portocolom [Nr. 49] vermuten, oder den mallorquinischen Gelehrten Ramón Llull [s. S. 100], der das Katalanische als Schriftsprache etablierte. Im ersten Stock ist der opulent mit Stuck ausgekleidete Musiksaal zu besichtigen.

Nur wenige Schritte südlich erhebt sich der **Palau de l'Almudaina** ❹ (Carrer Palau Reial, s/n, Tel. 971214134, www.patrimonionacional.es, April–Sept. Di–So 10–20, Okt.–März Di–So 10–18 Uhr, Schalter schließt eine Stunde vorher), der Königspalast, dessen Besuchereingang sich auf der Westseite gegenüber der Kathedrale befindet. Die wehrhafte Anlage mit zinnenbekrönten Türmen und Mauern, aber auch zwei luftigen Arkadenreihen an der Südwestecke, blickt auf eine über 1000-jährige Geschichte zurück: Vom 10.–13. Jh. residierten in Al Mudaina (arab. Zitadelle) die maurischen Emire, nach der Rückeroberung Mallorcas ließ Jaume II. den Palast ab 1281 im Stil der Gotik umbauen. Im Laufe der Jahrhunderte folgten weitere Veränderungen, sodass heute von der maurischen Bausubstanz fast nichts mehr erhalten ist. Seit 1985 dient der Palast als offizielle Residenz des spanischen Königs auf Mallorca. Da das Bauwerk außerdem Sitz des Militärs ist, kann nur ein kleiner Teil besichtigt werden. Der Rundgang führt durch Thronsaal, Ratssaal und Gotischen Saal, die mit wertvollen flämischen und spanischen Gobelins aus dem 16.–18. Jh. ausgestattet sind. Ferner kann man einen Blick auf die Überreste arabischer Bäder werfen, die bis ins 15. Jh. genutzt wurden. Ein Höhepunkt für Freunde des europäischen Hochadels sind die elegant möblierten Büros von König und Königin im ersten Stock, die heute einen edlen Rahmen beim Empfang von Staatsgästen abgeben.

Gegenüber dem Palast ragt das Wahrzeichen Palmas in den Himmel, die imposante, aus gold schimmerndem heimischen Marés-Stein errichtete TOP TIPP **Catedral La Seu** ❺ (www.catedraldemallorca.info, April/Mai, Okt. Mo–Fr 10–17.15, Sa 10–14.15, Juni–Sept. Mo–Fr 10–18.15, Sa 10–14.15, Nov.–März Mo–Fr 10–15.15, Sa 10–14.15 Uhr). Mit Innenmaßen von 109 m Länge, 39 m Breite und 43 m Höhe ist sie eine der größten und zugleich bedeutendsten gotischen Kathedralen. Gleich nachdem Jaume I. 1229 Palma erobert hatte, ließ er die zum benachbarten Königspalast gehörende Große Moschee der Jungfrau Maria weihen und dort Gottesdienste feiern. Doch erst Jaume II. gab um 1300 den Startschuss zum Kirchenneubau, der einherging mit dem sukzessiven Abriss des maurischen Mauerwerks. Unter Baumeister *Ponç Descoll* entstand zunächst der Chorbereich, ab 1368 folgten Haupt- und Seitenschiffe, für den u.a. *Guillem Sagrera*

Erlesen und vornehm präsentieren sich die Innenräume des Palau de l'Almudaina

verantwortlich zeichnete. Schließlich konnte 1601 – bereits im Stil der Renaissance – die Hauptfassade geweiht werden. Allerdings drohte sie 1851 nach einem Erdbeben einzustürzen und wurde von *Juan Bautista Peyronnet* erneuert, wobei er Bauformen von Neogotik und -renaissance miteinander verband. 1904–14 führte *Antoni Gaudí* weitreichende Veränderungen im Kircheninneren durch, darunter die Neugestaltung des Chorraums. Das jüngste Zeugnis der ständig im Wandel befindlichen Kirchenarchitektur ist die 2007 geweihte Kapelle Santìssim Sacrament, ein Gesamtkunstwerk *Miquel Barcelós*.

Bevor man das Kircheninnere betritt, lohnt ein Blick auf die dem Meer zugewandte Südseite, von deren Terrasse aus man eine schöne Aussicht auf Bucht und Hafen von Palma hat. Acht mächtige Strebepfeiler fangen hier über doppelte Strebebögen den Gewölbeschub auf, die kleineren Pfeiler mit ihren Fialaufsätzen sind schmückendes Beiwerk. Blickfang der Südseite ist das gotische **Portal del Mirador** [1]. Steinmetze aus ganz Europa schufen 1380–1420 den reichen Skulpturenschmuck, darunter eine meisterhafte Darstellung des letzten Abendmahls im Tympanon sowie eine zarte Maria mit Kind am Mittelpfeiler zwischen den beiden Türflügeln. Bemerkenswert sind auch die lebendigen Heiligendarstellungen in den Seitennischen: Jakobus, Johannes der Täufer und Petrus links, Andreas und Paulus rechts.

Vier neogotische Türme gliedern die Westfassade, dessen prachtvolles, heute nur noch selten geöffnetes Hauptportal **Portal de l'Almudaina** [2] (1592, im 19. Jh. restauriert) von *Miquel Verger* der Unbe-

Goldener Reigen gotischer Pracht – Catedral La Seu und Palau de l'Almudaina

fleckten Empfängnis geweiht ist. Und so präsentiert das Giebelfeld des Tympanons unterhalb eines weiten kassettengeschmückten Renaissancebogens die Skulptur der Himmelskönigin Maria inmitten zahlreicher Symbole ihrer Jungfräulichkeit: Man erkennt u.a. eine Lilie, eine versiegelte Quelle, einen makellosen Spiegel und eine verschlossene Pforte. Das Portalgewände ist reich mit den für den plateresken Stil typischen floralen Ranken verziert.

Das dritte Portal auf der Nordseite der Kirche, das schlichte, mit einer Marienstatue (16. Jh.) geschmückte **Portal d'Almoina** [3] (1498) passiert man auf dem Weg zur **Casa de l'Almoina** [4] (1529), dem Almosenhaus. Wo früher mildtätige Gaben verteilt wurden, befinden sich heute die Kassen für den Eintritt in die Kathedrale. Der Weg hinein in die Kirche führt nun zunächst durch das kleine *Museu Capitular*, das in der ehem. **Sacristía de Vermells** [5] (14. Jh.) sowie zwei Kapitelsälen, der **Sala Capitular gòtica** [6] aus dem 15. Jh. und der **Sala Capitular barroca** [7] aus dem 17. Jh. untergebracht ist: Ausgestellt werden Kunsthandwerk des 12.–18. Jh. und feine gotische Malerei. Im elliptisch geformten barocken Kapitelsaal beeindrucken zwei 2,61 m hohe Kandelaber (1703–18) aus Silber.

›Kathedrale des Lichts‹ ist der Beiname von Mallorcas berühmtestem Gotteshaus, und im Kirchenschiff offenbart sich dem Besucher der Grund dafür: Durch über sechzig farbige Spitzbogenfenster und fünf Fensterrosen fluten die Sonnenstrahlen den weiten dreischiffigen Kirchenraum, tanzen auf Steinfußboden und

Catedral La Seu

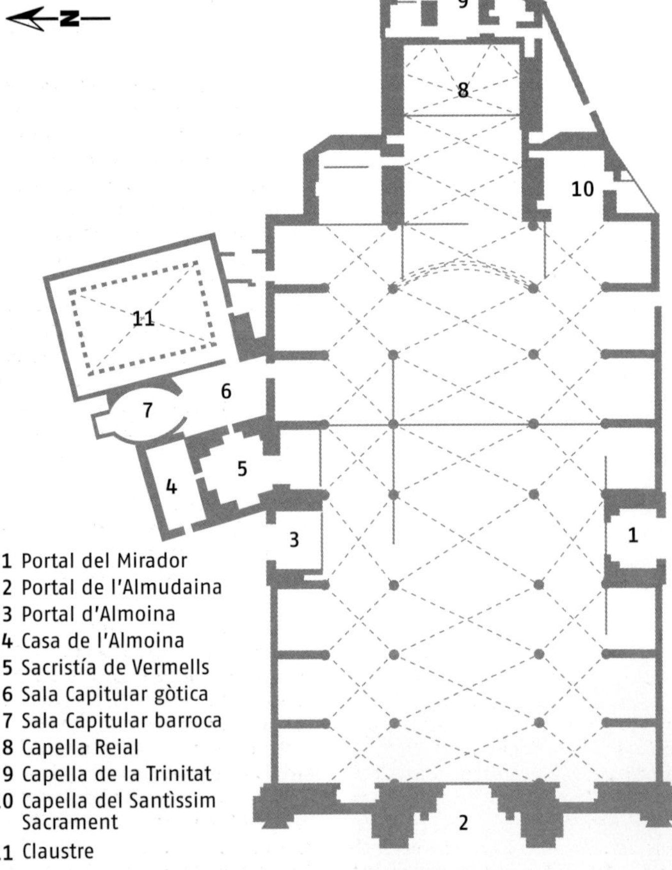

1 Portal del Mirador
2 Portal de l'Almudaina
3 Portal d'Almoina
4 Casa de l'Almoina
5 Sacristía de Vermells
6 Sala Capitular gòtica
7 Sala Capitular barroca
8 Capella Reial
9 Capella de la Trinitat
10 Capella del Santìssim Sacrament
11 Claustre

Fantastische Lichtspiele verwandeln die Catedral La Seu in einen Kosmos graziler Leichtigkeit

Wänden und malen bunt schillernde Punkte auf die hohen schlanken Säulen. Am großartigsten ist dieses Schauspiel am Vormittag, wenn das Licht durch die im Osten oberhalb des Triumphbogens eingelassene Fensterrose (14. Jh.) dringt. Sie besteht aus über 1000 farbigen Glasstücken, die sich zu gelben, roten und blauen Blüten zusammenfügen. Mit fast 12 m Durchmesser gehört sie zu den größten gotischen Rundfenstern der Welt. Hinter dem Triumphbogen öffnet sich der Chor, der auch als Königskapelle, **Capella Reial** [8], bezeichnet wird. Entlang der Seitenwände hat das kunstvoll geschnitzte Chorgestühl aus dem späten 15. Jh. Aufstellung gefunden, an der rückwärtigen Wand ist in einer von vergoldetem Blattwerk umrankten Nische der Bischofssitz von 1349 zu sehen. Die größte Aufmerksamkeit jedoch zieht der ungewöhnliche, von *Antoni Gaudí* entworfene siebeneckige Baldachin auf sich, der über dem schlichten Hochaltar (13. Jh.) aus Alabaster schwebt. Er stellt wohl eine Krone dar, die von Ähren, Weinlaub und schiffsähnlichen Lämpchen geschmückt wird. Hinter dem Chor befindet sich die – allerdings unzugängliche – **Capella de la Trinitat** [9] mit den Grabmälern von Jaume II. und Jaume III.

Aus den 18 Seitenkapellen mit meist barocker Ausstattung sticht die **Capella del Santìssim Sacrament** [10] rechts vom Altarraum hervor. Ihre umstrittene Neugestaltung von 2007 mit geschwärzten Fenstern und wandhohen Keramikreliefs, welche die neutestamentarische ›Wundersame Speisung der 5000 mit Brot und Fisch‹ sowie die ›Auferstehung Christi‹ zum Thema haben, ist das Werk des mallorquinischen Künstlers *Miquel Barceló*. Der Ausgang führt durch den **Claustre** [11] (1707), den Kreuzgang, der Teil des Museums ist und weitere Ausstellungsstücke präsentiert, sowie den Kathedralenshop, dessen z.T. gläserner Fußboden einen Blick auf Fundamente der Römerstadt aus dem 1. Jh. v. Chr. gewährt.

Noch mehr sakrale Kunst bietet das nur wenige Schritte östlich gelegene **Museu Diocesà** 6 (Passeig de Dalt Murada, 5, Tel. 971723860, Mo–Sa 10–14 Uhr). Untergebracht ist es im *Palau Episcopal,* dem im 13. Jh. errichteten und später vielfach umgebauten Bischofspalast. Das Museum erläutert anhand zahlreicher Exponate aus Kirchen und Klöstern der Insel die Entwicklung der christlichen Kunst auf Mallorca vom 5./6. Jh. bis hin zu den Werken Gaudís zu Beginn des 20. Jh. Zu den ältesten Ausstellungsstücken der Sammlung zählt ein byzantinisches Weihrauchfass aus dem 6. Jh. Das Retabel des hl. Georg (um 1468) von *Pere Niçard* und

Romantik im Quadrat – Palmas Patios

Lauschige Arkadengänge mit Kopfsteinpflaster, ein Ziehbrunnen mit kühlem Wasser, dahinter eine geschwungene Freitreppe in den ersten Stock. Fehlt nur noch eine verträumte Julia, die darauf wartet, dass Romeo durch das Tor in dieses verwunschene Reich tritt … Palmas Patios, die Innenhöfe der Stadtpaläste, regen die Fantasie an.

Bei einem Spaziergang durch die Altstadt, vorbei an den von außen eher abweisenden Häuserfassaden, erhascht man immer wieder einen Blick in jenen Rückzugsbereich der wohlhabenden Mallorquiner, streng abgeriegelt durch schmiedeeiserne Gitter. Das war nicht immer so: Früher standen die Patios tagsüber jedem offen, der sich in ihrem Schatten ein wenig ausruhen wollte, Nachbarn kamen auf ein Schwätzchen vorbei, und fliegende Händler boten den Hausangestellten ihre Waren an. Ein Ort voller Leben, nicht ganz privat, aber auch nicht ganz öffentlich.

Bauhistorisch gesehen haben die Innenhöfe ihren Ursprung im **Atrium** römischer Häuser und finden sich im gesamten Mittelmeerraum. Auf Mallorca wurde die Tradition über die Araber an die Christen weitervererbt und entwickelte im Verlauf der Epochen immer neue Ausformungen: z. B. steinerne, mit Maßwerk geschmückte Treppengeländer in der **Gotik** (Cal Comte de la Cova, Carrer del Sol, 3) oder reichen Zierrat an Türen und Fenstern in der **Renaissance** (Ca'n Catalar, Carrer del Sol, 17). Ihren Höhepunkt erlebten die Patios mit marmornen Säulen und kunstvoll gemeißelten Kapitellen im **Barock** (Ca'n Oleza, Carrer Morei, 9). Aus dieser Zeit stammen die bedeutendsten der rund **150 erhaltenen Patios** in Palma. Viele von ihnen werden jedes Jahr rund um Fronleichnam und im Herbst der Öffentlichkeit zugänglich gemacht (Infos über Patio-Führungen: Tel. 971720720, www.balearsculturaltour.net). Einige wenige der Innenhöfe können, als Bestandteil von **Museen** und öffentlichen Gebäuden, das ganze Jahr über betreten werden, z.B. Museu de Mallorca (s. u.), Ca'n Marquès (s. u.) oder Casal Solleric [s. S. 33].

Rafael Moguer ist ein Glanzlicht mittelalterlicher Tafelmalerei, zudem birgt das Altarblatt als Besonderheit hinter der Szenerie des Drachenkampfes eine Darstellung der Stadt Palma.

Der seit dem 14. Jh. beurkundete und mehrfach umgebaute Stadtpalast **Ca'n Marquès** 7 (Carrer Zanglada, 2a, Tel. 971716247, www.canmarquescontemporaneo.net, Mo–Fr 10–15 Uhr) vermittelt einen Eindruck vom Leben wohlhabender Bürger um 1900. Die mit Mobiliar und Gebrauchsgegenständen ausgestatteten Räumlichkeiten rund um den Patio wirken so lebendig, dass man die Rückkehr der Herrschaften jeden Augenblick erwartet. Einen spannenden Gegensatz bilden wechselnde Ausstellungen.

Durch schattige Gassen gelangt man nun wieder Richtung Meer und zum 1630 errichteten Palast Ca'n Aiamans, der das **Museu de Mallorca** 8 (Carrer de la Portella, 5, Tel. 971177838, http://museudemallorca.caib.es) beherbergt. Zu den Höhepunkten der Ausstellung in dem eleganten Gebäude mit schönem Patio erfährt man Wissenswertes über die Geschichte der Insel von der vortalaiotischen Zeit bis zum 17. Jh.

Unweit kann eines der wenigen architektonischen Überbleibsel der Mauren besichtigt werden: die **Banys Arabs** 9 (Arabische Bäder, Carrer Can Serra, 7, Tel. 971 721549, April–Nov. 9–19.30, Dez.–März 9–18 Uhr) aus dem 10. Jh. Erhalten blieben zwei kleine Räume, von denen einer als *Caldarium* (Raum für heiße Dampfbäder) genutzt wurde, sein Gewölbe mit kleiner Kuppel wird von zwölf filigranen Säulen getragen. Der zweite, schlichtere Raum diente wohl als *Tepidarium* (temperierter Abkühlraum). Vor den alten Gemäuern lädt ein hübscher Garten mit Zitrusbäumen, Euphorbien und Palmen zur Rast. An maurische Architektur erinnert auch der nahe **Convent de Santa Clara** 10 (c/ de Fronollar, 2, So–Fr 9–20 Uhr), der im früheren jüdischen Viertel liegt und wohl auf den Mauern einer Synagoge errichtet wurde. Die Erbauer der Klosterkirche (1256) nahmen sich offensichtlich die Minarette der Stadt zum Vorbild und schufen einen Glockenturm mit umlaufendem Balkon sowie Steingitterfenster mit feinster arabischer Ornamentik.

Im jüdischen Viertel befindet sich auch die 1571–1683 auf den Fundamenten einer weiteren Synagoge erbaute **Església Monti-Sion** 11 (Carrer de Monti-Sion, 22, Tel. 971711481). Die kleine Jesuitenkirche besticht durch ein überaus prächtig dekoriertes Portal in einer ansonsten eher schmucklosen Fassade. Pflanzenornamente im *plateresken Stil* überziehen die Säulen und Pilaster des Gewändes. Eine Marienfigur und die Statuen von Ordensgründer Ignatius von Loyola (links) und Missionar Franz Xaver (rechts) krönen das Portal. Im einschiffigen Inneren ist die *Capella de San Alonso Rodríguez* mit dem 1825 vollendeten intarsienverzierten Mausoleum des Heiligen sehenswert.

Über Carrer de Monti-Sion und Carrer Pare Nadal erreicht man schließlich den **Convent de Sant Francesc** 12 (Plaça de Sant Francesc, 7, Tel. 971712695, Mo–Sa 9.30–12.30 und 15.30–18, So 9.30–12.30 Uhr). Vor der 1281 begonnenen Kirche des Franziskanerklosters erinnert ein Denkmal, das den Mönch Junípero Serra neben einem Indianerjungen darstellt, an den aus dem Dorf Petra [Nr. 37] stammenden Gründer der amerikanischen Metropole San Francisco. Unbedingt Beachtung schenken sollte man dem – meist verschlossenen – barocken **Hauptportal** (um 1700) des Gotteshauses mit dem plateresken Skulpturenschmuck *Francisco Herreras*: Unter einer reich verzierten Fensterrose ist der Drachentöter Georg

Stilvolle Badeanstalt – das Caldarium der Banys Arabs aus maurischer Zeit

Gotisches Ambiente für klassische Klänge: Kreuzgang des Convent de Sant Francesc

zu sehen, im Tympanon die von Engeln umschwirrte Muttergottes. Links vom Portal birgt eine Nische die Skulptur des franziskanischen Theologen Johannes Duns Scotus, ihm gegenüber steht der Gelehrte Ramón Llull [s. S. 100], dessen Grab sich im Inneren der Kirche befindet. Der Weg hinein ins Gotteshaus führt durch das Seminargebäude rechts sowie den spätgotischen **Kreuzgang** aus dem 14./15. Jh. Seine fein ziselierten Maßwerkbögen ruhen auf zierlichen Säulen mit variantenreichen Kapitellen. Wie ein kleiner Garten mit Zitrusbäumen, Ziehbrunnen und Sitzbänken ist die Grünfläche gestaltet, hier erklingen an Sommerabenden klassische Konzerte. Im Kontrast zu diesem freundlichen Ort wirkt der nur spärlich beleuchtete hochgotische Innenraum der einschiffigen Klosterkirche nicht besonders einladend. Bevor man das Gotteshaus wieder verlässt, lohnt jedoch der Blick in die zweite Kapelle (links) des Chorumgangs, denn immerhin befindet sich hier das Grabmal des katalanischen Volkshelden Ramón Llull. *Guillem Sagrera*, einer der bedeutenden Baumeister der Kathedrale, schuf es 1487.

Ganz im Zeichen des Kunsthandwerks steht der nahe **Passeig per l'Artesania** 13 (Plaça de l'Artesania und Carrer del Bosc, Tel. 971717717, Mo–Do 9–14 und 16–20, Fr 9–14 Uhr) mit Werkstätten und Ateliers sowie angeschlossener Kunsthandwerksschule. In der nach dem Viertel benannten Schule *Sa Gerreria* kann man Glasbläsern und Töpfern bei der Arbeit zuschauen. Mehrere Läden bieten die Möglichkeit, qualitativ hochwertiges mallorquinisches Kunsthandwerk zu erstehen.

Jetzt führt der Weg in westliche Richtung durch die schmalen Gassen Posada de Terra Santa und Carrer Sanç. Dort residiert in einem alten Stadtpalast Palmas berühmteste Xocolateria *Ca'n Joan de S'Aigo* [s. S. 39] – ein Dorado für alle, die heiße Schokolade und feines Gebäck lieben! Eine weitere Gelegenheit für eine Pause bietet die Plaça de Santa Eulàlia mit zwei Cafés. Von den Tischen im Freien genießt man den Blick auf die im 19. Jh. errichtete neogotische Fassade der Kirche **Santa Eulàlia** 14 (c/ Santa Eulalia, Tel. 971714625, Mo–Sa 9–10.30 und 17–20 Uhr) mit schöner Fensterrose, über der sich der ebenfalls im 19. Jh. erbaute Glockenturm erhebt. Die Kirche selbst geht auf einen 1236, also bereits kurz nach der christlichen Rückeroberung der Insel entstandenen Kapellenbau zurück und ist somit eines der ältesten Gotteshäuser Mallorcas. Im Inneren, in der Seitenkapelle Sant Crist, wird ein gotisches Kruzifix verehrt, das Jaume I. im Zuge der Reconquista nach Mallorca gebracht haben soll.

Von hier aus ist es nur noch ein Katzensprung zur Plaça de Cort mit dem repräsentativen **Ajuntament** 15, dem Rathaus, das ab 1649 an der Stelle eines mittelalterlichen Hospitals erbaut wurde. Ein weit vorkragendes Dach, mit kunstvoll geschnitzten hölzernen Atlanten verziert,

Süßes Schlaraffenland: Xocolateria Ca'n Joan de S'Aigo an der Carrer Sanç

Blau Punta Reina Resort ****
URBANIZADORA CALA ESTANY S.A.
A07035934
CERVECERIA

FACTURA SIMPLIFICADA

Número: 386767 Mesa: 82.1
Fecha: 21-05-2017
Hora:
20:35:27

Artículo	Precio	Total
1COCK.SAN FCO CON	5,10	5,10
1BLAU COCKTAIL MAQ	5,10	5,10
1FANTA NARANJA BOT	2,20	2,20

Total... 12,40

Le atendió: VERA, RAUL

Cala Mandia
971 55 80 01
IVA INCLUIDO
GRACIAS POR SU VISITA

Mit einem markant überhängenden Dach zieht das schmucke Ajuntament die Blicke auf sich

schützt seine dreistöckige Fassade, deren Stilelemente bereits den Übergang vom Manierismus zum Barock markieren. Eine beliebte Sitzgelegenheit ist die sog. Faulenzerbank zwischen den beiden Portalen, von der aus man einen guten Blick auf die Plaça genießt. Aufmerksamkeit verdient das neogotische Gebäude (1882), das sich rechts an das Rathaus anschließt. Was mit seinen Türmchen anmutet wie ein Märchenschloss, ist der *Consell de Mallorca*, der Sitz des Inselrats.

Die nördliche Oberstadt – von der Plaça de Cort zur Plaça d'Espanya

Modegeschäfte, Drogerien und Souvenirläden säumen den Carrer Jaume II, der von der Plaça de Cort geradewegs auf die **Plaça Marquès del Palmer** 16 mit zwei bezaubernden Jugendstilbauten führt: Der mit farbenfrohen Keramikmosaiken und einem schönen Erker geschmückte *Ca'n Rei* (1909) ist das Werk des Architekten Lluís Forteza Rey und wird gerne mit den Prachtbauten Gaudís in Barcelona verglichen. Auch das benachbarte, von Gaspar Bennàssar entworfene *Edifici L'Aguila* (1908) weist florale Mosaike sowie kunstvolle Verzierungen aus Schmiedeeisen auf. Durch einen Torbogen gelangt man nun auf die **Plaça Major** 17, das Herz der von Einkaufsstraßen und belebten Plätzen geprägten nördlichen Oberstadt. Sie existierte bereits im Mittelalter, erfuhr jedoch im 19. Jh. weitreichende städtebauliche Veränderungen. Auch die heutige Gestalt der Plaça Major – ein von drei- und vierstöckigen Wohnhäusern mit Arkadengängen umschlossenes Rechteck – geht auf diese Zeit zurück. Damals fand hier ein Obst- und Gemüsemarkt statt, der inzwischen einem kleinen Kunsthandwerksmarkt (Mo, Fr, Sa vormittags) gewichen ist. Einige Cafés laden zum Verweilen, Straßenkünstler zum Beobachten ein. Danach warten im Carrer de Sant Miquel unzählige Shopping-Möglichkeiten sowie eine Schatzkammer der modernen Kunst auf ihre Erkundung: Die **Fundació Juan March** 18 (Carrer de Sant Miquel, 11, Tel. 971713515, www.march.es, Mo–Fr 10–18.30, Sa 10.30–14 Uhr), die neben der Fundació Bartolomé March [s. S. 21] zweite, von der bekannten Bankiersfamilie gestiftete Kunstsammlung in Palma. Die auch als *Museu d'Art Espanyol Contemporani* bekannte Ausstellung zeigt in einem Stadtpalast (18. Jh.) eine kleine feine Kollektion spanischer Kunst des 20. Jh., darunter Werke Picassos, Mirós und Dalís. Auch der mallorquinische Gegenwartskünstler Miquel Barceló ist mit mehreren Arbeiten vertreten.

Nur wenige Schritte entfernt erhebt sich die altehrwürdige Pfarrkirche **Sant Miquel** 19 (Carrer de Sant Miquel, 22, Tel.

Flaniermeile im Schatten alter Platanen – Passeig des Born

971715455, Mo–Sa 8–13.30 und 18–19.30, So 10–12.30 und 18–19.30 Uhr) auf den Fundamenten einer maurischen Moschee. Diese soll im Zuge der Reconquista umgeweiht worden sein, sodass König Jaume I. hier die erste christliche Messe in der mallorquinischen Hauptstadt feiern konnte. Ab 1320 wurde die Kirche neu errichtet. Aus gotischer Zeit erhalten blieb allerdings nur das Hauptportal von 1391, während sich das restliche Gotteshaus heute weitgehend barock präsentiert, so auch die Skulptur des Erzengels Michael im Kampf mit dem Drachen (18. Jh.) oberhalb des Portals. Das Kircheninnere wurde im 17. Jh. ebenfalls im Stil des Barock umgestaltet. Unbedingt sehenswert ist der Hochaltar mit den bewegten Skulpturen der drei Erzengel, die dem berühmten Bildhauer *Francisco Herrera* zugeschrieben werden. In der gold schimmernden dritten Seitenkapelle rechts vom Chor findet sich der größte Schatz der Kirche: die *Verge de la Salut*, eine ernst dreinblickende Marienfigur aus Alabaster mit einem pausbäckigen Jesuskind auf dem Arm. Ihre Entstehungszeit liegt im Dunkeln, der Legende nach hat sie aber bereits Jaume I. aus einem furchtbaren Unwetter während der Überfahrt nach Mallorca errettet, und noch heute wird sie als Schutzpatronin Palmas verehrt.

Über den Carrer Josep Tour Ferrer erreicht man nun die Hallen des **Mercat de l'Olivar** 20 (Plaça de l'Olivar, Tel. 971720314, Mo–Do und Sa 7–14.30, Fr 14.30–20 Uhr), Palmas größten Lebensmittelmarkt mit einer riesigen Auswahl an Fleisch, Fisch, Obst, Gemüse und Gewürzen.

Von hier aus sind es nur noch ein paar Schritte zur **Plaça d'Espanya** 21. In ihrer Mitte erhebt sich das von dem Bildhauer Enric Clarassó (1857–1941) geschaffene *Reiterstandbild Jaumes I.* auf einigen nur grob behauenen, unregelmäßigen Steinquadern – spärlichen Resten der ehem. Stadtmauer. Hinter dem Rücken des christlichen Rückeroberers tost der Verkehr. Denn an der Plaça laufen sämtliche Stadtbuslinien zusammen, ferner befindet sich hier ein großes unterirdisches Verkehrszentrum mit Metrostation, Bahnhof sowie überregionalem Busbahnhof.

Mediterrane Köstlichkeiten frisch und verlockend – Markthallen des Mercat de l'Olivar

TOP TIPP Ein wenig westlich davon startet der **Tren de Sóller** (Tel. 971630130, www.trendesoller.com). Dieser historische Zug, der liebevoll auch ›Roter Blitz‹ genannt wird, beförderte ab 1912 nicht nur Personen, er transportierte auch Orangen und Oliven aus dem fruchtbaren Tal von Sóller nach Palma. Heute nehmen Ausflügler auf den Holzbänken Platz und genießen die 50-minütige Fahrt – Fotostopp inkl. – durch die reizvolle Landschaft. Wer vor der Abfahrt noch Zeit hat, kann sich in der ehem. Wartungshalle die Ausstellung der **Fundació Tren de l'Art** 22 (Tel. 971638973, März–Okt. tgl. 10.30–18.30, Nov.–Feb. Di-So 10.30–18 Uhr) ansehen, die mallorquinische Kunst ab dem 19. Jh. zeigt.

Die Unterstadt – zwischen Rambla und Llotja

Durch den Carrer dels Olms gelangt man von der Plaça d'Espanya geradewegs hinunter auf die **Rambla dels Ducs de Palma de Mallorca** 23, kurz Rambla genannt. Die von Fahrspuren gesäumte Promenade wurde im 18. Jh. über einem ausgetrockneten Flussbett angelegt und mit Platanen bepflanzt, in deren Schatten zahlreiche Blumenverkäufer ihre mehr oder weniger geschmackvollen Gebinde feilbieten. An ihrem südöstlichen Ende trifft die Rambla auf den Carrer de Riera mit dem **Teatre Principal** 24 (Carrer de Riera, 7, Tel. 971219696, www.teatreprincipal.com). Schon Mitte des 17. Jh. existierte an dieser Stelle ein Theater, das heutige Gebäude mit klassizistischem Portikus wurde 1856–60 erbaut und 2007 modernisiert. Auf dem Programm stehen neben Schauspiel auch Oper, Konzerte, Filmvorführungen und Ballettabende. Gleich nebenan stellt die Bäckerei *Forn de Teatro* mit ihrem Jugendstil-Eingang ein

TOP TIPP beliebtes Fotomotiv dar, doch dem früheren **Gran Hotel** 25 (Plaça de Weyler, 3) schräg gegenüber kann sie nicht die Schau stehlen: Der aus Barcelona stammende Architekt *Lluís Domènech i Montaner*, einer der bedeutendsten Vertreter des katalanischen Jugendstils, schuf dieses Kleinod des Modernisme 1901–03. Reiche Steinmetzarbeiten, Mosaike und zierliche Balkone schmücken die elegante Fassade, hinter der einst illustre Feriengäste residierten. Heute hat hier die Kunst- und Kulturstiftung **Caixa Forum Palma** (Tel. 971178500, www.fundacio.lacaixa.es, Mo–Sa 10–20, So 11–14 Uhr, So 10–14 Uhr) der katalanischen Bank La Caixa ihren Sitz. Neben internationalen Wechselausstellungen ist im ersten und zweiten Stockwerk der Nachlass des Katalanen *Hermen Anglada*

Juan March oder die Wege des Geldes

Ländereien, Villen, Stiftungen, eine Bank mit Filialen in jeder Ortschaft – der Name March ist auf Mallorca allgegenwärtig. Reichtum und Präsenz verdankt die Familie einer der zwielichtigsten Persönlichkeiten der Inselgeschichte: **Juan March Ordinas** (1880–1962) aus Santa Margalida, dessen Biografie genügend Stoff für einen Politthriller liefern würde. Der Sohn armer Bauern entwickelte, so will es die Legende, bereits als Junge eine außerordentliche Geschäftstüchtigkeit. Auf dem Schulhof soll er seinen Kameraden nicht komplette Zigaretten, sondern einzelne Züge verkauft sowie winzige Geldbeträge gegen horrende Zinsen verliehen haben. Als 20-Jähriger stieg March in den **Schweinehandel** ein und erwarb mit den Einnahmen günstig Ländereien des zunehmend verarmenden mallorquinischen Adels. Das Land teilte er in kleine Parzellen und veräußerte diese gewinnbringend an die ehem. Pächter. Seit 1906 machte March Geschäfte im **Tabakhandel**, 1926 gründete er die Banca March. So weit, so legal.

Doch auch dunkle Machenschaften waren damals wie heute äußerst lukrativ – und March kannte keine Skrupel. Um die staatliche Tabaksteuer zu umgehen, schmuggelte er im großen Stil Zigaretten von Nordafrika nach Spanien, und auf dem Rückweg versorgte er arabische Widerstandskämpfer mit Waffen für ihren Kampf gegen die Kolonialherren. Im Ersten Weltkrieg verkaufte March, inzwischen auch Reeder, den Briten Informationen über deutsche Flottenbewegungen im Mittelmeer. Den Deutschen aber stellte er gleichzeitig Treibstoff und Lotsen für eine sichere Fahrt zur Verfügung. Mehr noch, da offiziell kein Handel mit der deutschen Marine erlaubt war, ließ March seine eigenen Frachtschiffe ›kapern‹, gegen Bezahlung ›ausrauben‹ und kassierte anschließend die Versicherungssumme für die ›verlorene‹ Ladung.

Stromversorgung, Verkehr, Immobilien, Finanzen, das Monopol für Erdöl, Erz und Eisen im Mittelmeerraum – bald gab es kaum noch einen Wirtschaftszweig, in dem der Milliardär nicht seine Finger im Spiel hatte. Nur einmal geriet das **Imperium March** ins Wanken: 1931 wurde der Geschäftsmann unter dem Vorwurf der Kollaboration mit dem spanischen Militärdiktator Miguel Primo de Rivera (1870–1930) verhaftet, konnte jedoch nach Gibraltar fliehen und lebte anschließend im römischen Exil. Von dort aus soll er Francos Militärputsch 1936 finanziell unterstützt und in der Folge durch die Bereitstellung weiterer Geldmittel den Sieg des Generals im Spanischen Bürgerkrieg (1936–39) ermöglicht haben.

Von all dem freilich steht nichts auf der Website der **Fundació Juan March** (www.march.es), einer bedeutenden Kunst- und Wissenschaftsstiftung, die March 1955 gründete – vielleicht auch, um der Nachwelt nicht als dubioser Geschäftsmann, sondern als großzügiger Mäzen in Erinnerung zu bleiben.

Ein Stadtpalast des 18. Jh. beherbergt die Kunststiftung Fundació Juan March

Camarasa (1871–1959) zu bewundern – fantastische Gemälde im Spannungsfeld zwischen Impressionismus, Symbolismus und Jugendstil.

An der **Plaça del Mercat** 26 ziehen zwei weitere Beispiele des Modernisme, die 1908–11 geschaffenen schmalen Zwillingshäuser *Edifici Casasayas* mit ihren wellenförmig geschwungenen Fassaden alle Blicke auf sich. Unverkennbar ließen sich die Architekten *Francesc Roca* und *Guillem Reyenés* von den Bauwerken Antoni Gaudís inspirieren. Durch den Carrer de la Unió erreicht man schnell die **Plaça Rei Joan Carles I** 27 mit der berühmten, 1936 eröffneten *Bar Bosch* [s. S. 38], deren Korbsessel im Freien sich – ungeachtet des lauten Straßenverkehrs – nach wie vor großer Beliebtheit erfreuen. Die Mitte des Platzes beherrscht ein 1833 errichteter Brunnen, aus dem ein von Schildkröten getragener und von einer Fledermaus, dem Wappentier Palmas, bekrönter Obelisk aufragt. Shopping-Freunde werden rundum fündig: Nach Westen führt die **Avinguda Jaume III** 28, mit exklusiven Designer-Boutiquen, Juwelieren sowie einer Filiale von Spaniens bekanntester Kaufhauskette *El Corte Ingles*. Auch die schmalen Seitengassen mit ihren internationalen Kunstgalerien und den feinen Lokalen lohnen einen Streifzug. Meerwärts erstreckt sich der von Modekaufhäusern gesäumte **Passeig des Born**. Die von Platanen beschattete Promenade zwischen den beiden Fahrbahnen hat ihren Ursprung im 17. Jh. Damals wurde das Bett des Torrent Sa Riera nach Westen verlegt und sein Graben aufgeschüttet.

Katalanischer Jugendstil schuf die Fassadenpracht des Gran Hotel an der Plaça de Weyler

Keinesfalls versäumen sollte man hier einen Besuch des **Casal Solleric** 29 (Nr. 26). In dem barocken Stadtpalast mit wunderschönem Patio hat nicht nur die Tourist-Information eine Dependance, hier befindet sich auch ein städtisches *Kulturzentrum* (Tel. 971 72 20 92, www.solleric.org, Juni–Sept. Di–Sa 10–13.45 und 16.45–20.30, So 10–13.45, Okt–Mai Di–Sa 10–17.45, So 10–13.45 Uhr) mit interessanten Wechselausstellungen zeitgenössischer spanischer Künstler.

Im Süden schließt die Plaça Reina den Passeig des Born ab. Von hier aus folgt

Prominenter Treffpunkt und traditionsreiche Institution – Bar Bosch an der Plaça Rei Joan Carles I

Lauschiges Stelldichein vor spätgotischer Kulisse – Szeneviertel mit Seehandelsbörse Sa Llotja

man dem Carrer del Apuntadors ins Ausgehviertel Sa Llotja mit zahlreichen Restaurants und Bars. Bald zweigt links der Carrer Sant Juan ab und führt direkt auf die Seehandelsbörse **Sa Llotja** 30 (Tel. 971711705, nur während Ausstellungen geöffnet, Di–Sa 10–18, So 10–15 Uhr) zu. Im Auftrag der Handelskammer schuf Baumeister *Guillem Sagrera*, der zuvor beim Ausbau der Kathedrale mitwirkt hatte, 1426–48 dieses Meisterwerk spätgotischer Profanarchitektur: Vier achteckige Türme rahmen den von Zinnen bekrönten Bau, an dessen Außenmauern Skulpturen der Schutzheiligen der einzelnen Kaufmannsstände angebracht sind. Das Hauptportal sowie die flankierenden Maßwerkfenster erinnern in ihrer Formensprache an Sakralarchitektur. Im Tympanon des Portals ist der über allen wachende Schutzengel hervorzuheben. Durch die großen Fenster fällt viel Licht in das Innere, dessen hohes Gewölbe von sechs elegant gedrehten Säulen, die wie Palmen in den Himmel zu wachsen scheinen, getragen wird. Wo einst Waren aus dem gesamten Mittelmeerraum umgeschlagen wurden, sind heute Wechselausstellungen zu sehen. Nebenan steht das ehem. Seehandelsgericht **Consolat de Mar** 31, eines der wenigen Beispiele mallorquinischer Renaissancearchitektur. Zur Meerseite hin schmückt das 1669 fertiggestellte Gebäude, in dem heute das Regierungspräsidium der Balearen seinen Sitz hat, eine fünfbogige Galerie sowie ein Uhrturm.

Über die Plaça Drassana, deren Name noch an die einst hier ansässige Werft aus maurischer Zeit erinnert, führt der Weg hinauf zum 2004 eröffneten Museum für moderne und zeitgenössische Kunst **Es Baluard** 32 (Plaça Porta Santa Catalina, 10, Tel. 971908200, www.esbaluard.org, Di–Sa 10–18, So 10–15). Gekonnt wurden ein Beton-Glasbau sowie zahlreiche moderne Skulpturen in das Mauerwerk der Renaissance-Festung *Bastió de Sant Pere* aus dem 16. Jh. integriert. Allein dieses Zusammenspiel von Alt und Neu verbunden mit der grandiosen Aussicht über die Bucht von Palma lohnt den Besuch! Das Innere des Museums vereint Exponate vom Ende des 19. Jh. bis zur Gegenwart, wobei im ersten Raum mallorquinische Landschaftsgemälde des Postimpressionismus dominieren: *Santiago Rusiñols* ›Darstellung des Dorfes Bunyola‹ (1908/09) oder *Joaquín Sorollas* ›Cala de Sant Vicenç im Abendlicht‹ (1919) machen wahrlich Lust auf eine Landpartie! Insgesamt können auf drei Stockwerken rund 400 Arbeiten so bedeutender Künstler wie René Magritte, Wassily Kandinsky, Anselm Kiefer und Georg Baselitz besichtigt werden. Stark vertreten sind Pablo Picasso, Joan Miró und Miquel Barceló. Für eine Pause bieten sich Museumscafé und -restaurant [s. S. 38] an. Eine Vielzahl guter Einkehrmöglichkeiten findet sich aber auch rund um die Markthalle des **Mercat de Santa Catalina** 33 (Mo–Sa 7–14 Uhr) im gleichnamigen

Viertel, das westlich des Torrent Sa Riera beginnt. Das einstige Arbeiterquartier hat sich in den letzten Jahren zum Szenetreff gemausert.

Ausflüge

Architektonische Glanzstücke aus ganz Spanien auf engstem Raum vereint das westlich der Innenstadt gelegene **Poble Espanyol** (Pueblo Español, Carrer Poble Espanyol, s/n, Tel. 971737070, Mo–Sa 9–19, So 10–17 Uhr, danach Restaurantbetrieb), das Spanische Dorf. Hier kann man die erhabene Eleganz des Löwenhofs der Alhambra von Granada bewundern, den Barockturm Torre de Santa Catarina von València erklimmen oder ein ganzes andalusisches Stadtviertel durchstreifen. Alle Gebäude wurden 1967 originalgetreu, jedoch in verkleinertem Maßstab, nachgebaut und vermitteln einen Eindruck von der vielfältigen Baukunst auf der Iberischen Halbinsel. 2009 wurde der Komplex umfassend restauriert und bietet nun auch Ausstellungsflächen für moderne Kunst sowie Räumlichkeiten für Tagungen und Kongresse. Abends steht dann alles im Zeichen einer gehobenen Gastronomie. Mehrere Restaurants, aber auch ein schicker Club mit Cocktailbar

Mallorcas moderne Kunstszene

Vielleicht begann alles mit Joan Miró, einem der größten spanischen Maler des 20. Jh. Der Wahlmallorquiner präsentierte 1970 einige seiner Werke in der **Sala Pelaires** (Carrer Pelaires, 5, Palma, Tel. 971723696, www.pelaires.com) und begründete damit den Ruf Palmas als Kunststadt. Weitere bedeutende Künstler, Antoni Tàpies, Alexander Calder und Eduardo Chillida, stellten in der Folge in jener Galerie aus und sorgten für steigendes Interesse der internationalen Kunstszene an der mallorquinischen Kapitale. Heute finden sich im Zentrum von Palma neben dem Museum **Es Baluard** (s.o.) und Kulturstiftungen wie der **Fundació Juan March** [s. S. 29] auch rund 80 Galerien. Die meisten von ihnen sind international ausgerichtet, sowohl was die Künstler als auch die Käufer angeht. Nach Palma zum Kunstkauf oder zum alljährlichen **Nit d'Art**, der langen Nacht der Kunst (September, Infos bei der OIT), das ist nicht nur aufgrund der guten Flugverbindungen aus ganz Europa derzeit mega-in.

Auch außerhalb der Hauptstadt bietet die Insel einen überraschenden Reichtum an Pilgerstätten für Kunstfreunde. Eine davon ist das **Centro Cultural Andratx** [s. S. 50], in das die dänischen Galeristen Jacob und Patricia Asbaek regelmäßig junge Talente einladen, um vor Ort zu wohnen und ihrer Kreativität freien Lauf zu lassen. Gut möglich, dass der eine oder andere von ihnen auf der Insel bleibt, wie es zuvor schon Barbara Weil tat. Die amerikanische Künstlerin beauftragte keinen Geringeren als Daniel Libeskind mit dem Bau ihres Ateliers in Port d'Andratx, dem **Studio Weil** [s. S. 51]. Oder das Künstlerpaar Jakober, das in der Nähe von Alcúdia ihre beeindruckende Kulturstiftung, die **Fundación Yannick y Ben Jakober**, gründete [s. S. 86].

Ferner haben die Mallorquiner gegenwärtig selbst einige international bekannte Künstler vorzuweisen. Allen voran **Miquel Barceló**, Ausnahmetalent aus Felanitx, das nicht nur mit seiner Kapellengestaltung in der Kathedrale von Palma [s. S. 25], sondern auch mit seinem Deckengemäde im UN-Sitzungssaal in Genf Aufsehen erregte. Unter Kennern begehrt sind auch Werke des Malers und Bildhauers **Rafa Forteza** (www.rafaforteza.net) oder der Malerin **Maria Carbonero**.

Ein Tempel moderner und zeitgenössischer Kunst ist das Museum Es Baluard in Palma

Spaniens Kulturerbe minutiös nachempfunden: Löwenhof der Alhambra im Poble Espanyol

locken nicht nur Urlauber, sondern durchaus auch die Mallorquiner in das Spanische Dorf.

Südwestlich vom Spanischen Dorf thront hoch über der Bucht von Palma das **Castell de Bellver** (c/ Camilo José Cela, 17, Tel. 971735065, http://castelldebellver.palmademallorca.es, April–Sept. Mo 8.30–13, Di–Sa 8.30–20, So 10–20 Uhr, Okt.–März Mo 8.30–13, Di–Sa 8.30–18, So 10–18 Uhr) inmitten eines weitgehend der Natur überlassenen Parks. Vermutlich gab bereits Jaume I. die Festung in Auftrag, vollendet wurde sie 1309 unter Jaume II. Baumeister *Pedro Salvá* schuf eine ungewöhnliche Anlage mit kreisrundem Palas – eine der wenigen Burgen dieser Art in Europa. Verstärkt wird das Rund durch drei angebaute halbrunde Wachtürme, die allerdings kaum über den Hauptbau emporragen, sowie den mächtigeren *Torre de Homenaje* (Huldigungsturm), der durch eine Brücke mit diesem verbundenen ist. Im Kontrast zu der trutzigen Wehrhaftigkeit der Außenmauern steht der bezaubernde Innenhof, den eine doppelstöckige Galerie mit Rundbögen im Erdgeschoss bzw. Spitzbögen im Obergeschoss umschließt. Geplant war das Castell als Sommerresidenz der Königsfamilie, doch es erfüllte diese Funktion nicht lange. Ab Mitte des 14. Jh., als man Witwe und Kinder König Jaumes III. in den Kellerräumen festsetzte, wurde der Bau meist als Gefängnis genutzt. Der Königsfamilie folgten bald Banditen, Seeräuber und politische Gefangene. Zu den berühmtesten Häftlingen zählt der Politiker und Schriftsteller *Gaspar Melchor Jovellanos*, der hier 1802–08 für seine Kritik an der spanischen Obrigkeit büßen musste.

1936 bezog das **Museu Municipal** die Räume rund um den Innenhof. Exponate von der Bronze- bis zur frühen Neuzeit, darunter römische Amphoren (3. Jh. n. Chr.), Glas- und Keramikwaren (14.–16. Jh.) sowie historische Stadtpläne, illustrieren die Geschichte Palmas. Im Arkadengang sowie im ersten Obergeschoss werden römische Plastiken aus der Sammlung des Kardinals *Antoni Despuig i Dameto* gezeigt. Ganz nebenbei entdeckt man auf dem Rundgang durch das Museum Küche, Thronsaal und Burgkapelle der Festung. Unbedingt lohnend ist ferner der Aufstieg auf das flache Dach, von wo aus man den wohl schönsten Blick über die Stadt und die Bucht von Palma genießt.

Römischer Körperkult und Götterverehrung: Museu Municipal im Castell de Bellver

Plan hintere Umschlagklappe

Praktische Hinweise

Information

OIT, Aeroport, Palma, Tel. 971 78 95 56 – **OIT**, Passeig des Born, 27 (Casal Solleric), Palma – **OIT**, Parc de ses Estaciós, Plaça d'Espanya, Palma. Zentrales Info-Tel. 902 10 23 65, www.palmademallorca.es

Flughafen

Aeroport Son Sant Joan (PMI), 8 km nordöstlich des Stadtzentrums, Tel. 971 78 90 00, 902 40 47 04, www.aena.es. Die EMT-Linie-1 (s.u.) Aeroport–Ciutat–Port verbindet den Flughafen mit Innenstadt und Hafen.

Bus und Bahn

Palma verfügt über ein gut ausgebautes Busnetz. Einzelfahrscheine (ein Fahrpreis für den Innenstadtbereich, unabhängig von der gefahrenen Strecke) können beim Fahrer, 10er-Karten in Tabakläden und an EMT-Schaltern gekauft werden. Sämtliche innerstädtischen Busse halten an der Plaça d'Espanya, unter der sich Bahnhof, Metrostation sowie der überregionale Busbahnhof befinden.

EMT, Carrer Anselm Clavé, 5, Palma, Tel. 971 21 44 44, www.emtpalma.es. Infos zu innerstädtischen Busverbindungen.

Consorci Transports Mallorca, Plaça d'Espanya, Tel. 971 17 77 77, www.consorcidetransports.org. Infos zu Zügen und überregionalen Bussen.

Fähren

Von der Estació Marítima 3 km südwestl. der Innenstadt starten Fähren aufs spanische Festland und die Nachbarinseln.

Acciona, Tel. 902 45 46 45, www.trasmediterranea.es

Baleària, Tel. 902 16 01 80, www.balearia.com

Iscomar, Tel. 902 11 91 28, www.iscomar.com

Stadtbesichtigung

Mallorca Rutes, Carrer d'en Morei 7, Palma, Tel. 971 72 89 83, www.mallorcarutes.es. Thematische Stadtspaziergänge, z.B. auch zu den schönsten Patios von Palma (auch auf Deutsch).

Palma City Sightseeing, Tel. 902 10 10 81, www.city-sightseeing.com. Doppeldecker-Bus mit 16 Stopps (Hop on, Hop off), u. a. Plaça d'Espanya, Passeig Marítim, Castell de Bellver, Tickets beim Fahrer.

Fahrradfahren

Ein gut ausgebauter Radweg führt immer entlang der Küste von Porto Pi im Westen der Altstadt bis zum Strand von S'Arenal. Fahrradverleih:

Palma on Bike, Avinguda Antoni Maura, 10, Palma, Tel. 971 71 80 62; Avinguda Gabriel Roca, 12, Palma, Tel. 971 91 89 88; Avinguda Gabriel Roca, 15, Palma, Tel. 971 28 65 90, www.palmaonbike.com

Einkaufen

Bordados Valldemossa, Carrer de Sant Miquel, 26, Palma, Tel. 971 71 63 06. Winziger Laden mit mallorquinischen Handstickereien – herrlich altmodisch!

TOP TIPP **Colmado Santo Domingo**, Carrer Santo Domingo, 1, Palma, Tel. 971 71 48 87, www.colmadosantodomingo.com. Wie eine Höhle mutet dieser mit mallorquinischen Spezialitäten reich befüllte Laden an. Sogar über dem Kopf baumeln die Sobrassadas!

Akzent, Carrer Carme, 14, Palma, Tel. 971 22 81 29, www.akzent-palma.com. Internationale Buchhandlung.

La Casa del Mapa, Carrer Santo Domingo, 11, Palma, Tel. 971 22 59 45. Stadt-, Land-, Fahrrad- und Wanderkarten in großer Auswahl.

Rialto Living, Carrer Sant Feliu, 3c, Palma, Tel. 971 71 33 31, www.rialtoliving.com. Wohnaccessoirs, Möbel, Mode, Lederwaren und Papeterie in erlesener Vielfalt, dazu ein schönes Café.

Hotels

******Ciutat Jardí**, Carrer Illa de Malta, 14, Ciutat Jardí, Palma, Tel. 971 74 60 70, www.hciutatj.com. Nostalgisches Strandhotel, das 1921 nach dem Vorbild eines indischen Maharadscha-Palasts erbaut wurde. Ideal für alle, die Stadtbesichtigung und Badeurlaub verbinden wollen.

TOP TIPP ******Convent de la Missió**, Carrer de la Missió, 7a, Palma, Tel. 971 22 73 47, www.conventdelamissio.com. Hinter den Mauern eines Klosters aus dem 17. Jh. verbergen sich 14 Zimmer und Suiten von puristischer Eleganz sowie ein Wellnessbereich. Im Restaurant werden kreative mediterrane Gerichte für gehobene Ansprüche serviert.

******Dalt Murada**, Carrer Almudaina, 6a, Palma, Tel. 971 42 53 00, www.daltmurada.com. Herrenhaus aus dem 16. Jh., wunderschön mit Antiquitäten ausgestattete Zimmer und großzügige Suiten.

****Misión de San Miguel, Ca'n Maçanet, 1a, Palma, Tel. 971 21 48 48, www.urhotels.com. Stadthotel mit 29 gemütlichen Zimmern und drei Suiten. Gutes Preis-Leistungsverhältnis. Das Restaurant bietet feine mediterrane Küche.

***Araxa, Carrer Pilar Juncosa, 22, Palma, Tel. 971 73 16 40, www.hotelaraxa.com. 72 schöne Zimmer und eine gemütliche Loggia mit offenem Kamin, die leicht zum zweiten Wohnzimmer wird. Im Garten verspricht ein Pool Erfrischung.

**Born, Carrer Sant Jaume, 3, Palma, Tel. 971 71 29 42, www.hotelborn.com. Residieren wie ein Marquis in einem Stadtpalast aus dem 16. Jh. – nur die Zimmer fallen etwas schlichter aus.

Restaurants

Baisakhi, Passeig Marítim, 8, Palma, Tel. 971 73 68 06, www.baisakhi.es. Schon auf dem Bürgersteig weisen Rosenblätter den Weg in diese opulente indische Schlemmerwelt.

Bon Lloc, Carrer Sant Feliu, 7, Palma, Tel. 971 71 86 17, www.bonllocrestaurant.com. Vegetarisches Restaurant mit günstigen 4-Gänge-Menüs (Mo–Sa 13–16, Do–Sa auch 19.30–23 Uhr).

Ca'n Eduardo, Travesía Contramuelle, Palma, Tel. 971 72 11 82, www.caneduardo.com. Schickes Restaurant über der Fischauktionshalle. Die große Fensterfront gibt den Blick frei auf Jachthafen und Kathedrale.

Celler sa Premsa, Pl. Bisbe Berenguer i Palou, 8, Palma, Tel. 971 72 35 29, www.cellersapremsa.com. Man sitzt atmosphärisch unter riesigen Weinfässern, serviert wird typisch mallorquinische Küche.

Restaurants wie La Boveda in Palma verbinden Verweilambiente und Tapas-Genuss

Es Baluard Restaurant & Lounge, Porta Santa Catalina, 10, Palma, Tel. 871 23 49 54, www.esbaluard.org. Das Restaurant des Museums ›Es Baluard‹ bietet neben feinen Speisen auch einen herrlichen Blick über die Bucht – auch zum Sonnenuntergang (tgl. 10–24 Uhr).

La Boveda, Carrer de la Boteria, 3, Palma, Tel. 971 71 48 63. Tapas in großer Vielfalt, in einem Ambiente, wie es urspanischer – Azulejos, Holzfässer und Schinken an der Wand – kaum sein könnte. Auch im Winter gut besucht, unbedingt reservieren!

Zanzibar, Plaça Navegació, 17, Palma, Tel. 971 91 89 19, www.restaurantecafezanzibar.com. Variantenreiche und relativ günstige (Mittags-) Menüs, leckere Salate und Tapas.

Cafés und Bars

Bar Bosch, Plaça Rei Joan Carles I, Palma, Tel. 971 72 11 31, www.barbosch.es. Sehen und gesehen werden – seit 1936 (So geschl.).

Ca'n Joan de S'Aigo, Carrer Sanç, 10, Palma, Tel. 971 71 07 59. Traditionsreiches Café, in dem man unter Kronleuchtern die wohl leckerste mallorquinische Schokolade schlürft (Di geschl.).

Quirlige Strandvergnüglichkeit ist die Losung an der Platja de Palma

Gran Café Cappuccino, Carrer de Sant Miquel, 53, Palma, Tel. 971 71 97 64, www.grupocappuccino.com. Kaffeespezialitäten in einem Palast aus dem 18. Jh. Die beliebte Kette besitzt weitere Dependancen in exklusiver Lage: im Palau March, Carrer Conquistador, 13, Tel. 971 71 72 72 sowie am Passeig Marítim, 1, Tel. 971 28 21 62.

Iceberg La Lonja, Carrer Apuntadors, 12, Palma, Tel. 971 49 55 10, www.iceberg-mallorca.com. Köstliche Eiskreationen – besonders erfrischend: Orange mit Minze!

Nachtleben

Cafe Atlantico, Carrer Sant Feliu, 12, Palma, Tel. 971 72 62 85. Die urige Bar bietet Rock und Cocktails.

Garito Café, Dàrsena de Ca'n Barbarà, Palma, Tel. 971 73 69 12, www.garitocafe.com. The Club to go: Lounge-Atmosphäre, hipper Musikmix, schöne Terrasse.

Casino de Mallorca, Porto Pi Centro, Palma, Tel. 971 13 00 00, www.casinodemallorca.com. Im einzigen Casino der Insel gibt es Roulette, Black Jack, und regelmäßige Pokertourniere.

TOP TIPP **Jazz Voyeur Club**, Carrer Apuntadores, 5, Palma, Tel. 971 72 07 80, www.jazzvoyeur.com. Die Jazz-Institution in Palma, Live-Musik Di–So ab 22 Uhr.

TOP TIPP **Tito's**, Passeig Marítim, Avinguda Gabriel Roca, 31, Palma, Tel. 971 73 00 17, www.titosmallorca.com. Palmas wohl berühmtester Tanztempel, in dem sich Schön und Reich treffen.

2 Platja de Palma mit Ca'n Pastilla und S'Arenal

Von Ballermann bis Edel-Lounge, am langen feinsandigen Strand findet jeder sein Plätzchen.

Platja de Palma heißt der etwa 5 km lange Küstenabschnitt östlich von Palma, der sich vom fluglärmgeplagten Ca'n Pastilla (5200 Einw.) über Sometimes und Las Maravillas (4500 Einw.) bis nach S'Arenal (6600 Einw.) erstreckt. In den 1970er-Jahren wurden in drei bis vier Reihen entlang der Strandzone unzählige, meist

Erholung von nächtlichen Ausgehfreuden: Balneario 6 in S'Arenal

gesichtslose Hotelkomplexe mit einer Gesamtkapazität von über 50 000 Betten aus dem Boden gestampft – günstige Unterkünfte für sonnenhungrige Mittel- und Nordeuropäer. Diese massive Bebauung war der Inselregierung mittlerweile ein Dorn im Auge, und es gibt Pläne, die Platja de Palma Verschönerungsmaßnahmen durch den Landschaftsplaner *Adria an Geuze* (www.west8.nl) zu unterziehen. Neben der Neugestaltung der Uferpromenade steht die Verbesserung der Infrastruktur auf dem Programm. Teure Hotels sowie schicke Restaurants und Bars sollen künftig ein zahlungskräftigeres Publikum anziehen. Nach Protesten gegen zu viele Abrisse und Enteignungen liegen die Pläne momentan auf Eis – bis zur Fertigstellung der ›Copacabana‹ Mallorcas werden wohl noch einige Jahre ins Land gehen. So ist dieser Strandabschnitt derzeit nur Urlaubern zu empfehlen, denen mehr oder weniger Trubel nichts ausmacht. Sie finden hier einen breiten, feinsandigen Strand, der sanft ins kristallklare Meer ausläuft. Er ist, beginnend in **S'Arenal**, in 15 Abschnitte, Balnearios, eingeteilt, die jeweils über eine Snackbar sowie sanitäre Anlagen verfügen. Dahinter verläuft die begrünte Uferpromenade. Eine Vielzahl an Supermärkten bietet von der Luftmatratze über den Sonnenschirm bis hin zur deutschen Zeitung alles an, was für einen Badeurlaub nötig ist. In manchen erhält man auch die Grundausstattung für einen feucht-fröhlichen Tag am Strand, nämlich die beliebten 10-Liter-Eimer, gefüllt mit diversen Spirituosen zum Selbstmischen. Gratis dazu gibt es überlange Strohhalme und Eiswürfel. Brennpunkt alkoholischer Exzesse ist das Gebiet rund um den berühmt-berüchtigten **Balneario 6**, den Ballermann, wo 2013 Diskussionen um ein ›Eimerverbot‹ der Behörden Schlagzeilen machten. Schon lange ist der von Grill-Duft und Schlagermusik erfüllte Carrer del Pare Bartomeu Salvà nur noch unter dem Namen **Schinkenstraße** bekannt, und Lokale wie *Bierkönig* (www.bierkoenig.com) oder *Oberbayern* (www.oberbayern-mallorca.tv) sorgen für ganzjährige Oktoberfeststimmung. Ebenfalls beliebt ist die Diskothek *Megapark* (www.megapark.tv) im Abschnitt Balneario 5. Doch gibt es auch jetzt schon stilvollere Ausgehmöglichkeiten, etwa den eleganten *Purobeach Club* [s. S. 41] in Ca'n Pastilla, der aufzeigt, welche Richtung der Tourismus hier zukünftig einschlagen könnte.

Auch jenseits von Strand- und Nachtleben hat die Platja de Palma inzwischen etwas zu bieten: Highlight ist das zwischen Ca'n Pastilla und Sometimes gelegene **Palma Aquarium** (Manuela de los Herreros i Sorá, 21, Tel.

TOP TIPP

902 70 29 02, www.palmaaquarium.com, April–Okt. tgl. 9.30–18.30, im Winter und an Wochentagen teils kürzer, genaue Öffnungszeiten siehe Homepage). In 55 Aquarien tummeln sich Meeresbewohner aus der ganzen Welt – vom possierlichen Korallenfisch über elegant durchs Wasser gleitende Rochen bis hin zum gefährlich dreinblickenden Küstenhai. Auf gemütlichen Sitzkissen kann man sich vor den bis zu 9 m hohen Scheiben niederlassen und in aller Ruhe das Treiben der Meeresbewohner beobachten, bevor man sich in den Dschungel begibt, ein Tropenhaus voller exotischer Pflanzen und Tiere. Herausragend gestaltet ist auch der Außenbereich des Aquariums mit Wasserläufen, Schildkrötenbecken und Abenteuer-Spielplatz.

Wer sich selbst ins kühle Nass stürzen möchte, ist im **Aqualand** (Autovía Palma–S'Arenal, Ausfahrt 13, Tel. 971 44 00 00, www.aqualand.es, Mitte Mai–Sept. tgl. 10–17, Juli/Aug. bis 18 Uhr) richtig. Gerade im Sommer ist die Anlage allerdings oft überfüllt und die Preise sind hoch.

i Praktische Hinweise

Information

OIT, Plaça Meravelles, s/n, Platja de Palma, Tel. 902 10 23 65 , www.playadepalma.net

Bootsausflüge

Cruceros Arenal, Club Nàutic, S'Arenal, Mobil-Tel. 971 440 142, www.cnamoorings.com. Ausflüge in die Bucht von Palma.

Hotels

******Aya**, Carretera Arenal, 60, Platja de Palma, Tel. 971 26 04 50, www.hotelaya.com. Modernes Hotel direkt an der Strandpromenade am Westrand von S'Arenal. Sehr schöne Gartenanlage mit Pool.

******Grupotel Playa de Palma Suites & Spa**, Camí de Ca Na Gabriela, 27–29, Platja de Palma, Tel. 971 49 40 40, www.grupotel.com. Ansprechende Hotelanlage etwa 500 m vom Strand entfernt. Die dreistöckigen Bauten sind rund um einen großzügigen Pool gruppiert. Fitness- und Wellnessbereich.

Restaurants

Ca'n Torrat, Camí Maravillas, s/n, S'Arenal, Tel. 971 26 20 55, www.cantorrat.com. Fleisch satt heißt es in diesem rustikalen Grillrestaurant.

XII Apóstoles, Carrer San Ramon Nonat, 6, Platja de Palma, Tel. 971 26 20 15, www.xii-apostel.com. Opulent mit Kronleuchtern ausgestattetes Restaurant, in dem köstliche Steinofenpizza, Pasta und sonntags ein umfangreiches Brunch-Büffet serviert werden.

Nachtleben

Purobeach Club, Pagell, 1, Cala Estancia, Ca'n Pastilla, Tel. 971 74 47 44, www.purobeach.com. Elegante Lounge, ganz in Weiß. Vormittags stehen Yogastunden mit Meerblick auf dem Programm.

Für Exzesse geeignet: S'Arenals Nachtschwärmer- und Feiermeile Schinkenstraße

3 Cala Major und Gènova

Von Mensch und Natur geschaffene Kunstwerke erwarten den Besucher in der Miró-Stiftung und in den Höhlen von Gènova.

Auch der westliche Abschnitt der Bucht von Palma ist vom Pauschaltourismus bestimmt. Darüber kann selbst **Marivent** nicht hinwegtäuschen, die Sommerresidenz der spanischen Königsfamilie, die sich hinter hohen Mauern am Ortseingang von **Cala Major** versteckt und nicht öffentlich zugänglich ist. Ihre Nachbarschaft besteht aus gesichtslosen Hotelblocks mit überwiegend britischen und skandinavischen Gästen, die im Sommer die kleine Badebucht bevölkern.

Etwas oberhalb der Bucht, von Hochhäusern umringt, befindet sich die TOP TIPP **Fundació Pilar i Joan Miró a Mallorca** (Carrer Saridakis, 29, Tel. 971701420, http://miro.palmademallorca.es, 16. Mai–15. Sept. Di–Sa 10–19, So 10–15, 16. Sept.–15. Mai Di–Sa 10–18, So 10–15 Uhr), Mirós Hinterlassenschaft für die Insel, auf der er fast 30 Jahre lang lebte und arbeitete. Dank der Initiative seiner Witwe Pilar konnte 1992 vis à vis dem Wohnsitz des Künstlers ein Kulturzentrum eröffnet werden, in dessen Mittelpunkt das von Rafael Moneo entworfene sternenförmige *Edificio Estrella* steht. Neben Gemälden, Zeichnungen und Skulpturen Mirós, die einen schönen Überblick über sein Mallorquiner Schaffen geben, werden hier auch Wechselausstellungen zeitgenössischer Künstler gezeigt. Spannend ist der Blick in das von Josep Lluís Sert erbaute *Atelier*, das nach Mirós Tod 1983 unverändert geblieben ist. Noch immer lehnen an den Wänden einige – wie es scheint – gerade erst abgeschlossene Gemälde, halbfertige Stücke ruhen auf mehreren Staffeleien.

Etwa 1 km nordwestlich der Fundació Miró liegt das Bergdorf **Gènova** (3700 Einw.), von dem aus die Tropfsteinhöhlen **Coves de Gènova** (Carrer des Barranc, 45, Tel. 971402387, April–Sept. Di–So 10.30–13.30 und 16–18.30, Okt.–März Di–So 10.30–13 und 16–17.30 Uhr) besichtigt werden können. Sie sind kleiner als die Höhlen im Osten Mallorcas, doch auch hier lassen sich interessante, von der Natur geformte Kunstwerke aus Kalk bestaunen. Mit dem Auto lohnt anschließend ein Abstecher zum ausgeschilderten **Na Burguesa**, einem Aussichtspunkt, von dem man einen hervorragenden Blick über die Bucht von Palma genießt.

i Praktische Hinweise

Restaurants

Es Mussol, Carrer Barranc, 3, Gènova, Tel. 971702865, www.esmussol.com. Moderne mallorquinische Küche, etwa Rinderfilet mit einer Sauce aus karamellisierter Sobrassada, aber auch Salate, Crêpes und Fondue (So geschl.).

Maothai, Avinguda Joan Miró, 244, Cala Major, Tel. 971703043, www.maothai.com. Die wohl beste Thaiküche der Insel, aber nicht ganz billig.

4 Ses Illetes und Portals Nous

Urlaub der gehobenen Klasse.

Eine kleine Oase an der westlichen Badía de Palma ist der Ort **Ses Illetes** (3500 Einw.), der seinen Namen ›Inselchen‹ den kleinen Eilanden vor der Küste verdankt.

Noblesse oblige – Portals Nous steht für mehr oder weniger diskreten Charme des Luxus

Statt riesiger Hotelkomplexe findet man hier Villen und teure Hotels in herrlich angelegten Gärten, die sich an die Steilküste schmiegen. Zwei schöne benachbarte Buchten, die *Platja Ses Illetes* und die *Cala Comtessa*, sind öffentlich zugänglich, ebenso wie der schicke *Virtual Club* (s.u.) mit Restaurant, Cocktailbar und Disko-Lounge direkt am Meer.

Wer es noch nobler mag, ist im Nachbarort **Portals Nous** (2600 Einw.) richtig: Im Hafen *Port Portals* ankern Superjachten, vor denen Rolls Royce , Lamborghini und Ferrari parken. Und wer sich in der europäischen High Society auskennt, hat gute Chancen, den einen oder anderen Prominenten in einem der Feinschmecker-Lokale entlang der Hafenpromenade zu entdecken.

i Praktische Hinweise

Hotels

*****Meliá de Mar**, Passeig de Illetes, 7, Ses Illetes, Tel. 971 40 25 11, www.solmelia.com. Siebenstöckige Luxus-Unterkunft mit moderner Innenausstattung, sehr guten internationalen Restaurants, Spa-Bereich und herrlicher Parkanlage. Nur für erwachsene Gäste!

****Lindner Golf & Wellness Resort**, Carrer Arquitecto Francisco Casas, 18, Portals Nous, Tel. 971 70 77 77, www.lindner.de. Unmittelbar am Golfplatz gelegenes Resort mit afrikanischem Touch. Schöner Pool und Spa-Bereich.

Restaurant

TOP TIPP **Tristán**, Local No. 1, Port Portals, Portals Nous, Tel. 971 67 55 47, www.grupotristan.com. 2012 verzichtete Küchenchef Gerhard Schwaiger auf seinen Michelin-Stern, um in seinem neuen Projekt Tristan frei von Zwängen feines Seafood und in der Bar Capricho leckere Cocktails zu servieren.

Nachtleben

TOP TIPP **Virtual Club**, Passeig de Illetes, 60, Ses Illetes, Tel. 971 70 32 35, www.virtualclub.es. Tagsüber relaxt man im Beachclub, nachts wird in einer natürlichen Höhle zu coolen Beats getanzt.

5 Palmanova und Magaluf

Mehrere Freizeitparks sorgen für reichlich Fun.

Kaum hat man Port Portals hinter sich gelassen, zeigt sich erneut das vertraute Bild aneinandergereihter Bettenburgen. Mit günstigen Hotels, langen Sandstränden und einem breiten Spektrum an Unterhaltungsangeboten verfügen die Zwillingsstädte Palmanova (6900 Einw.) und Magaluf (4400 Einw.) über jene touristische Infrastruktur, die zahlreiche Feriengäste zu schätzen wissen. Neueste Attraktion der bei Briten und Skandinaviern beliebten Partyhochburg Magaluf ist das **House of Katmandu** (Avinguda Pedro Vaquer Ramis, 9, Tel. 971134660, www.katmandupark.com, März bis 13. April Sa/So 10–18 Uhr, 14. April–Okt, tgl. 10–20 Uhr (Juli/Aug. bis 22 Uhr). In dem auf dem Kopf stehenden Gebäude, das einem nepalesischen Tempel nachempfunden ist, haben Besucher allerlei interaktive Abenteuer zu bestehen.

Rund um die beiden Ferienorte sind zwei Erlebnisparks angesiedelt: Das **Marineland** (Costa d'En Blanes, Tel. 971675125, www.marineland.es, März–Okt tgl. 9.30–17.30 Uhr, letzter Einlass zwei Stunden vor Schließung) zeigt Delfin-, Seehund- und Papageienshows. Der **Western Park** (Carretera Cala Figuera – Sa Porrasa, Tel. 971131203, www.westernpark.com, Juli/Aug. tgl. 10–18, Mai/Juni/Sept. tgl. 10–17 Uhr) bietet seinen Besuchern zahlreiche Riesenrutschen, die zum Teil allerdings bereits etwas in die Jahre gekommen sind.

i Information

OIT, Passeig de la Mar, 13, Palmanova, Tel. 971682365, www.visitcalvia.com

OIT, Pere Vaquer Ramis, 1, Magaluf, Tel. 971131126, www.visitcalvia.com

Nachtleben

BCM Planet Dance, Avinguda S'Olivera, 14, Magaluf, www.bcmplanetdance.com. Bis zu 7000 Tanzwütige können sich in diesem Klub der Superlative zu elektronischen Klängen und Lasershows austoben.

Restaurants

Tom Brown's on the Beach, Passeig Maritim, Magaluf, Tel. 971130500, www.tombrownsmagaluf.com. Hier ist man vor allem auf Besuch aus Großbritannien eingestellt: Auf der Karte stehen Bacon

Palmanova und Magaluf bieten alles, was man für gepflegten Badespaß braucht

and Eggs, Sandwiches und Yorkshire Puddings.

Pirates Beach Bar & Grill, c/ Punta Belina 6, Magaluf, Tel. 971 13 08 79, www.piratesbeachbar.com. Seeräuberromantik, Steaks und eine gut gefüllte Bar – präsentiert von den Machern der ›Pirates‹-Show (s. S. 132).

6 Cala de Portals Vells

TOP TIPP

Eine unverbaute Sandbucht, kristallklares Wasser und eine Höhlenkapelle locken zum Tagesausflug.

Westlich von Magaluf zweigt von der Hauptstraße Palma–Peguera links eine Straße Richtung Cap de Cala Figuera ab. Durch relativ unverbaute Landschaft mit schönen Kiefernwäldern erreicht man nach etwa 4 km die Cala de Portals Vells. Die idyllische, von Felsen gerahmte Sandbucht ist ein beliebter Ankerplatz für Jachten, das glasklare Wasser lädt zum Schnorcheln ein. Interessant ist ein kleiner Spaziergang zu der **Cove de la Mare de Déu** in den südlich gelegenen Felsen. Sie ist eine von mehreren Grotten, die möglicherweise bereits von den Karthagern als Grabstätten genutzt wurden. Im 15. Jh. sollen Schiffbrüchige sie als Dank für ihre Rettung zu einer Kapelle umgestaltet haben, in der sie die Statue Santa Maria del Carmen hinterließen. Aufgrund von Steinschlaggefahr ist diese heute in der Kirche von Portals Nous untergebracht. Immer entlang der Küste führt der Weg weiter zur Cala Figuera, überquert dort die Straße und folgt ihr rechter Hand bis zu einem verfallenen Wachturm, von dem aus sich der Blick auf den Leuchtturm am **Cap de Cala Figuera** eröffnet. Ein Bilderbuchmotiv, das sich allerdings in militärischem Sperrgebiet befindet. Für die gesamte Strecke inklusive Rückweg nach Portals Vells sollte man eine Stunde einplanen.

Paradies für lauschige Ruhe in verträumten Buchten – Cala de Portals Vells

Der Südwesten – Badefreuden und Naturerlebnisse

Der Südwesten Mallorcas lockt Feriengäste mit familienfreundlichen Badeorten wie **Santa Ponça** oder **Peguera**. Abwechslung vom Strandleben versprechen Ausflüge ins bergige Hinterland, z.B. eine Fahrt von **Es Capdellà** nach **Puigpunyent**, während der man nicht nur hübsche Bergdörfer besichtigen, sondern am *Puig de Galatzó* auch die Fauna und Flora der Insel kennenlernen kann. Ein Highlight für Hobbyornithologen ist eine Wanderung auf der **Illa Sa Dragonera**, einem Vogelparadies, dessen gezackter Bergrücken vor der Küste des ehem. Fischerortes **Sant Elm** aus dem Meer aufragt. Freunde moderner Kunst sollten einen Besuch im Centro Cultural in **Andratx** oder im Atelier der Künstlerin Barbara Weil in **Port d'Andratx** einplanen. Letzteres versteckt sich in den Hügeln über dem mondänen Jachthafen, an dessen Uferpromenade man bei einem Cocktail den Sonnenuntergang genießen kann.

7 Santa Ponça

Geschichtsträchtiger Ferienort: Hier ging 1229 Jaume I. an Land, um die Insel von den Mauren zu befreien.

Beim Anblick der mehrstöckigen Hotels und Apartmentanlagen vermutet man kaum, dass Santa Ponça (11000 Einw.) eine nennenswerte Geschichte aufweisen kann. Und doch ist die Gegend um das an einer weiten Bucht gelegene Städtchen und die nördlich anschließende Villensiedlung *Costa de la Calma* uraltes Kulturland. Einigen Historikern zufolge nahm die Besiedlung Mallorcas um 4000 v. Chr. von hier ihren Ausgang. Zeugnisse aus talaiotischer Zeit finden sich südlich des Zentrums im **Parque Arqueológico Puig de Sa Morisca** auf dem gleichnamigen Hügel (ausgeschildert). Dort kann man nicht nur die Überreste eines typischen Rundbaus mit einem Durchmesser von etwa 9 m bestaunen, sondern auch den weiten Blick über die Landschaft genießen. Im September 1229 läutete die Landung der christlichen Flotte unter Jaume I. in der Bucht von Santa Ponça das Ende der maurischen Herrschaft auf Mallorca ein. An dieses historische Ereignis erinnert das **Creu de la Conquesta.** Das

Sonne, Sand und Pinienduft – Santa Ponça ist als Urlaubsstandort sehr beliebt

Kreuz wurde 1929 zum 700. Jahrestag oberhalb des Jachthafens aufgestellt. Die acht Sockelreliefs stellen Episoden der Rückeroberung dar, darunter Jaume im Gebet während eines Sturms auf hoher See und die erste heiligen Messe auf mallorquinischem Boden. Der Reconquista gedenkt auch das alljährliche Fest Anfang September **Moros i Cristians**, das den Kampf der Christen gegen die Mauren als buntes Spektakel inszeniert.

Heute ziehen die gute touristische Infrastruktur und der schöne Sandstrand zahlreiche Feriengäste an. Vor allem sportlich Ambitionierte finden hier ideale Bedingungen, so gibt es drei Golfplätze, von denen *Ponça I* (Tel. 971 69 90 64, www.habitatgolf.es) auch für Urlauber zugänglich ist. Daneben locken der *Club Nàutic* mit über 500 Bootsanlegeplätzen sowie die naturgeschützten Tauchgründe um die nahen Inseln *Illes Malgrats* und *El Toro*. Nervenkitzel verspricht der **Jungle Parc** (Carretera Santa Ponça–El Toro, Santa Ponça, Mobil-Tel. 630 94 82 95, www.jungleparc.es, Sommer Di–So 10–18 Uhr, für weitere Termine die Website konsultieren). In dem Hochseilgarten kann man mit Hängebrücken, Seilbahnen und Schaukeln Parcours in den Baumwipfeln überwinden.

Ausflug

Wer es gerne stylisch mag, sollte Port Adriano besuchen. Der neue Jachthafen ist sehr schick geworden – kein Wunder, sein Designer heißt Philippe Starck.

i Information

OIT, Via Puig des Galatzó, 1, Santa Ponça, Tel. 971 69 17 12, www.visitcalvia.com

Tauchen/Kajakfahren

Zoea Mallorca, Centro de Buceo, Club Nàutic, Santa Ponça, Tel. 971 69 14 44, www.zoeamallorca.com. Exkursionen zu den besten Tauchgebieten im Süden Mallorcas, Schnorcheltrips, Kajakausflüge.

Hotel

***__Sentido Hotel Punta de Mar__**, Carrer Huguet des Far, 11, Santa Ponça, Tel. 971 69 29 53, www.sentidohotels.com. Großes gepflegtes Haus oberhalb der Steilküste im Südwesten von Santa Ponça. Alle Zimmer mit Balkon u. Meerblick.

Restaurant

Il Carpaccio, Avinguda Jaume I. 96, Santa Ponça Tel. 971 69 41 62. Küche mit täglich wechselnden Spezialitäten.

8 Peguera

Heimspiel für Deutsche: Der Ferienort punktet mit Kaffee und Kuchen und guten Ausflugsmöglichkeiten.

Vor allem deutsche Urlauber haben den durch eine vergleichsweise zurückhaltende Bebauung geprägten Ferienort Peguera für sich entdeckt. Während sich im Sommer viele Familien mit Kindern an den drei sanft abfallenden, von Kiefern gesäumten Sandstränden mit ihrem klaren Wasser tummeln, genießen in der Nebensaison zahlreiche Senioren das milde Klima und die große Auswahl an Cafés, Restaurants und Einkaufsmöglichkeiten am verkehrsberuhigten Bulevar de Peguera. Ferner ist der Ort idealer Ausgangspunkt für verschiedene Ausflüge entlang der Küste oder in das hügelige Hinterland.

i Praktische Hinweise

Information

OIT, Carrer Ratolí, 1, Peguera, Tel. 971 68 70 83, www.visitcalvia.com. Mo, Mi, Fr um 10 Uhr organisiert das OIT Wanderungen in die Umgebung, für die man sich einen Tag im Voraus anmelden sollte. Auch eine Broschüre mit Tourvorschlägen ist hier erhältlich.

Bootsausflüge

Cruceros Cormoran, Bulevar de Peguera, 66, Peguera, Tel. 971 68 68 49, www.cruceroscormoran.com. Mit dem Glasboden-Boot entlang der Südostküste. Auch Katamaran-Segeln ist im Angebot.

Fahrradverleih

Rent a Bike B. P., Bulevar de Peguera, 26, Peguera, Tel. 971 68 52 39, www.rentabikepaguera.com. Fahrräder und Motorräder.

Hotels

****__Cala Fornells__**, Carretera Cala Fornells, 76, Peguera, Tel. 971 68 69 50, www.calafornells.com. Oberhalb der winzigen Sandbucht gelegenes Hotel mit nostalgischem Flair. Pool auf dem Dach, Hallenbad, Whirlpool, Sauna, Tennisplatz.

****__Hesperia Villamil__**, Bulevar de Peguera, 66, Peguera, Tel. 971 68 60 50, www.hesperia-villamil.com. Direkt am Strand gelegenes Hotel, hinter dessen verspielter Architektur sich Pool, Sauna, Dampfbad und Whirlpool verbergen.

***__Valentin Park__**, Carrer Eucaliptus, s/n, Peguera, Tel. 971 03 20 32, www.valentinhotels.com. Familienfreundliches, etwas oberhalb des Strandes gelegenes Club-Hotel mit Animationsprogramm für Kinder. Gepflegte Pool- und Gartenanlage.

Restaurants

La Gran Tortuga, Carretera Cala Fornells, 23, Peguera, Tel. 971 68 60 23, www.lagrantortuga.net. Gehobene mediterrane Küche. Herrlich ist der Blick von der Sonnenterrasse (mit Pool) über das Meer.

La Hacienda, Pau Casals, 1, Peguera, Mobil-Tel. 647 59 41 57, www.hacienda-

Arkadische Beschaulichkeit – Peguera mit Blick über die malerische Bucht Cala Fornells

In die Ebene zu Füßen des Puig de Galatzó schmiegt sich das verschlafene Es Capdellà

steakhouse.es. Feine Steaks, Vorspeisen und Salate gibt es am reichhaltigen Buffet.

Nachtleben

Rendezvous, Bulevar de Peguera, 42, Peguera, Tel. 971 68 64 42, www.rendezvous.es. In der Disko tanzen alle Altersklassen zu Rock, Pop und Schlagern. Restaurant und Biergarten liegen auf einer schattigen Terrasse am Strand.

9 Finca Galatzó und Reserva Puig de Galatzó

Ausflug ins Hinterland mit abwechslungsreichen Naturerlebnissen.

Von Peguera aus führt die Landstraße Ma-1012 an Schafweiden, Kornfeldern, Steineichen- und Kiefernwäldchen vorbei in das 5 km entfernte Dorf **Es Capdellà** (1000 Einw.) mit seinen verschlafenen Gässchen und einer Handvoll Bars rund um die Pfarrkirche *Virgen del Carmen* (1765). Im Ortskern zweigt der Carrer de l'Església (Ma-1032) links Richtung Galilea ab. Schon nach 2 km leitet wiederum links die Zufahrt zur **Finca Galatzó** (Tel. 971 13 91 00, April–Sept. tgl. 7–19, Okt.–März tgl. 8–17 Uhr). Das Landgut (19. Jh.) zu Füßen des 1026 m hohen *Puig de Galatzó* wurde 2006 samt seiner riesigen Ländereien – mit rund 1400 ha eine der größten Fincas auf Mallorca – von der Gemeinde Calvià erworben und der Öffentlichkeit zugänglich gemacht. Nun laden verschiedene ausgeschilderte Wander- und Radwege zu Exkursionen durch das abwechslungsreiche Gelände ein: Neben Oliven-, Johannisbrot- und Mandelbaumplantagen durchquert man auch die inseltypische *Garrigue*, ein Bewuchs aus Ölbäumen, Heide, Zwergpalmen, Schilf und Zistrosen, in dem kleine Säugetiere, darunter auch die seltene Ginsterkatze, sowie Reptilien und unzählige Insekten leben. Ferner stößt man hier und da auf archäologische Überreste aus prätalaiotischer und talaiotischer Zeit.

Zurück auf der Ma-1032 gelangt man nach weiteren 5 km Richtung Nordosten nach **Galilea** (800 Einw.). Das malerische Bergdorf auf etwa 500 m Höhe hat sich in den letzten Jahren als beliebter Zweitwohnsitz etlicher Ausländer etabliert. Es lohnt sich, durch die steilen Gässchen bis zur Pfarrkirche *Immaculata Concepció* (1810) mit hübscher Fensterrose hinaufzusteigen und von oben den weiten Blick bis zum Meer zu genießen.

Ganz von der Landwirtschaft geprägt ist das 3 km nördlich im fruchtbaren Tal des Torrent de Sa Riera gelegene Dorf **Puigpunyent** (1700 Einw.). Unweit der Pfarrkirche *Santa Maria Asunció* (13. Jh.) ist der Weg zur 4 km entfernten **Reserva Puig de Galatzó** (Tel. 971 61 66 22, www.

Von Peguera zum Cap Andritxol

Für die knapp dreistündige Wanderung zum Cap Andritxol ist festes Schuhwerk erforderlich. Die Tour startet direkt an der Platja Palmira, der größten Badebucht Pegueras: Unweit des Piers, rechts vom Hotel Mar y Pins, führen steile Treppenstufen hinauf zum Carrer de la Cala Fornells. Ihm folgt man nach links durch die Apartmentanlagen **Aldeas de Cala Fornells**, deren bunt gestrichene Häuschen das Werk des russischen Architekten Pedro Otzoup (1918–2001) sind. Nach einem knappen Kilometer ist das Hotel Cala Fornells [s. S. 48] über der gleichnamigen kleinen Badebucht erreicht. Dahinter zweigt rechts ein Weg ab, der an einem Wanderparkplatz vorbei ca. 1 km lang immer geradeaus durch schattigen Kiefernwald führt. Scharf links – auf rote Markierungen und Steinmännchen achten! – geht es schließlich steil den Bergrücken östlich der Villenurbanisation Camp de Mar hi-nauf zum unzugänglichen **Talaia des Cap Andritxol**. Er wurde im 16. Jh. als einer von vielen Wachtürmen an exponierter, aussichtsreicher Stelle zum Schutz vor Piraten errichtet [s. S. 79]. Von hier aus führt ein schmaler Pfad zum wildromantischen **Cap Andritxol** mit seinen schroffen, über 180 m hohen Felswänden. Zurück geht es zunächst auf demselben Weg, doch lohnt nach ca. 30 Minuten der ausgeschilderte Abstecher nach rechts zur **Caló d'es Monjos** – eine tief in die Felsen eingeschnittene, unbebaute Badebucht, die zu einer ausgedehnten Rast einlädt.

lareservamallorca.com, Febr.–Mai und Sept./Okt. tgl. 10–18.30, Juni–Aug. tgl. 10–19, Nov.–Jan. tgl. 10–18 Uhr, letzter Einlass 2 Std. vor Schließung) ausgeschildert. Auf alten Köhlerpfaden durchstreift man das felsige Gelände dieses Naturreservats, in dem man neben einheimischen Pflanzen- und Tierarten auch Gehege mit Braunbären, Emus und Hirschen zu sehen bekommt. Ein Streichelzoo, Greifvogelvorführungen, künstliche Wasserfälle (Badesachen mitbringen!) und der Abenteuerbereich mit Kletterfelsen und Hängebrücken versprechen einen kurzweiligen Aufenthalt.

i Praktische Hinweise

Hotel

*******Gran Hotel Son Net**, Carrer Castillo de Son Net, s/n, Puigpunyent, Tel. 971 14 70 00, www.sonnet.es. Luxushotel in einem mit viel Liebe restaurierten Landsitz aus dem 17. Jh., wunderbare Parkanlage mit großem Pool. Im Gourmetrestaurant Oleum, untergebracht in der alten Ölmühle, wird innovative mallorquinische Küche serviert.

10 Andratx und Port d'Andratx

Die Gemeinde verfügt nicht nur über einen mondänen Jachthafen, sondern auch über zwei Highlights moderner Kunst.

Zum Schutz vor Piratenüberfällen ist **Andratx** (11 700 Einw.) – wie so viele andere mallorquinische Städte auch – zweigeteilt: Das von den bewaldeten Ausläufern des *Puig de Galatzó* (1026 m) gerahmte Ortszentrum befindet sich landeinwärts, 4 km entfernt vom Hafen. Doch auch im Landesinneren waren die Bewohner nicht sicher, wie die das Städtchen überragende gotische Wehrkirche **Santa Maria** belegt. Trutzige, fast fenster- und schmucklose Mauern prägen das 1236 fertiggestellte und im 18. Jh. umgebaute Gotteshaus. In den Gassen rundum wird es vor allem mittwochs recht eng, wenn Besucher aus den umliegenden Ferienzentren zum Wochenmarkt anreisen. Unweit des Marktes, oberhalb einer kleinen Parkanlage, erhebt sich der **Palau de son Mas**, ein Herrschaftssitz aus dem 19. Jh. mit mächtigem, zinnenbekröntem Turm, dessen Ursprünge auf eine maurische Burg zurückgehen sollen. Der Bau, der heute das Rathaus von Andratx beherbergt, ist ein Beispiel für eklektizistische Architektur, man findet hier einen für Spanien typischen Stilmix maurischer, romanischer, gotischer und barocker Elemente. Freunde moderner Kunst sollten einen Abstecher in das **Centro Cultural Andratx** (Carrer Estanyera, 2, Andratx, Tel. 971 13 77 70, www.ccandratx.com, Di–Fr 10.30–19, Sa/So 10.30–16 Uhr) an der Straße nach Es Capdellà einplanen. Mit einer Fläche von 4000 km^2 ist es das größte Zentrum zeitgenössischer Kunst Europas. Das Team rund um die dänischen Galeristen *Jacob* und *Patricia Asbaek* präsentiert das ganze Jahr über Wechselausstellungen spanischer und internationaler Künstler. Daneben werden gelegentlich Filmvorführungen und Konzerte veranstaltet.

Südlich der Stadt liegt die *Horta d'Andratx*, Garten von Andratx, die bereits in maurischer Zeit mit Orangen- und Mandelbäumen bepflanzt wurde. Durch diese fruchtbare Ebene gelangt man nach **Port d'Andratx** (2500 Einw.) mit seiner tief eingeschnittenen Hafenbucht. Noch immer ziehen von hier Fischkutter aufs Meer, doch die Mehrheit der Anlegeplätze ist heute für mondäne Jachten reserviert, deren Besitzer in den eleganten Boutiquen vor Ort einkaufen und am Abend die schicken Restaurants und Bars entlang der Uferpromenade bevölkern. Die grünen Hügel rundum sind, u.a. aufgrund illegaler Baugenehmigungen durch den 2006 verhafteten Bürgermeister von Andratx, übersät mit Luxusvillen. Darunter, allerdings ganz legal erbaut, findet sich auch ein Glanzstück moderner Architektur: das **Studio Weil** (Camí de Sant Carles, 20, Tel. 971 67 16 47, www.studioweil.com, Besichtigung auf Anfrage), das Stararchitekt *Daniel Libeskind* 2003 für die amerikanische Künstlerin Barbara Weil errichtete. Sein ganz in Weiß gehaltener asymmetrischer, immer wieder durchbrochener Baukörper harmoniert perfekt mit den farbenfrohen abstrakten Gemälden und Fiberglas-Skulpturen der Künstlerin.

Spektakuläre Architektur als Etui für moderne Kunst – Studio Weil in Port d'Andratx

Praktische Hinweise

Information

OIT, Avinguda de la Cúria, 1, Andratx, Tel. 971 62 80 19, www.andratx.net

OIT, Avinguda Mateo Bosch, s/n, Port d'Andratx, Tel. 971 67 13 00

Tauchen

Dragonera Divers, Aqua Mallorca Diving, Avinguda Almirall Riera Alemany, 23, Port d'Antratx, Tel. 971 67 43 76, www.aqua-mallorca-diving.com. Exkursionen zu über 40 verschiedenen Tauchgründen, u.a. in die intakte Unterwasserwelt rund um die Insel Sa Dragonera.

Mit piratenscheuem Abstand aus dem Hinterland blickt Andratx auf den Hafen Port d'Andratx

Hotel

****Hostal Residència Catalina Vera**, Carrer Isaac Peral, 63, Port d'Andratx, Tel. 971 67 19 18, www.hostalcatalinavera.es. Rund um einen herrlichen Garten gelegene, gemütliche Zimmer mit Terrasse. Das Haupthaus, in dem auch das Frühstück serviert wird, ist opulent mit Antiquitäten ausgestattet.

Von Sant Elm zum einstigen Kloster La Trapa

Die ab Sant Elm ausgeschilderte Wanderung führt über von Macchia und Garrigue bewachsene Anhöhen der Tramuntana-Ausläufer zum ehem. Kloster **La Trapa** (Hin- und Rückweg ca. 4 Std., keine Einkehrmöglichkeit, ausreichend Wasser und Proviant mitnehmen). Aufgrund einer Kletterpassage vor La Trapa sind festes Schuhwerk, Trittsicherheit und Schwindelfreiheit Voraussetzung. Unterwegs bieten sich immer wieder herrliche Ausblicke auf die unbewohnte Insel Sa Dragonera. 1810–24 lebten in der Abgeschiedenheit von La Trapa Mönche des **Trappistenordens**, einem im 17. Jh. entstandenen Reformzweig der Zisterzienser. Im Zuge der Französischen Revolution mussten sie aus ihrer Heimat fliehen und landeten über Umwege im Südwesten Mallorcas, wo sie Wirtschaftsgebäude, einen Brunnen, eine Mühle sowie eine einfache Kapelle errichteten. Um ihre Versorgung zu sichern, legten sie Terrassenfelder an und betrieben im Einklang mit der Natur Landwirtschaft. Diese Tradition möchte die mallorquinische Umweltschutzorganisation **GOB** (Carrer Manuel Sanchis Guarner, 10, Palma, Tel. 971 49 60 60, www.gobmallorca.com) wieder aufleben lassen. Gebäude und Felder des Klosters wurden in Stand gesetzt, pädagogische Programme ins Leben gerufen. Auf dem Rückweg bietet sich ein Abstecher zum **Torre Cala en Basset** an, der sich malerisch über der Steilküste erhebt. Um den Ende des 16. Jh. entstandenen Wachturm zu erreichen, biegt man an der Weggabelung nahe der Finca Can Tomeví rechts ab, passiert Ca'n Pepe und hält sich dort wieder rechts. Vom Turm hat man eine großartige Sicht auf Sa Dragonera.

Restaurant

Trespais, Carrer Antonio Callafat, 24 (hinter der Tankstelle), Port d'Andratx, Tel. 971 67 28 14, www.trespais-mallorca.com. Vorzügliche internat. Küche vom italienischen Küchenchef in romantischem Ambiente (nur abends, Mo geschl.).

11 Sant Elm und Illa Sa Dragonera

Der äußerste Südwesten Mallorcas ist ein Paradies für Wanderer, Taucher und Ornithologen.

Sant Elm (300 Einw.), benannt nach dem Schutzpatron der Seeleute, ist ein beschaulicher Ferienort im äußersten Westen Mallorcas mit nur wenigen Hotels und Apartmentanlagen. Ideal also für einen ruhigen Urlaub, denn neben einem malerischen Sandstrand und einer kleinen Fußgängerzone bietet Sant Elm vor allem eines: schöne Naturerlebnisse. Einzige Sehenswürdigkeit ist das am südöstlichen Ortsende gelegene **Castell de Sant Elm**, ein Wachturm des späten 14. Jh., der Ende des 16. Jh. erweitert wurde.

Von Sant Elm und Port d'Andratx [Nr. 10] aus starten im Sommer mehrmals täglich

Grandiose Panoramen mit Sa Dragonera genießen Wanderer vom Weg nach La Trapa

Ausflugsboote auf die naturgeschützte **Illa Sa Dragonera** – die Dracheninsel (www.conselldemallorca.net/dragonera). Seinen Namen verdankt das nur 5 km lange und 700 m breite, von Macchia und Euphorbien bewachsene Eiland seiner gezackten Bergsilhouette, die an einen Drachenrücken erinnert. Höchster Punkt von Sa Dragonera ist der 356 m hohe *Puig de na Pòpia*. An der Anlegestelle informiert das kleine *Touristenbüro* mittels Schautafeln und einem Modell über Geografie, Flora und Fauna der Insel. Wanderwege (keine Einkehrmöglichkeit, Wasser und Proviant mitbringen) führen zu den drei Leuchttürmen des kleinen Vogelparadieses, in dem Korallenmöwen, Seeschwalben und sogar die seltenen Eleonorenfalken leben. An vielen Stellen gelangt man direkt ans Ufer, Baden ist möglich. Zudem gehört die Unterwasserwelt rund um die Insel dank des klaren Wassers und des Fischreichtums zu den besten Tauchrevieren Mallorcas. Absolute Highlights sind Tauchgänge zu mehreren Schiffswracks und zu Höhlen, darunter auch eine Tropfsteinhöhle mit Luftkuppel, die 1994 entdeckt wurde (s. u.).

i Praktische Hinweise

Information

OIT, Avinguda Jaume I, 28b, Sant Elm, Tel. 971 23 92 05, www.andratx.net

Bootsausflüge

Cruceros Margarita, Port de Sant Elm, Mobil-Tel. 639 61 75 45, www.cruceros margarita.com. Überfahrten auf die Illa de Sa Dragonera.

Tauchen

Scuba Activa, Plaça Mossen Sebastià Grau, 7, Sant Elm, Tel. 971 23 91 02, www.scuba-activa.com. Tauchgänge zu Wracks und Höhlen inmitten der fischreichen Gewässer der Illa Sa Dragonera.

Hotel

*****Aquamarin**, Carrer Cala Conills, 2, Sant Elm, Tel. 971 23 90 75, www.universal hotels.es. Angenehmes Hotel, zwischen zwei malerischen, sanft abfallenden Stränden gelegen.

Restaurant

Cala Conills, Carrer Cala Conills, s/n, Sant Elm, Tel. 971 23 91 86, www.calaco nills.com. Exquisite, nicht ganz billige Fischgerichte und ein traumhafter Blick.

Die Serra de Tramuntana – Mallorcas gebirgiger Nordwesten

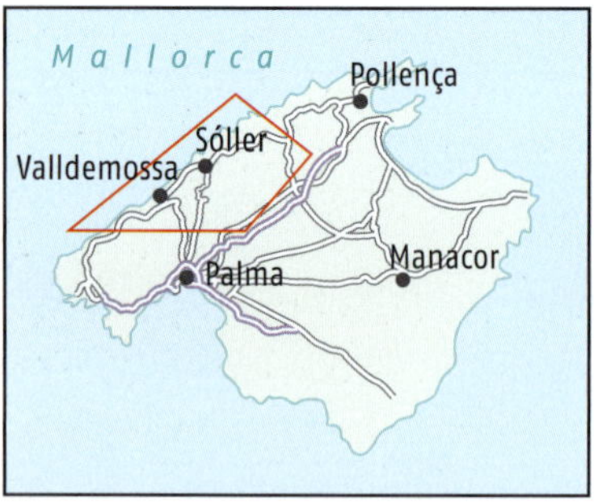

Von Andratx aus führt die 110 km lange Panoramastraße Ma-10 durch die **Serra de Tramuntana** bis nach Pollença. Besonders schön ist der zentrale Streckenabschnitt von Estellencs zum Kloster Lluc: Hier öffnen sich immer wieder Blicke auf das tiefblaue Meer, imposante Felsformationen und stille Bergtäler. Zahlreiche Aussichtspunkte, Miradores, laden ein, die herrliche Landschaft zu genießen. So z. B. den Blick auf die malerischen Terrassenfelder von **Estellencs** und **Banyalbufar**. In den Tavernen liebevoll herausgeputzter Dörfer wie **Fornalutx** oder **Deià** kann sich der Reisende mit deftiger mallorquinischer Hausmannskost stärken. Geschichtsträchtige Orte wie **Valldemossa** warten mit kulturellen Highlights auf. Im dortigen Kartäuserkloster etwa verbrachten der Komponist Frédéric Chopin und die französische Schriftstellerin George Sand einen Winter. Und das in Orangenplantagen gebettete **Sóller** gilt neben Palma als das bedeutendste Zentrum des Modernisme auf der Insel. Ein Paradies für Wanderer und sportliche Radfahrer ist die wilde Bergwelt rund um das **Santuari de Lluc**.

12 Estellencs und Banyalbufar

Charmante Bergdörfer, umgeben von malerischen Terrassenfeldern.

Das kleine Bergdorf **Estellencs** (380 Einw.) schmiegt sich an den Hang des *Puig de Galatzó* (1026 m) rund 150 m über dem Meer. Seine typisch mallorquinischen Natursteinhäuser mit ihren grünen Fensterläden sind umgeben von fruchtbaren Terrassenfeldern, auf denen seit Jahrhunderten Obst und Gemüse angebaut wird. Im Zentrum des Ortes mit seinen verwinkelten, steil ansteigenden Gässchen erhebt sich die Pfarrkirche **Sant Juan Bautista**, die 1422 erstmals urkundlich erwähnt und im 17. Jh. barockisiert wurde. Ihr Äußeres dominiert ein wehrhafter Glockenturm, in den sich die Dorfbewohner bei Piratenangriffen in Sicherheit brachten.

TOP TIPP

An die einst permanente Gefahr durch Seeräuber erinnert auch der **Torre del Verger** (auch Torre de ses Animés, Turm der Geister), 7 km nördlich von Estellencs. Der 1545 erbaute Wachturm – vermutlich der älteste auf

Mallorca – ragt spektakulär am äußersten Rand einer Klippe empor. Besucher finden die Turmpforte meist geöffnet und können über eine schmale Eisenleiter hinaufsteigen. Von oben bietet sich eine wunderschöne Aussicht auf das Meer und die steil abfallende Küstenzone, die auch bei **Banyalbufar** (400 Einw.), 1 km weiter, mithilfe von Terrassen urbar gemacht wurde. Man vermutet, dass bereits die Karthager um 600 v. Chr. diese Technik an den hiesigen Hängen anwandten. Die Mauren fügten einige Jahrhunderte später ein ausgeklügeltes Bewässerungssystem hinzu, in dem sie Bergwasser über offene Kanäle auf die Felder leiteten. So war nicht nur Gemüse- und Obst-, sondern auch Weinanbau möglich, eine Tatsache, der Banyalbufar wohl seinen Namen verdankt: Das arabische ›buniola al bahar‹ bedeutet ›kleiner Weingarten am Meer‹. Jenes Gärtchen wurde im Mittelalter zu einem bedeutenden Weinberg ausgebaut. Bis ins 19. Jh. hinein war der aromatische *Malvasía* aus Banyalbufar ein geschätzter Tropfen des europäischen Adels, doch dann zerstörte die Reblaus die Kulturen. Erst seit wenigen Jahren gibt es Versuche, den Weinanbau in der Gegend wiederzubeleben.

Einst Institution des Piratenfrühwarnsystems, heute Wanderziel – Torre del Verger

Praktische Hinweise

Hotels

****__Maristel__, Carrer Eusebi Pascual, 10, Estellencs, Tel. 971 61 85 50, www.hotelmaristel.com. Moderne, ruhige Zimmer mit Blick auf Berge und Meer. Pool im Garten, kleiner Spa-Bereich.

Grandiose Küstenlandschaften und pittoreske Terrassenfelder umgeben Banyalbufar

Wanderung nach Port des Canonge

Rund um **Banyalbufar** gibt es eine Reihe schöner Wandermöglichkeiten, z. B. den alten Küstenweg **Camí de sa Volta des General**, der zum verträumten Fischerort Port des Canonge führt. Ausgangspunkt ist der Wanderparkplatz östlich von Banyalbufar an der Ma-10, km 85,2. Gut markiert leitet der Pfad parallel zur Küste zunächst durch ein schattiges Kiefernwäldchen, bevor er die imposante Felswand des **Puig de ses Planes** passiert und schließlich den Blick auf die weißen Kalkfelsen der **Punta de ses Planes** freigibt. Nach knapp 1,5 Std. ist **Port des Canonge** erreicht. In der kleinen, von roten Felsen gerahmten Kiesbucht mit ihren Bootsschuppen kann man sich im kühlen Meerwasser erfrischen. Stärkung für den Rückweg garantieren die köstlichen Fischgerichte im familiären Restaurant Ca'n Toni Moreno (s. u.).

Son Borguny, Carrer Borguny, 1, Banyalbufar, Tel. 971 14 87 06, www.sonborguny.com. Kleines Hotel in einem liebevoll restaurierten Gebäude aus dem 15. Jh.

Restaurants

Ca'n Toni Moreno, Port des Canonge, 2, Port des Canonge, Tel. 971 61 04 26. Frischer Fisch und mallorquinische Spezialitäten (Mo und im Jan. geschl.).

Montimar, Plaça Constitució, 7, Estellencs, Tel. 971 61 85 76. Köstliche mallorquinische Gerichte, z. B. Schweinefilet in Senf-Kapernsauce (Mo geschl.).

13 La Granja

Einblicke in das Leben auf einem historischen Landgut.

Über die Ma-1100 gelangt man in das fruchtbare Tal von Esporles. Hier liegt das einstige Landgut La Granja (Carretera d'Esporles, Tel. 971 61 00 32, www.lagranja.net, Sommer tgl. 10–19, Winter tgl. 10–18 Uhr, Handwerksvorführungen Mi und Fr 15–16.30 Uhr), das seine Pforten nach der Umwandlung in ein **Volkskundemuseum** für Besucher geöffnet hat. Schon Römer und Mauren siedelten hier und nutzten das Wasser einer nie versiegenden Quelle zur Bewässerung ihrer Gärten und Felder. Nach der Reconquista 1229 gingen die Ländereien in den Besitz des Heerführers Nunyo Sanç, der sie nur zehn Jahre später dem *Zisterzienserorden* überließ. Nach der Aufgabe des Klosters Mitte des 15. Jh. und der Übernahme durch adelige Herren baute man La Granja zu einem **autarken Landsitz** aus. Hier wurde nicht nur intensiv Landwirtschaft betrieben, sondern es fanden, ganz wie in einem kleinen Dorf, auch Schmiede, Töpfer, Weber, Tischler und Korbflechter ihr Auskommen. Das Herrenhaus in seiner heutigen Form mit offener Arkadenreihe im Obergeschoss entstammt vermutlich dem 18. Jh.

Der kurzweilige Rundgang führt durch die Wirtschaftsräume und herrschaftlichen Gemächer im Haupthaus sowie die Werkstätten der Handwerker. Ferner können Stallungen, Dreschplatz, Getreidemühle und Olivenpresse besichtigt werden. Bei schönem Wetter lädt die herrliche Parkanlage mit uralten Bäumen, Springbrunnen und Tiergehegen zu einem Spaziergang ein.

14 Valldemossa

TOP TIPP

Auf den Spuren von George Sand, Frédéric Chopin und der Inselheiligen Catalina Thomás.

Valldemossa (2000 Einw.) am Fuße des 1064 m hohen *Teix* ist angeblich das meistbesuchte Dorf Spaniens. Zu dieser zweifelhaften Ehre verhalfen ihm sicherlich seine herrliche Lage inmitten von bewaldeten Höhen und fruchtbaren

Haushalt anno dazumal – Küchenarbeit im Volkskundemuseum La Granja

Für George Sand Inspiration zu Dichtung und Wahrheit – Bergregion von Valldemossa

Tälern, seine gepflegten Gässchen und Natursteinhäuser sowie die Tatsache, dass hier Mallorcas einzige Heilige, Catalina Thomás, geboren wurde. Vor allem aber pilgern die Besucher auf den Spuren der französischen Schriftstellerin *George Sand* und des polnischen Komponisten *Frédéric Chopin* durch den Ort. Das illustre Liebespaar verbrachte 1838/39 zwei Monate in Valldemossa, in der vergeblichen Hoffnung, das hiesige Klima könne Chopins Tuberkulose lindern. Doch verschlimmerte das nasskalte Winterwetter sein Leiden, sodass die beiden schneller als geplant wieder abreisten. Ihre Erlebnisse, gespickt mit wunderbaren Landschaftsbeschreibungen sowie bissigen Bemerkungen über die Landbevölkerung, verarbeitete George Sand in dem Reisebericht ›Ein Winter auf Mallorca‹ (1841). Darin finden sich auch Erläuterungen zum ehem. Kartäuserkloster **Reial Cartoixa de Valldemossa** (Real Cartuja, Plaça de Cartoixa, 11, Tel. 971 61 26 16, www.museochopin.com, Jan., Dez. Mo–Sa 10–15, Feb./Nov. Mo–Sa 10–17, März–Juni, Sept.–Okt. 10–18, Juli/Aug. 9.30–19, So (15. März bis 31. Okt.) 10–14 Uhr), in dem das Paar gemeinsam mit den beiden Kindern der Schriftstellerin eine Zelle bewohnte.

Die Anlage auf einem Hang oberhalb der Altstadt blickt auf eine lange Geschichte zurück: Keimzelle war ein zu Beginn des 14. Jh. von Jaume II. für seinen asthmageplagten Sohn Sanç errichteter Palast, der jedoch nur kurze Zeit von der königlichen Familie genutzt wurde. Bereits 1399 ging das vom Verfall bedrohte Gebäude in den Besitz des *Kartäuserordens* über und wurde zum Kloster ausgebaut. Die Säkularisation 1835 führte dann zum Ende des klösterlichen Lebens und zur Umwandlung der Mönchszellen in Privatwohnungen.

Die Besichtigung der Cartoixa beginnt vor der **Klosterkirche** (ab 1738), deren einzelner Glockenturm – der zweite blieb unvollendet – zum Wahrzeichen Valldemossas avancierte: Das oberste Geschoss mit seiner grünen Keramikverkleidung und dem umlaufenden Balkon wird von einer elegant geschwungenen türkisgrünen Haube bekrönt und mutet geradezu orientalisch an. Über das einschiffige Kircheninnere mit dem von Kartäusermönch *Manuel Bayeus* geschaffenen Deckenfresko, u.a. Szenen aus dem Marienleben und eine Darstellung der Himmelfahrt Christi, gelangt man in den Kreuzgang. Hier kann die historische Klosterapotheke besichtigt werden. Die großzügigen ehem. Mönchszellen, die jeweils aus drei Räumen und einem angeschlossenen Garten bestehen, erstrecken sich südlich vom Kreuzgang. Die Zellen Nr. 2 und 4 wurden mit Mobiliar, Musikinstrumenten und Schriftstücken Chopins und Sands ausgestattet, tatsächlich bewohnt hat das Künstlerpaar Nr. 4. Weitere Säle beherbergen die alte Klosterdruckerei, die Bibliothek sowie das **Museu d'Art Contemporani**. Letzteres zeigt neben Gemälden des mallorquinischen Künstlers Juli Ramis auch Werke Mirós und Picassos sowie Arbeiten zeitgenössischer spanischer Maler. Über die von Platanen beschattete Plaça de Cartoixa gelangt man schließlich zum **Palau del Rei Sanç**, dem ehem. Königspalast, den die Mönche bis zur Fertigstellung des Klosterneubaus im 18. Jh. nutzten. 1870 wurde in der ehem. Kapelle ein freskengeschmückter Musiksaal eingerichtet, in dem man kurzen Klavierkonzerten (Mo–Sa 10.30, 11.45, 13, 14.30, 15.45 Uhr) mit Kompositionen Chopins lauschen kann.

Nach der Besichtigung des Klosters steigt man durch den Carrer d'Uetam hinab in die beschauliche **Unterstadt** Valldemossas. Neben fast allen Haustüren kann man Kacheln mit Darstellungen aus dem Leben der Inselheiligen *Catalina Thomás* (1531–1574) entdecken. Die Bauerntochter wurde im Carrer Rectoria 5 (heute Kapelle) geboren, ihr ganzes Leben war geprägt von tiefer Frömmigkeit, die ihre Höhepunkte in Visionen, ekstatischen Zuständen und Wundertaten fand. Mit 21 Jahren trat die junge Frau in das Kloster Santa Magdalena (nicht öffentlich zugänglich) in Palma ein, wo sie bis zu ihrem Tod lebte. Dort werden auch die Gebeine der 1930 heilig gesprochenen Nonne aufbewahrt, und so können in Valldemossas Pfarrkirche **Sant Bartomeu** (Plaça de Santa Catalina Thomás, 15. Jh., mehrfach umgebaut), deren Glockenturm mit umlaufender Galerie und geschwungenem Dach auffallend jenem der Klosterkirche ähnelt, nur die Urkunde ihrer Seligsprechung (1792), eine Marmorstatue sowie Gemälde mit Darstellungen der Heiligen bewundert werden.

6 km kurvenreiche Fahrt auf der steilen Ma-1131 und immer wieder herrliche Ausblicke auf Klippen und Meer erwarten den Reisenden auf seinem Weg in den kleinen Hafen **Port de Valldemossa**. Wo einst nicht nur Fisch, sondern auch Schmuggelware an Land befördert wurde, herrscht heute meist geruhsame Stille. In einer der Fischerkaten hat im Sommer das Restaurant Es Port (s. u.) geöffnet, in dem man gute Fischgerichte serviert bekommt. Außerdem laden ein kleiner Kiesstrand und das klare Wasser zum Sonnenbaden und Schwimmen ein.

Eine Fundgrube für Alchimisten – Klosterapotheke der Reial Cartoixa de Valldemossa

i Praktische Hinweise

Information

OIT, Reial Cartoixa, Avinguda de Palma, 7, Valldemossa, Tel. 971 61 20 19

Einkaufen

Lafiore, Carretera Palma–Valldemossa, km 11, Tel. 971 61 18 00, www.lafiore.com. Schmuck und mundgeblasene Glasobjekte. Mo–Sa 9–14 und 16–18 Uhr kann man bei der Arbeit zusehen (März–Okt.).

Hotels

Es Petit Hotel Valldemossa, Carrer d'Uetam, 1, Valldemossa, Tel. 971 61 24 79, www.espetithotel-valldemossa.com. Liebevoll renoviertes Haus mit nur 8 Zimmern.

Finca Son Brondo, Carretera Palma–Valldemossa, km 14,3, Valldemossa, Tel. 971 61 22 58, www.fincasonbrondo.com. Rustikales Landgut, dessen Ursprünge bis in arabische Zeit zurückreichen. Schöne Zimmer und Garten mit Pool.

Mirabó de Valldemossa, Ctra. Valldemossa, km 15.95, Valldemossa, Mobil-Tel. 661 28 52 15, www.mirabo.es. Spektakuläre Aussicht , 9 schöne Zimmer und gutes Essen gibt es auf diesem komfortabel ausgestatteten Landgut aus dem 16. Jh.

Restaurants

Es Port, Port de Valldemossa, s/n, Tel. 971 61 61 94, www.restaurantesport.es. Bodenständige Fischgerichte in einer alten Fischerkate.

Sa Mata, Marques de Vivot, 10, Valldemossa, Tel. 971 61 21 47, www.restaurantsamata.es. In diesem Restaurant im Zentrum von Valldemossa gibt es gute Tapas zu angemessenen Preisen, feine Fischgerichte und traditionelle mallorquinische Küche.

Valldemossa, Carretera Vieja de Valldemossa, s/n, Valldemossa, Tel. 971 61 26 26, www.valldemossahotel.com. Feinschmeckerlokal im gleichnamigen Luxushotel mit traumhaftem Blick auf die Berge. Kreative mediterrane Küche, z. B. Milchlammschulter in Azahar-Honig.

Café

Ca'n Molinas, Blanquerna, 15, Valldemossa, Tel. 971 61 22 47, www.canmolinas.com. Im Innenhof des Cafés schmecken die lokalen Spezialitäten *Coques de patata* (Kartoffel-Schmalzgebäck) und *Horchata de almendras* (kalte Mandelmilch) besonders lecker.

Logenplatz mit renommierter Aussicht – Ludwig Salvators Herrensitz Son Marroig

15 Miramar und Son Marroig

Die feudalen Wohnsitze Erzherzog Ludwig Salvators spiegeln Leben und Werk des Wahlmallorquiners wider.

Entlang der zerklüfteten Küste führt die Ma-10 von Valldemossa in das hübsche Bergdorf Deià. Unterwegs bieten sich zwei Möglichkeiten, Herrenhäuser Erzherzog Ludwig Salvators [s. S. 60] zu besichtigen. **Miramar** (Mobil-Tel. 649 91 38 32, www.sonmarroig.com, Mo–Sa 10–18 Uhr), 5 km nördlich von Valldemossa, hat seine Ursprünge in einem Kloster aus dem 13. Jh. Der berühmte Gelehrte und Franziskanermönch *Ramón Llull* [s. S. 100] gründete hier eine Schule für orientalische Sprachen, um Missionare für die Bekehrung von Muslimen in Spanien und Nordafrika auszubilden. 1485 richtete man in den Gemäuern die erste Druckerei Mallorcas ein. Als Ludwig Salvator das Gelände 1872 kaufte, waren die Klostergebäude weitgehend verfallen, sodass der Erzherzog auf deren Grundmauern ein

Erzherzog Ludwig Salvator – Mallorquiner aus Leidenschaft

Ein Spinner war er in den Augen seiner Zeit: Erzherzog Ludwig Salvator (1847–1915, katalan. Arxiduc Lluís Salvador, www.ludwig-salvator.com), Cousin des Kaisers Franz Josef von Österreich, pfiff schon im Alter von 20 Jahren auf die biedere Etikette an den Höfen Mitteleuropas und machte sich auf, die Welt zu erkunden. Seine Forschungsreisen führten den studierten **Naturwissenschaftler** und **Archäologen** nach Nordafrika ebenso wie nach Nordamerika und Australien. Doch galt seine Liebe, seit er die Insel 1867 das erste Mal betreten hatte, Mallorca. Wenige Jahre später bezog der adelige Exzentriker den **Herrensitz Son Marroig** und sorgte in der Folge bei der hiesigen Landbevölkerung für so manches Getuschel: Die mallorquinischen Bauern amüsierten sich über den abgerissen daherkommenden Edelmann, der ihnen horrende Summen für ihr steiniges Land bot und schließlich einen 10 km langen Küstenstreifen zwischen Valldemossa und Deià sein Eigen nennen konnte. Auf dem Gelände betrieb Ludwig Salvator **Aufforstung** und legte für jedermann zugängliche **Reit-** und **Wanderwege** an. Zugleich widmete er sich intensiven Untersuchungen zu Geografie, Flora und Fauna sowie Lebensart auf den Balearen, vor allem aber auf Mallorca. So entstand in minutiöser **Forschungsarbeit** das siebenbändige Opus ›Die Balearen in Wort und Bild‹, noch heute ein unübertroffenes Standardwerk über das Archipel.

Mit Ausnahme von Kaiserin Elisabeth, Sisi, die den Erzherzog sogar zweimal in seiner Wahlheimat besuchte, interessierte sich die Wiener Verwandtschaft weitaus weniger für die wissenschaftlichen Abhandlungen, als für das **Liebesleben** des Aussteigers. Gerüchte kursierten, dass er einen Harem auf Mallorca gegründet habe, und der Skandal war perfekt, als der Erzherzog seine große Liebe einmal mit an den Hof brachte: Catalina Homar (1858–1905), eine einfache Tischlerstochter! Diese freilich residierte in Ludwig Salvators noblem **Landhaus S'Estaca** – heute im Besitz von Michael Douglas – sprach fließend Italienisch, Französisch, Griechisch und Arabisch und verwaltete gekonnt die Weinberge ihres Lebensgefährten. Doch war sie tatsächlich nicht die einzige Frau an der Seite des Erzherzogs. Noch zu Lebzeiten übertrug der unkonventionelle Adelige Ländereien und Güter an mehrere illegitime Kinder von verschiedenen Frauen, und in seinem **Testament** vermachte er fast seinen gesamten Besitz an Antoni Vives, seinen mallorquinischen Sekretär und, wie man munkelt, Geliebten. Leider wurde dem leidenschaftlichen Wahlmallorquiner nicht das Glück zuteil, auf seiner Insel zu sterben. Nach Ausbruch des Ersten Weltkriegs wurde der Erzherzog nach Böhmen beordert, wo er nur ein Jahr später verschied. Seine letzte Ruhestätte fand Ludwig Salvator in der Kapuzinergruft in Wien.

zweistöckiges Landhaus erbauen ließ. An das mittelalterliche Kloster erinnern heute nur noch Reste des gotischen Kreuzgangs. Im Inneren des Herrenhauses wurden Erinnerungsstücke an den österreichischen Adeligen zusammengetragen, z. B. Navigationsinstrumente, Mobiliar und Bücher aus seiner Dampfsegeljacht Nixe II.

Noch profundere Einblicke in Leben und Werk Ludwig Salvators erlaubt ein Besuch in seinem 1875 erworbenen Herrensitz **Son Marroig** (Mobil-Tel. 649 91 38 32, www.sonmarroig.com, April–Sept. Mo–Sa 10–19, Okt.–März Mo–Sa 10–17 Uhr), 2 km weiter Richtung Deià. 1877 ließ der Erzherzog die Finca aus dem 16. Jh. zu einem Schlösschen im italienischen Renaissancestil umbauen. Bereits 1929 wurde das Anwesen in ein Museum umgewandelt und der Öffentlichkeit zugänglich gemacht. Weitgehend spiegeln die Räume noch heute die Wohnsituation des Erzherzogs wider, zusätzlich sind Schriftstücke, Fotografien und Zeichnungen aus dessen Besitz zu sehen. Von der fünfbogigen Loggia im Obergeschoss fällt der Blick auf den klassizistischen Aussichtspavillon aus weißem Marmor im Garten, ein beliebtes Fotomotiv, sowie auf die felsige Halbinsel **Sa Foradada**, die *Durchlöcherte*, die ihrem Namen mit einer riesigen Öffnung von rund 18 m Durchmesser alle Ehre macht. Ein steiler Weg führt vom Garten in Serpentinen etwa 250 m hinab zur Landzunge. Dieser

Spaziergang (Hin- und Rückweg ca. 2 Std.) ist im Eintrittspreis inbegrifffen, muss aber an der Kasse angemeldet werden. Unten angekommen, erreicht man eine kleine Bucht, in der einst die Jacht Nixe ankerte. Zudem ist das Landgut stimmungsvoller Veranstaltungsort für einige der im Rahmen des *Deià International Music Festival* [s. S. 131] stattfindenden klassischen Konzerte.

16 Deià

Idyllisches Künstlerdorf, dessen Ansicht einem Gemälde gleicht.

Durchwebt von rot leuchtender Bougainvillea, exotischen Palmen und emporstrebenden Zypressen gruppieren sich die verschachtelten Natursteinhäuser von Deià (500 Einw.) auf einem Hügel zu Füßen des mächtigen *Teix* (1064 m). Das Bergdorf existierte wohl schon in arabischer Zeit (arab. ›al daia‹, ›das Dorf‹), damals wurden auch die umliegenden Terrassenfelder angelegt, auf denen Gemüse, Zitrusfrüchte und Olivenbäume prächtig gedeihen. Im 16. und 17. Jh. mussten sich die Bewohner Deiàs immer wieder vor Piratenüberfällen schützen, wovon die Pfarrkirche **Sant Joan Bautista** (18. Jh.) zeugt: Der Glockenturm des auf dem höchsten Punkt des Ortes thronenden Gotteshauses entstand aus einem mittelalterlichen Wehrturm. Mit etwas Glück kann man nicht nur das einschiffige, tonnengewölbte Innere mit seinen barocken Altären betreten, sondern auch den **Friedhof** gegenüber: Dort liegt der englische Schriftsteller *Robert Graves* (1895–1985) begraben, der sich 1929 einen knappen Kilometer außerhalb des Dorfkerns in der Finca **Ca n'Alluny** (Carretera Deià–Sóller, s/n, Tel. 971636185, www.lacasaderobertgraves.com, April–Okt. Mo–Fr 10–17, Sa 10–15, Nov., Febr./März Mo–Fr 9–16, Sa 9–14 Uhr) niederließ und so Deiàs Ruhm als Künstlerdorf begründete. Der weitgehend im Originalzustand belassene Landsitz steht Besuchern offen. Weitere Berühmtheiten, darunter Pablo Picasso, Peter Ustinov, Ava Gardner und Jimi Hendrix, folgten Graves Beispiel und lebten ebenfalls zeitweise in Deià. Und auch heute noch ist der Ort Anziehungspunkt für internationale Kreative, deren Werke in den Galerien ausgestellt werden.

Auf einem 3 km langen Serpentinensträßchen, wahlweise auch über die Hauptstraße, gelangt man hinunter zur malerischen **Cala de Deià**. Die von Felsen umrahmte Bucht mit schmalem, teils sehr felsigem Kiesstrand zieht im Sommer zahlreiche Tagesbesucher an, für deren leibliches Wohl zwei Restaurants Sorge tragen. Auf dem Rückweg in den Ort lohnt der Besuch des kleinen **Deià Archaeological Museum and Research Center** (Carrer Es Clot, s/n, Deià, Tel. 971639001, im Sommer Di, Do, So 17–19 Uhr) in einer alten Mühle gleich neben der Straße. Töpferware, Waffen aus Bronze und das Skelett eines *Myotragus ba-*

Malerisch, aber mit vielen kleinen und größeren Felsen übersät: die Badebucht Cala de Deià

learicus, einer Ziegenart, die von den ersten Siedlern auf Mallorca gejagt und ausgerottet wurde, sind hier zu sehen.

i Praktische Hinweise

Hotels

********La Residencia**, Son Canals, s/n, Deià, Tel. 971 63 90 11, www.hotel-laresidencia.com. Luxus pur in zwei restaurierten Herrenhäusern aus dem 16. und 17. Jh. Mit schöner Parkanlage, einem Wellness-Bereich und Pools. Preisgekröntes Restaurant El Olivo.

*****S'Hotel d'es Puig**,
Carrer Es Puig, 4, Deià, Tel. 971 63 94 09,
www.hoteldespuig.com.
Kleines Hotel mit gemütlichen Zimmern. Hübsche Terrasse mit Pool.

Restaurants

Es Racó d'es Teix, Carrer Sa Vinya Vella, 6, Deià, Tel. 971 63 95 01, www.esracodesteix.es. Kleines Restaurant, große mediterrane Kochkunst – garniert mit einem Michelin-Stern, herausragendem Service und herrlichem Blick über die Berge (Mo/Di geschl.).

Xelini El Barrigón, Carrer Arxiduc Lluís Salvador, 19, Deià, Tel. 971 63 91 39, www.xelini.com. Rustikales Speiselokal mit einer großen Tapas-Auswahl. Vergleichsweise günstig (im Winter geschl.).

Lauschiges Rendezvous à la Sóller – Plaça Constitució vor der Kirche Sant Bartomeu

17 Sóller

TOP TIPP *Französisches Flair und Modernisme-Architektur im goldenen Orangental.*

Nach drei Seiten hin umschließen einige der höchsten Gipfel der *Serra de Tramuntana* das fruchtbare Tal von Sóller, gen Norden öffnet sich das Mittelmeer. Diese reizvolle Lage macht das Landstädtchen (7000 Einw.) zu einem idealen Stützpunkt für Wanderer und Mountainbiker, Sonnenanbeter und Wassersportler.

Geschichte Bereits Phönizier und Griechen siedelten in der Ebene von Sóller. Eine erste Blüte erlebte das Städtchen in römischer Zeit als wichtiger Handelshafen im westlichen Mittelmeer. **Sulliar**, Tal des Goldes, nannten die Araber den weiten Talkessel, in dem sie Mandeln, Feigen, vor allem aber Oliven anpflanzten und aufgrund des idealen Klimas gute Ernten erzielten. Auch nach der Reconquista florierte die Landwirtschaft in der **Horta de Sóller**, im Obstgarten von Sollér, und sorgte für Wohlstand. Dies allerdings machte den Ort zur Zielscheibe von Piraten, und so kam es am 11. Mai 1561 zu einem der schlimmsten Überfälle an der mallorquinischen Küste überhaupt: 1600 nordafrikanische Seeräuber stürmten das Land, um zu plündern und zu morden. Erst nach erbitterten Gefechten konnten sie in die Flucht geschlagen werden, ein Ereignis, das bis heute alljährlich Mitte Mai während der *Festa dels Moros i Cristians* laut und bunt nachgestellt wird. Vom 17.–19. Jh. erlebte Sóller dank des **Exports von Zitrusfrüchten**, vor allem seiner Orangen, über das Mittelmeer nach Frankreich eine blühende Ära. Als aber in den 1860er-Jahren Schädlinge die Plantagen befielen, sahen sich zahlreiche Sóllerics gezwungen, zu emigrieren. Viele von ihnen ließen sich in Südfrankreich oder an der Ostküste Spaniens nieder, machten dort gute Geschäfte und kehrten nach einigen Jahren als reiche Männer in ihre Heimat zurück. Dort etablierten sie eine französisch-katalanische Lebensart, die noch heute das Flair des Provinzstädtchens hinter den Bergen bestimmt. Mit dessen Abgeschiedenheit vom Rest der Insel war es allerdings 1912 mit der Einweihung der **Bahnlinie** nach Palma, die auch dem Transport von Orangen diente, endgültig vorbei. Der Bau der 28 km langen Strecke über die 500 m hohe *Serra d'Alfabias* war eine technische Meisterleistung, führt die Route doch über zahlreiche Brücken und durch 13 Tunnel. Später wurde die kurvenreiche Passstraße über den *Coll de Sóller* ausgebaut, und seit 1997 gelangen Autofahrer durch einen 2 km langen Tunnel (kostenpflichtig) schnell und bequem in das goldene Tal.

Besichtigung Viele Tagesausflügler reisen von Palma aus mit dem auch *Rayo rojo, Roter Blitz*, genannten Nostalgiezug **Tren de Sóller** (www.trendesoller.com) an, der mehrmals täglich seine Fahrgäste am historischen Bahnhof entlässt. Jener **Estació del Ferrocarril** ❶ ist ein umgebauter Gutshof aus dem 17. Jh. und rühmt sich, das älteste Bahnhofsgebäude der Welt zu sein! Sein Erdgeschoss beherbergt heute zwei Ausstellungen (tgl. 10.30–18.30 Uhr) herausragender Künstler: zum einen die *Sala Miró* mit einer farbenfrohen Sammlung von Druckgrafiken des Wahlmallorquiners, zum anderen die *Sala Picasso* mit Keramiken des großen Meisters der Moderne.

TOP TIPP

Vom Bahnhofsvorplatz, der Plaça d'Espanya, startet seit 1913 die liebenswert altmodische Straßenbahn **Tranvía** (www.trendesoller.com) ihre regelmäßige Fahrt zum 3 km entfernten Hafen. Wer sich zuvor noch ein wenig im Städtchen umsehen will, folgt ihren Schienen zur zentralen **Plaça Constitució**, dem Herz Sóllers. Von den zahlreichen Straßencafés genießt man einen schönen Blick auf das Gebäudeensemble in seinem Süden. Neben dem beflaggten Rathaus (17./18. Jh.) erhebt sich die Pfarrkirche **Sant Bartomeu** ❷ (Mo–Do 11–13.15 und 15–17.15, Fr/Sa 11–13.15 Uhr). Sie wurde vermutlich bereits Mitte des 13. Jh., kurz nach der Reconquista, an Stelle einer Moschee errichtet, erfuhr aber in den darauffolgenden Jahrhunderten immer wieder Umbauten. Aufgrund der ständigen Bedrohung

Hochbetagt und allen ans Herz gewachsen – die Tranvía ist seit 1913 eine Institution Sóllers

durch Piraten präsentiert sich das Gotteshaus mit seinen dicken Mauern und den schmalen Schlitzen statt Fensteröffnungen äußerst abweisend. Ganz im Gegensatz zur Wehrhaftigkeit des Langhauses steht die emporstrebende Architektur der aus grob behauenen Steinen bestehenden **Hauptfassade**, die der Gaudí-Schüler *Joan Rubió i Bellver* (1870–1952) 1904 im Stil des Modernisme schuf. Über dem Portal öffnet sich eine filigrane Fensterrose, eine Reminiszenz an die großen gotischen Kathedralen. Durch die Rose dringt buntes Licht in das ansonsten recht düstere Kirchenschiff, das von insgesamt 14 Kapellen flankiert wird. Der barocke, 1736–40 geschaffene Hauptaltar stammt von Bildhauer *Joan Antoni Homs*. Zentrale Figur ist die Skulptur des Stadtpatrons Bartholomäus, der als Zeichen seines Martyriums – er wurde gehäutet – Haut und Messer in den Händen hält. Über dem Heiligen befindet sich in einer Nische die *Mare de Déu de Bon Any* (1745), eine Statue der Muttergottes, die in ihrer Rechten Orangen trägt und Sóller gute Erntejahre bescheren soll.

Unmittelbar neben der Kirche kann ein weiteres Werk des katalanischen Jugendstils bewundert werden: die ebenso von Joan Rubió geschaffene **Banco de Sóller** ❸ (1912) mit ihren spinnennetzartigen Fenstergittern aus Eisen. Neueste Attraktion in Sachen Modernisme ist das in der lebhaften Einkaufsstraße Carrer de sa Lluna gelegene Stadthaus *Ca'n Prunera* (Nr. 90) – das vielleicht gleichfalls von Rubió entworfen wurde. Hier wurde 2009 nach umfassenden Sanierungsarbeiten am Gebäude das **Ca'n Prunera – Museu Modernista** ❹ (Tel. 971 63 89 73, www.canprunera.com, tgl. 10.30–18.30 Uhr, Nov.–Febr. Mo geschl.) eröffnet. Nicht nur die Türen und Fenster, sondern auch Möbel und andere Einrichtungsgegenstände, z. B. die schmiedeeisernen Treppenläufe, wurden mit viel Liebe restauriert und erstrahlen wieder in ihrer ursprünglichen Pracht. Die Gemäldesammlung des Museums zeigt Werke spanischer und internationaler Künstler des 19. und 20. Jh., darunter auch Arbeiten von Miró, Picasso, Matisse, Cezanne und Warhol.

Einblicke in die bürgerliche Wohnkultur des 18. Jh. erhält man im jenseits der Plaça Constitució gelegenen **Museu de Sóller – Casal de Cultura** ❺ (Carrer de sa Mar, 13, Tel. 971 63 14 65, www.sollernet.com/casal, Mo–Fr 11–13 und sommers 17–20, winters 16–19, Sa 11–13 Uhr), das in einem Herrenhaus von 1740 untergebracht ist. Noch heute können Wirtschafts- und Repräsentationsräume, Schlafzimmer und Hauskapelle mit ihrer Originalausstattung bestaunt werden.

Außerhalb der Altstadt lohnt das naturwissenschaftliche **Museu Balear de Ciències Naturals** ❻ (Carretera Palma–Port de Sóller, km 30, Tel. 971 63 40 64, www.museucienciesnaturals.org, Di–Sa 10–18, So 10–14 Uhr) einen Besuch. Im Erdgeschoss eines ehem. Herrenhauses

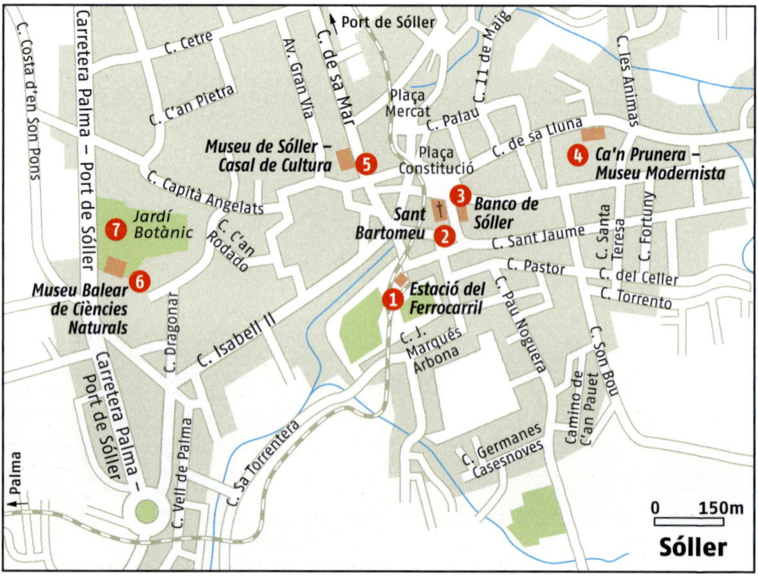

Rundum geschützt vor Sturm und Wellengang – die Hafenbucht von Port de Sóller

werden zunächst bedeutende Naturwissenschaftler, darunter auch Erzherzog Ludwig Salvator [s. S. 60], und ihre Forschungsarbeit auf den Balearen gewürdigt, bevor man im ersten Stock eine Fossiliensammlung besichtigen kann. Die zweite Etage ist für Wechselausstellungen reserviert. Nicht entgehen lassen sollte man sich einen Spaziergang durch den angeschlossenen Botanischen Garten, den **Jardí Botànic** 7 (Tel. 971 63 40 14, www.jardibotanicdesoller.org, Di–So 10–14/18 Uhr im Sommer), mit mediterraner Flora von Wildpflanzen über Heilkräuter bis hin zu Obstbäumen und Gemüse.

i Praktische Hinweise

Information

OIT, Plaça d'Espanya, 15, Sóller, Tel. 971 63 80 08, www.soller.es

Einkaufen

Colmado La Luna, Carrer de sa Lluna, 3, Sóller, Tel. 971 63 02 29. Traditionsgeschäft für mallorquinische Spezialitäten.

Hotels

*****La Vila**, Plaça Constitució, 14, Sóller, Tel. 971 63 46 41, www.lavilahotel.com. Freundliches kleines Hotel in einem Jugendstilgebäude am Hauptplatz von Sóller. Restaurant mit guter mediterraner und italienischer Küche.

Can Coll, Camí de Can Coll, 1, Sóller, Tel. 971 63 32 44, www.cancoll.com. Liebevoll restauriertes Fincahotel mit Pool inmitten von Orangenplantagen.

Restaurant

Cas Carreter, Carrer Cetre, 4, Sóller, Tel. 971 63 51 33, www.cascarreter.net. Kleines, uriges Restaurant in einer alten Stellmacher-Werkstatt mit mallorquinische Küche (So abends/Mo geschl.).

Café

Sa Fàbrica de Gelats, Plaça de Mercat, s/n, Tel. 971 63 17 08, www.gelatsoller.com. Eiscafé gegenüber der Markthalle mit 40 hausgemachten Sorten, darunter auch das berühmte Orangeneis.

18 Port de Sóller

Einst Ausfuhrhafen für die Orangen aus der Horta de Sóller, heute beliebter Stützpunkt für Aktivurlauber.

Beinahe einen geschlossenen Kreis bilden die von Leuchttürmen bewachten Klippen um die Bucht von Port de Sóller (2300 Einw.). Schon die Römer wussten dieses naturgegebene Hafenbecken zu schätzen und betrieben von hier aus regen Handel im gesamten westlichen Mittelmeerraum. Bis zum Bau der Bahnstrecke 1912 war Port de Sóller der wichtigste Hafen für den Export der Apfelsinen nach Frankreich, danach nutzten ihn nur noch die örtlichen Fischer, die auch heute noch jeden Tag gegen 17 Uhr vom offenen Meer heimkehren und ihren Fang am Kai sortieren. Doch längst ist Port de Sóller nicht mehr das verschlafene Fischernest von einst. In den 1960er-Jahren hat der Tourismus den Küstenort für sich entdeckt, Hotels und Apartments wurden gebaut, und die teilweise für den Verkehr gesperrte **Uferpromenade** mit Restaurants und Cafés als attraktive Flaniermeile gestaltet. Ferner besitzt der Ort zwei schmale Strände, die sich jedoch weniger für einen ausgedehnten Badeurlaub eignen, da sie in den Sommermonaten von Tagesausflüglern dicht bevölkert sind. Umso mehr bietet sich Port de Sóller als Ausgangspunkt für Wanderungen oder anspruchsvolle Radtouren in die umliegende Bergwelt an. Und im Hafenbecken starten täglich **Ausflugsboote** (s.u.) nach Sa Calobra zur bizarren Mündung des Sturzbachs Torrent de Pareis [Nr. 22] ins Meer.

Wer sich für das wechselvolle Verhältnis der Sóllerics zum Meer – von der ständigen Gefahr durch Piraten bis hin zum florierenden Seehandel – interessiert, sollte durch die malerischen Treppengassen im historischen Fischerviertel **Santa Catalina** zum Oratori de Santa Catalina de Alejandría (13. Jh., im 16. Jh. erneuert) emporsteigen. Die ehem. Kapelle mit Aussichtsterrasse beherbergt heute das **Museu de la Mar** (Tel. 971 63 02 00, Febr.–Okt. Mi–Sa 10–17, So 10–14 Uhr), das Dokumente, Schiffsmodelle und Fotografien sowie eine audiovisuelle Präsentation zeigt.

i Praktische Hinweise

Information

OIT, Carrer Canonge Oliver, 10, Port de Sóller, Tel. 971 63 30 42, www.soller.es

Bootsausflüge

Barcos Azules, Passeig Es Través, 3, Port de Sóller, Tel. 971 63 01 70, www.barcosazules.com. Tägl. Fahrten nach Sa Calobra.

Hotel

******Espléndido**, Passeig Es Través, 5, Port de Sóller, Tel. 971 63 18 50, www.esplendidohotel.com. Schickes Designerhotel mit Meerblick, Spa und Pool.

Restaurants

Es Faro, Cap Gros de Moleta, Port de Sóller, Tel. 971 63 37 52, www.restaurantesfaro.es. Exzellente Fischgerichte und ein herrlicher Ausblick über die Bucht von Port de Sóller sind Lohn für 2 km Serpentinenstraße hinauf zum Leuchtturm. Reservierung notwendig.

Lua, Carrer Santa Catalina, 1, Port de Sóller, Tel. 971 63 47 45, www.restaurantelua.es. Frische, z.T. asiatisch inspirierte Fischgerichte, aber auch vegetarische Alternativen in einem schmalen Fischerhaus am Hafen (Mo geschl.).

Märchenhaft bezaubernder Gartentraum aus 1001 Nacht – Jardins d'Alfàbia

19 Jardins d'Alfàbia

TOP TIPP

Einblicke in die Lebenswelt des mallorquinischen Adels inmitten eines verwunschenen Gartens.

Gleich nach dem Passieren des Tunnels von Sóller Richtung Palma lohnen linker Hand die bezaubernden Jardins d'Alfàbia (Carretera Ma-11 Palma–Port de Sóller, km 17, Bunyola, Tel. 971613123, www.jardinesdealfabia.com, April–Okt. Mo–Sa 9.30–18.30, Nov.–März Mo–Fr 9.30–17.30, Sa 9.30–13 Uhr) einen Besuch. Die Anlage hat ihren Ursprung im 12. Jh., als sich der arabische Wesir *Ben-Abet* in der Nähe einer noch heute sprudelnden Bergquelle eine Sommerresidenz erbauen und rundum einen herrlichen Garten anlegen ließ. Nach der Reconquista übernahmen katalanische Adelige das Anwesen. Zu Beginn des 17. Jh., als sich Alfàbia im Besitz der Familie Zaforteza befand, kam es zu Umgestaltungen. In jener Zeit entstand das zweistöckige Herrenhaus, ein um einen quadratischen Innenhof gruppiertes Gebäude mit prächtigem, von ionischen Halbsäulen flankierten Durchgang. Im 19. Jh. schließlich wurde der untere Teil des Gartens im englischen Landschaftsgartenstil umgewandelt. Doch spürt man noch heute bei einem Spaziergang durch das schattige Grün einen Hauch jenes orientalischen Paradieses, in dem der Wesir Harmonie und innere Ruhe zu finden hoffte.

Der Streifzug durch die **Parkanlage** führt über palmengesäumte Wege und Laubengänge, vorbei an munter plätschernden Brunnen. Immer wieder ergeben sich schöne Blicke über die umliegenden Orangenplantagen und Olivenhaine. Das lichtdurchflutete Innere des *Herrenhauses* birgt eine wertvolle Bibliothek und einen eleganten Salon, dessen Wände mit mallorquinischen Zungenstoffen bespannt sind. Durch eine mit Rokoko-Schnitzereien verzierte Glastür blickt man in den Alkoven, in dem die spanische Königin Isabella II. 1859 auf einer Reise von Sóller nach Palma übernachtete. Vom Innenhof aus gelangt man zur Hauskapelle und zur alten Ölmühle. Als letzten Besichtigungspunkt erreicht man den bereits von außen beschriebenen Durchgang, dessen wohl nachträglich angebrachte holzgetäfelte Decke von 1170 mit feinen Schnitzereien der einzige Überrest des maurischen Gutshauses ist. An der Wand verläuft eine arabische Inschrift, die Allah preist.

Mit erlesener Kultiviertheit macht das Herrenhaus der Jardins d'Alfàbia Eindruck

20 Bunyola, Orient und Alaró

Traumroute durch idyllische Bergdörfer.

Parallel zur Panoramastraße Ma-10 verläuft die Ma-2100 von Bunyola nach Orient und macht dann einen Bogen vorbei am feudalen Landgut Solleric zum südlich gelegenen Städtchen Alaró (insgesamt 20 km). Die enge, kurvenreiche Bergstraße führt durch eine traumhafte Landschaft mit Kiefernwäldern, Obstplantagen und Schafweiden und ist bei Radrennfahrern sehr beliebt, was Automobilisten ein entsprechendes Mehr an Aufmerksamkeit abverlangt.

Ausgangspunkt für die abwechslungsreiche Fahrt ist das Bergdorf **Bunyola** (2300 Einw.), bekannt für sein gutes Olivenöl und den Kräuterlikör Palo. Auch der *Tren de Sóller* macht auf seinem Weg von Palma nach Sóller im Ort Station. Samstags findet auf dem Platz vor der Pfarrkirche **Sant Mateu** (geweiht 1756) ein kleiner Markt statt, ansonsten stört nichts die Ruhe in den hübschen Gassen.

Noch beschaulicher mutet das winzige Nest **Orient** (20 Einw.) 11 km weiter an. Zwei Dutzend Natursteinhäuser mit leuchtend grünen Fensterläden drängen sich rund um die turmlose Kirche **Sant Jordi** (13. und 15. Jh.) auf einer Anhöhe inmitten von Obstplantagen und Olivenhainen. Überdies ist der kleine Ort, den im Norden die hohen Gipfel *Alfàbia* (1067 m) und *L'Ofre* (1090 m) überragen, ein guter Ausgangspunkt für Wanderungen. An schönen Tagen können sowohl die Parkplätze an der Hauptstraße als auch die Tische in den Restaurants knapp werden.

Zwischen die Hänge der Serra de Tramuntana schmiegt sich das stille Bergdorf Bunyola

Nach weiteren 9 km reizvoller Serpentinenstraße ist **Alaró** (4600 Einw.) erreicht. Das von Mandel-, Johannisbrot- und Obstplantagen umgebene Städtchen am Fuße der steil abfallenden Tafelberge *Puig S'Alcadena* (815 m) und *Puig d'Alaró* (821 m) existierte bereits im 13. Jh. und entwickelte sich zu einem bedeutenden Handelsplatz: Von Köhlern produzierte Holzkohle und Braunkohle wechselten im Ort ebenso den Besitzer wie landwirtschaftliche Produkte.

Obst und Gemüse, Käse und Wurst gibt es auch heute noch auf dem bunten Wochenmarkt zu kaufen, der jeden Samstag auf der *Plaça de la Vila* abgehalten wird. Rund um den Platz haben dann nicht nur zahlreiche Cafés und Bars geöffnet, sondern auch die Pfarrkirche **Sant Bartolomeu** (1236, Ende des 18. Jh. umgebaut). Hier können die Marktbesucher um 11.30 Uhr auch einem halbstündigen Orgelkonzert lauschen. Danach bietet sich noch die Möglichkeit, das einschiffige Gotteshaus mit seinen Kunstschätzen zu besichtigen. Neben dem Hauptaltar (1790) mit einer von gedrehten Säulen gerahmten Statue des hl. Bartholomäus ist der aus einem Felsblock gemeißelte Taufstein (1655) mit 2 m Durchmesser sehenswert.

Wer nicht den kompletten Weg zu der auf dem *Puig d'Alaró* gelegenen Burgruine **Castell d'Alaró** zu Fuß zurücklegen möchte (s. u.), kann ein gutes Stück auf z. T. recht holpriger Straße mit dem Auto nach oben fahren. Hierfür verlässt man Alaró Richtung Orient und folgt nach etwa 500 m dem Wegweiser Castell d'Alaró durch Olivenhaine bis zur 4,5 km entfernten **Finca Es Vergé** mit ihrem beliebten Restaurant (s. S. 70, Parkplätze können am Wochenende knapp werden). Von dort aus dauert der Aufstieg zur Burg noch 40 Minuten. Er führt auf unbefestigter Straße vorbei an der Finca bis zum Bergsattel Pla d'es Pouet. Dort wandert man auf dem mit Steinen befestigten **Camí de Castell** die letzten 20 Minuten bis zur Ruine. Oben öffnet sich eine herrliche Aussicht, die über das Tal von Orient bis zu den dahinter aufragenden Bergen *Puig Major* und *Massanella* sowie im Süden bis zur Bucht von Palma reicht.

TOP TIPP

Die aussichtsreiche und durch steile Felswände geschützte Lage auf dem Gipfelplateau des Puig d'Alaró in 821 m Höhe nutzten bereits die Byzantiner. Sie errichteten eine Festung, die als unbezwingbar galt – zumindest beschreiben Chroniken eine mehr als acht Jahre währende Belagerung, bis Alaró als letzte Bastion der Insel schließlich 911 in die Hände der Mauren fiel. Diese wiederum zogen sich 300 Jahre später, nach dem Verlust von Palma, hierher zurück und harrten zwei Jahre lang aus, bevor Wesir *Ben-Abet* 1231 – kurz vor dem Hundertod seiner Untertanen – die Burg den Truppen Jaume I. überließ. Zuletzt verschanzten sich hier 1285 die beiden mallorquinischen Volkshelden *Guillem Cabrit* und *Guillem Bassa*. Sie hatten König Jaume II. Treue geschworen und setzten sich vehement gegen die Machtübernahme Alfonsos III. von Aragon zur Wehr, was beide mit dem Leben bezahlen mussten – sie wurden bei lebendigem Leibe auf Spießen geröstet.

Nur spärliche Mauerreste haben die Zeit überdauert, sie stammen wohl aus dem 13. Jh. Jüngeren Entstehungsdatums ist die **Ermita de la Mare de Déu del Refugi** mit angeschlossener Herberge Refugi S'Hostatgeria [s. S. 70]: Als 1622 eine schwere Dürre die Ernte zu vernichten drohte, pilgerten die Bewohner Alarós mit ihrer kleinen Madonnenstatue (17. Jh.) auf den Burgberg. Tatsächlich setzte bald darauf Regen ein und die dankbaren Gläubigen erbauten der Schutzpatronin eine Kapelle innerhalb der Befestigungsmauern der Burg. In dem schlichten Gotteshaus werden auch zwei Knochen der wie Märtyrer verehrten Helden Cabrit und Bassa aufbewahrt, und so avancierte das Castell d'Alaró bald zu einer Wallfahrtsstätte.

i Praktische Hinweise

Hotels

******L'Hermitage**, Carretera Alaró–Bunyola, s/n, Orient, Tel. 971 18 03 03, www.hermitage-hotel.com. Luxuriöse Unterkunft in einem ehem. Kloster. Gehobenes Restaurant in der alten Ölmühle.

TOP TIPP ******Son Palou**, Plaça de l'Eglèsia, s/n, Orient, Tel. 971 14 82 82, www.sonpalou.com. Gemütliche Zim-

Von Orient zum Castell d'Alaró

Eine schöne Wanderung führt vom Ortskern von Orient hinauf zum Castell d'Alaró. Zunächst folgt man 1,5 km der Straße Richtung Alaró, wo der eigentliche Wanderweg beginnt, es aber kaum Parkmöglichkeiten gibt. Kurz nachdem man das Landhotel L'Hermitage passiert hat, sieht man beim Kilometerstein 11,8 rechts ein Eisentor. Dahinter führt linker Hand ein Weg zunächst parallel zur Straße durch einen Olivenhain mit schönen knorrigen Bäumen. Nach etwa 15 Min. steigt der Pfad steiler an und leitet unter schattigen Steineichen und Aleppokiefern in einer guten halben Stunde hinauf zum Bergsattel **Pla d'es Pouet**. Auf dem nach links führenden, z. T. in Treppen angelegten **Camí de Castell** gelangt man nun in etwa 20 Minuten hinauf zur Burgruine. Lohn für die Mühen versprechen auf dem Rückweg die deftigen Gerichte im Gasthof Es Vergé [s. S. 70], der in 30 Min. erreicht werden kann: Hierfür steigt man zunächst wieder über die Treppenstufen des Camí de Castell hinab, bei der ersten Abzweigung hält man sich nun aber geradeaus Richtung Alaró, bis der Weg nach einigen Kehren auf die Fahrstraße mündet, die hinauf zum Lokal führt. Nach der Rast folgt man der Straße weiter bergauf bis zum Pla d'es Pouet und von dort geht es auf dem gleichen Weg wie beim Aufstieg zurück nach Orient (insgesamt 3 Std.).

Stufensteigen für Tüchtige – Camí de Castell zur Ruine des Castell d'Alaro

Charmantes Ensemble – das Dorf Fornalutx genießt den Erfolg seiner Schönheitspflege

mer und Suiten in Natursteingebäuden auf dem weitläufigen Gelände der Finca. Pool in gepflegter Gartenanlage, Restaurant mit feiner mediterraner Küche.

Refugi S'Hostatgeria, Puig d'Alaró, Tel. 971 18 21 12. Einfache Herberge auf dem Burgberg von Alaró.

Restaurants

Ca'n Jaume, Carretera Alaró–Bunyola, s/n, Orient, Tel. 971 61 51 53. Bodenständige mallorquinische Küche in einfachem Lokal (Di, So abends und Juli geschl.).

Es Vergé, Camí des Castell, s/n, Alaró, Tel. 971 18 21 26. Rustikales Lokal, berühmt für seine Lammgerichte aus dem Holzofen.

Mandala, Carrer Nueva, 1, Orient, Tel. 971 61 52 85. In dem kleinen Lokal mit Terrasse werden feine mediterran und indisch inspirierte Gerichte serviert (Mo und Dez. geschl.).

21 Fornalutx

Im schönsten Dorf Spaniens wurden einst sogar die Dachziegel bemalt.

Fornalutx (470 Einw.), nur 2,5 km nordöstlich von Sóller an der Ma-2121 gelegen, steht komplett unter Denkmalschutz und hat schon zweimal den Wettbewerb ›Schönstes Dorf in Spanien‹ gewonnen. Eingebettet in Oliven- und Orangenhaine schmiegen sich die rötlich-golden leuchtenden Bruchsteinhäuser an einen Ausläufer des *Puig Major*. Es ist eine wahre Freude, den liebevoll mit Blumen geschmückten Ort treppauf und treppab zu erkunden, einen Blick in den palmenbeschatteten Innenhof des Rathauses an der zentralen **Plaça d'Espanya** zu werfen oder die von Rokoko-Zierrat nur so überquellende Rosenkranzkapelle in der Pfarrkirche **Navidad de Nostra Senyora** (17. Jh.) zu bewundern. In den engen Gassen lohnt es, immer wieder nach oben zu den überhängenden Dachziegeln zu sehen, deren Unterseite bemalt ist. Diese Tradition lässt sich in Fornalutx bis ins 17. Jh. zurückverfolgen: Geometrische und florale Muster, religiöse Symbole und Sternzeichen, Menschen- und Tierdarstellungen dienten keinesfalls nur der Dekoration, sondern sollten die Bewohner auch vor Unheil beschützen.

i Praktische Hinweise

Hotel

Fornalutx Petit Hotel, Carrer Alba, 22, Fornalutx, Tel. 971 63 19 97, www.fornalutx petithotel.com. Einst Nonnenkloster, dann Dorfschule, heute ein kleines hübsches Hotel mit Pool im Orangengarten.

Restaurant

Ca'n Antuna, Carrer Arbona Colom, 14, Fornalutx, Tel. 971 63 30 68. Bodenständige mallorquinische Küche von *Sopa mallorquina* über Lammbraten bis Mandelkuchen (Mo und Nov./Dez. geschl.).

22 Sa Calobra und der Torrent de Pareis

Eine Tour voller technischer Meisterleistungen und landschaftlicher Schönheit.

Von Sóller aus windet sich die Ma-10 in waghalsigen Serpentinen durch die bizarre Serra de Tramuntana, vorbei am inselhöchsten Berg **Puig Major** (1445 m), dessen Gipfel militärisches Sperrgebiet ist, und am **Embalse de Cúber**, Mallorcas größtem Stausee. Er sichert die Trinkwasserversorgung Palmas gemeinsam mit dem 1969 angelegten **Embalse de Gorg Blau** 5 km weiter nördlich. Archäologen gruben damals das prähistorische Heiligtum von *Almallutx* (ca. 6.–1. Jh. v. Chr.) aus, stellten menschliche Skelette sicher und retteten drei steinerne Säulen vor der Überflutung. Diese stehen heute an zwei Stellen am Ufer des Stausees.

Nach einem kurzen, stockdunklen Tunnel erreicht man den Abzweig nach Sa Calobra. Der italienische Ingenieur *Antonio Paretti* baute die vielbefahrene, zum Meer führende Straße 1932 mit technischem Know-how und Raffinesse in die schroffen Felsen. Auf 12 km überwindet sie in zahlreichen Haarnadelkehren stolze 800 Höhenmeter. Berühmtheit erlangte der *Nus de sa Corbata*, der Krawattenknoten, der in einer fast kreisrunden Kurve von annähernd 360° durch einen Tunnel unter der Straße hindurchführt. **Sa Calobra** (45 Einw.) selbst ist ein winziges Fischernest, das sich aber mit einigen Ausflugslokalen auf den starken Tagestourismus eingestellt hat. Von hier aus gelangen Fußgänger durch einen Tunnel in einen weiten, von steil abfallenden Kalksteinwänden gerahmten Talkessel, der einen schmalen Durchbruch zum Meer aufweist. Nach starken Regenfällen durchtosen ihn die Wassermassen des Sturzbaches **Torrent de Pareis**, doch bei Trockenheit kann man sich kaum eine eindrucksvollere, wenngleich kiesige Badebucht vorstellen. Ein Höhepunkt ist alljährlich im Juli das kostenlose *Konzert* vor dramatischer Kulisse (Informationen unter Tel. 971 17 17 17).

Außer über Sa Calobra gibt es noch zwei weitere Möglichkeiten, zum Torrent de Pareis zu gelangen: Per Boot von Port de Sóller [Nr. 18] aus oder zu Fuß durch das Bett des Sturzbaches selbst vom Ausflugslokal Escorca (s. u.) aus. Für diese stellenweise nicht ungefährliche **Wanderung** durch die Schlucht mit ihren bis zu 400 m hohen, steilen Felswänden – mit-

Die hohe Kunst des Knotenbindens übt die Serpentinenstraße Ma-10 bei Sa Calobra

unter muss geklettert werden – sind etwa fünf Stunden zu veranschlagen. Man sollte die Tour nur gut ausgerüstet, mit ortskundiger Führung (s.u.) und bei absoluter Trockenheit unternehmen.

Auf dem Rückweg zur Ma-10 lohnt bei schönem Wetter nach 2 km ein Abstecher zur **Cala Tuent**, einer tief eingeschnittenen Bucht mit Kiesstrand und kristallblauem Wasser: Wem der Torrent de Pareis zu überlaufen ist, der findet hier eine ruhigere Alternative zum Baden.

i Praktische Hinweise

Canyoning

Escull Aventura, Carrer Catedràtic Llabrés, 9, Binissalem, Mobil-Tel. 691 23 02 91, www.escullaventura.com. In Neoprenanzügen, gesichert durch Klettergurt, Seil und Helm, geht es auf abenteuerliche Exkursionen in die wilden Gebirgsschluchten Mallorcas.

Felsgiganten bewachen den schmalen Zugang zum Meer am Torrent de Pareis

Restaurants

Es Vergeret, Carretera Cala Tuent, s/n, Cala Tuent, Tel. 971 51 71 05, www.esvergeret.com. Paella, frischer Fisch und mallorquinische Gerichte, gewürzt mit einer schönen Aussicht über die Cala Tuent.

Escorca, Carretera Sóller–Lluc, km 25, Tel. 971 51 70 95. Auch bei Mallorquinern beliebtes Ausflugslokal mit leckeren Fleischgerichten in ordentlichen Portionen (im Winter Mo und Do geschl.).

23 Santuari de Lluc

Der bedeutendste Wallfahrtsort Mallorcas in einem einsamen Bergtal.

Hinter dem Abzweig nach Sa Calobra führt die Ma-10 im Schatten des **Puig de Massanella**, dem mit 1365 m zweithöchsten Berg Mallorcas, zum 10 km entfernten Kloster Lluc. Unterwegs lohnt ein Halt beim ausgeschilderten **Mirador de Sa Casa Nova**, der einen Tiefblick in den Torrent de Pareis [Nr. 22] ermöglicht.

In einem ausgedehnten Hochtal auf 525 m Höhe, umgeben von Steineichenwäldern, erstreckt sich der Klosterkomplex des **Santuari de Lluc** (www.lluc.net, tgl. 8–19 Uhr). Die Gründungslegende erzählt von einem maurischen, nach der Reconquista konvertierten Hirtenjungen namens Lluc (Lukas), der beim Schafhüten im Gestrüpp eine Madonnenstatue, so dunkel wie seine Haut, an der Stelle des heutigen Klosters fand. Sogleich brachte er sie in die nächstgelegene Kirche nach Escorca, doch die Statue verschwand noch in derselben Nacht und tauchte im Gestrüpp wieder auf. Das Mysterium wiederholte sich ein weiteres Mal, bevor der Pfarrer von Escorca der *Moreneta*, der ›kleinen Braunen‹, eine Kapelle am Fundort errichten ließ. Sie wird 1268 erstmals urkundlich erwähnt und entwickelte sich bald zu einem Wallfahrtsort, der in den folgenden Jahrhunderten mehrfach erweitert und 1456 zum Stift erhoben wurde. Das heutige Erscheinungsbild des Klosters prägen Bauten des 17./18. Jh. Seit 1891 verwalten Patres der *Kongregation der Heiligsten Herzen* den Ort. Sie leiten auch das Internat mit dem berühmten, bereits 1531 gegründeten Knabenchor **Els Blauets**, der regelmäßig in der Klosterkirche singt (außer in den Sommerferien Mo–Fr 11.15 und 16.45, So zur Messe um 11 Uhr).

Ehrwürdiges Pilgerziel – Klosterkirche des Santuari de Lluc im Goldgewand Antoni Gaudís

Vom riesigen Parkplatz kommend, passiert man rechter Hand zunächst die alte Pilgerherberge *Els Porxets* (1586), unter deren weit vorkragendem Dach noch Futtertröge für Reit- und Lasttiere zu sehen sind. Durch zwei Torbögen hindurch gelangt man in den zweiten Klosterhof, auf dessen rechter Seite sich die **Klosterkirche** (17./18. Jh.) erhebt. Die schlichte Fassade weist rund um das Hauptportal und die winzigen Fensteröffnungen sparsame Ausschmückungen im plateresken Stil auf und wird gekrönt von einem kleinen Glockenaufsatz. Der recht düster wirkende **Innenraum** erhält seine Beleuchtung hauptsächlich durch die Vierungskuppel. Anfang des 20. Jh. wurde das Innere von *Antoni Gaudí* restauriert, seitdem erstrahlt es in üppiger Vergoldung und erinnert an orthodoxe Gotteshäuser. Der ebenfalls vergoldete platereske **Hauptaltar** (17. Jh.) mit seinen floralen Ornamenten ist mit einer drehbaren Nische ausgestattet, in der während der Messe die Moreneta zu sehen ist. Ansonsten befindet sich die Statue in der rückwandigen Muttergotteskapelle, die mit den Wappen aller Gemeinden Mallorcas geschmückt ist. In sanft geschwungener Haltung und ein Lächeln auf den Lippen hält die kleine, aus braunem Sandstein geschaffene Maria das Jesuskind auf ihrem linken Arm. Ungeklärt ist, ob es sich bei der Figur um das Original aus dem 13. Jh. oder um eine spätere Nachbildung handelt – der Verehrung tut dies keinen Abbruch. Am 10. August 1884 krönte sie Bischof Mateu Jaume als Stellvertreter für Papst Leo XIII. zur ›Königin und Schutzherrin‹ Mallorcas, die jedes Jahr Zehntausende von Wallfahrern nach Lluc zieht.

Neben der Kirche zeigt das **Museu de Lluc** (So–Fr 10–14 Uhr) archäologische Funde, kostbares liturgisches Gerät, Mobiliar, Töpferware, Gemälde sowie eine kleine Ausstellung zur Textilherstellung. Empfehlenswert ist der kurze Aufstieg auf den nördlich des Klosterkomplexes aufragenden, von einem Kreuz bekrönten **Pujol dels Misteris**, den Kalvarienberg, von dem man einen schönen Blick auf Lluc genießt. Ferner lohnt ein Spaziergang durch den liebevoll angelegten **Jardí Botànic** (tgl. 10–13 und 15–18 Uhr) mit über 200 auf Mallorca heimischen Pflanzenarten.

Lluc ist ein hervorragender Ausgangspunkt für **Wanderungen** in die umliegende Bergwelt. Gut markierte Wege führen z. B. auf den *Puig de Massanella* (1365 m, 850 Höhenmeter, 4,5 Std., schwierig) oder auf dem alten Pilgerweg *Camí*

Vell de Lluc hinab in das Dorf Caimari (190 m, 450 Höhenmeter, 3,5 Std., einfach). Auch der mallorquinische Fernwanderweg *Ruta de Pedra en Sec* (GR-221, s. S. 75) passiert das Kloster.

i Praktische Hinweise

Information

Santuari de Lluc, Tel. 971 87 15 25, www.lluc.net

Centre d'Informació Serra de Tramuntana Ca s'Amitger, in der alten Pilgerherberge Els Porxets, Lluc, Tel. 971 51 70 70. Fachkundige Informationen zu Wanderwegen, Berghütten, Fauna und Flora des mallorquinischen Gebirges.

Camping

Área de Acampada, Lluc, Tel. 971 51 70 70 (IBANAT). Zwei Zeltplätze mit Sanitäranlagen und Kochmöglichkeiten beim Kloster. Registrierung vorab notwendig.

Unterkunft

Hospedería del Santuari de Lluc, Tel. 971 87 15 25, www.lluc.net. Pilgerherberge mit preiswerten Zellen mit Bad und Apartments. Beliebt bei Wanderern.

Restaurant

Sa Fonda, Lluc, Tel. 971 51 70 22, www.lluc.net. Gute mallorquinische Küche innerhalb der Klosteranlage (Di geschl.).

24 Caimari

Vom Fuße der Serra de Tramuntana kommt hervorragendes Olivenöl.

Von Lluc aus führt die Ma-2130 parallel zum alten Pilgerweg *Camí Vell de Lluc* Richtung Süden. Nach 10 km kurvenreicher Fahrt durch Steineichenwälder und Olivenhaine, vorbei an schroffen Felswänden und Trockenmauern ist das hübsche Dorf Caimari (600 Einw.) zu Füßen der Serra de Tramuntana erreicht. Der Ort ist berühmt für sein exzellentes Olivenöl. Jedes Jahr während der Olivenernte Mitte November feiern die Bewohner in den engen, von Natursteinhäusern gesäumten Gassen und auf der Plaça Major mit Kirche und Rathaus die **Fira de S'Oliva**, das Olivenfest. Dann kann man an den Marktständen nicht nur das frisch gepresste Öl kosten und Kunsthandwerk kaufen, sondern auch die **Almazara** (Carrer Horitzó, 4, Tel. 971 43 11 86, Nov.–März nach telefon. Anmeldung), die alte Olivenmühle, besichtigen, die zu Beginn des 20. Jh. in Betrieb genommen wurde. Ihre moderne Nachfolgerin am Ortsausgang Richtung Inca, die Industriemühle von **Oli Caimari** (Carretera Inca–Lluc, km 6, Tel. 971 87 35 77, www.aceites-olicaimari.com, Mo–Fr 9–13.30 und 15.30–19, Sa 10–14 und 16–19, So 10–14 Uhr) mit angeschlossenem Geschäft, hat das ganze Jahr über geöffnet, aber auch hier ist ein Besuch während der Ölproduktion von November bis März besonders interessant.

Ein weiterer Besichtigungspunkt ist der kleine **Parc Etnològic** (Carretera Selva–Caimari, s/n, stets geöffnet), in dem für Mallorca typische Nutzbauten aus früheren Jahrhunderten nachgebaut wurden: Eine einfache, strohbedeckte Köhlerhütte ist ebenso zu sehen wie ein kreisrunder Kohlemeiler, in dem unter einer Decke aus Erde, Gras und Moos Holz zu Holzkohle verschwelte. Besonders eindrucksvoll ist das geduckte, fensterlose Schneehaus. In solchen Bauwerken wurde vom 16. Jh. bis 1927 Schnee von den Bergen gesammelt und zu Eis gepresst. Aufgrund der sonnengeschützten Lage und der dicken Mauern hielt sich das wertvolle Gut den ganzen Sommer lang, wurde mit Maultieren körbeweise ins Tal transportiert und dort zur Kühlung von Lebensmitteln und zu medizinischen Zwecken verwendet.

Ausflug

Die **Glasbläserei** Menestralia (Carretera Palma–Alcudia, Km 36, Tel. 971 87 71 04, www.menestralia.es) zeigt in Vorführungen, wie ihre Preziosen entstehen.

i Praktische Hinweise

Hotel

TOP TIPP ******Albellons Parc Natural**, Binibona, Caimari, Tel. 971 87 50 69, www.albellons.com. Das einsam gelegene Hotel verfügt über 12 liebevoll eingerichtete Zimmer, die allesamt einen schönen Ausblick bieten. Im Restaurant werden Produkte aus eigenem Anbau zu köstlichen Menüs verarbeitet.

Restaurant

Ca Na Toneta, Carrer Horitzó, 21, Caimari, Tel. 971 51 52 26, www.canatoneta.com. Mediterrane 5-Gänge-Menüs im Zeichen der Slow-Food-Bewegung. Viel Vegetarisches (Fr abends, Sa/So geöffnet, Reservierung notwendig).

Gipfelglück und ganz Mallorca zu Füßen – Ruta de Pedra en Sec am Puig de Caragolí

Ruta de Pedra en Sec – Mallorcas Fernwanderweg durch die Serra de Tramuntana

Schon lange ist Mallorca ein beliebtes Ziel für Bergwanderer, die die herrliche Landschaft der Serra de Tramuntana und das meist beständige Wetter zu schätzen wissen. Für alle, die sich nicht nur mit Tagestouren zufrieden geben, sondern einen kompletten Gebirgszug mit abwechslungsreicher Landschaft überqueren wollen, gibt es den **Fernwanderweg GR-221**. Dieser auch Ruta de Pedra en sec, **Trockensteinroute**, genannte Weg verdankt seinen Beinamen den zahlreichen Bauwerken aus Trockenstein, die überall entlang der Strecke zu finden sind: Dies sind Mauern und Pflasterwege, aber auch verfallene Köhlerhütten und ihre kreisrunden Kohlemeiler sowie Schneehäuser (s. o.). Auf der Wanderung durchstreift man schattige Steineichenwälder ebenso wie duftende Macchia und karge Hochebenen. Von schroffen Berghängen und markanten Aussichtspunkten tun sich immer wieder herrliche Blicke auf das Meer auf, zudem kann man Abstecher in kleine Badebuchten unternehmen. Der Weg ist allerdings konditionell anspruchsvoll, verläuft streckenweise weitab von besiedeltem Gebiet und ist noch nicht fertig ausgeschildert.

Nach Fertigstellung der kompletten Route kann die Tramuntana von **Port d'Andratx** bis **Pollença** (150 km) durchquert werden. Nach jeder der 8 Tagesetappen mit verschiedenen Varianten soll es die Möglichkeit geben, in einer einfachen bewirteten Berghütte, **Refugi**, zu übernachten. Fünf dieser Unterkünfte sind bereits heute eröffnet und bieten sich an als Etappenziele einer viertägigen Wanderung von Deià nach Pollença: Refugi de Can Boi (Deià) – Refugi de Muleta (Port de Sóller) – Refugi de Tossals Verds – Refugi de Son Amer (Lluc) – Refugi del Pont Romà (Pollença). Der südliche Abschnitt von Sant Elm bis Valldemossa ist dagegen in Teilen noch unerschlossen.

Reservierung der Refugis: **Consell de Mallorca**, Departament de Medi Ambient i Natura, Palma, Tel. 971 17 37 00 oder 971 17 37 31, www.conselldemallorca.net/mediambient/pedra. Die Website gibt ausführliche **Informationen** zu den einzelnen Etappen, der offizielle GR-221-Wanderführer steht als PDF-Download zur Verfügung. Eine detaillierte **Wanderkarte** kann über den Online-Shop des Wanderportals www.serratramuntana.de bestellt werden.

Mallorcas hoher Norden – traditionsreiche Städte und Natur pur

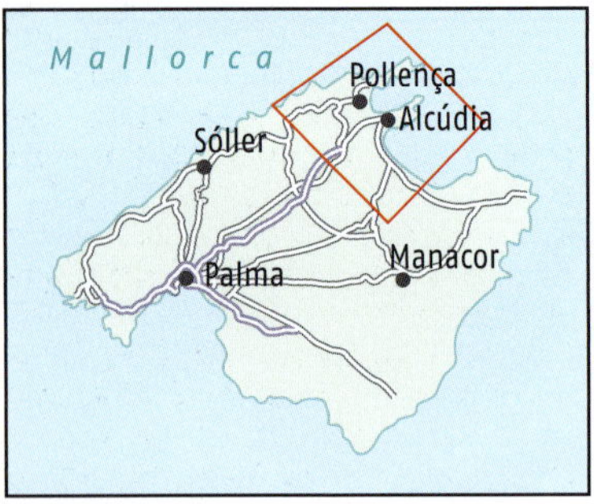

Die beiden großen Buchten in Mallorcas Norden, **Badía de Pollença** und **Badía d'Alcúdia**, sind mit ihren kilometerlangen Sandstränden und exzellenten Windverhältnissen beliebte Anziehungspunkte für Badeurlauber, Segler und Surfer. Darüber hinaus wartet die Gegend aber auch mit so malerischen historischen Städtchen wie **Pollença** und **Alcúdia** auf und verfügt über einzigartige Landschaften: An erster Stelle steht das **Cap de Formentor** mit seinen schroffen Felsen, die mehrere Hundert Meter tief ins Meer abfallen. Ein ideales Terrain für Wanderer und Radfahrer ist die **Península de Victòria**, auf der sich auch die sehenswerte Kunststiftung **Fundación Yannick y Ben Jakober** befindet. Im artenreichen **Parc Natural S'Albufera**, dem größten Sumpfgebiet der Balearen, schlagen die Herzen der Vogelfreunde höher, und die Erkundung der Nekropole Son Real bei **Ca'n Picafort** entführt die Besucher in die prähistorische Welt der Talaiot-Kultur.

25 Pollença

TOP TIPP *Geschichtsträchtige heimliche Hauptstadt des Nordens.*

Als größte Stadt des Nordens besticht Pollença (7700 Einw.), überrragt von seinen beiden Hausbergen El Calvario und Nostra Senyora del Puig, durch eine fröhlich-bunte Melange jahrhundertealten Erbes und junger Szene, verwinkelter Gassen und quirligen Lebens.

Geschichte Bereits in prähistorischer Zeit siedelten Menschen in der fruchtbaren Ebene im Norden Mallorcas. Dort – nahe des jetzigen Alcúdia [Nr.28] – lag auch die Römerstadt Pollentia, die 426 n. Chr. von Vandalen zerstört wurde. Vermutlich waren es deren nun heimatlose Einwohner, die 5 km weiter landeinwärts den Grundstein für das heutige Pollença legten. Ab dem 10. Jh. bis zur Reconquista dominierten Araber den Ort und bereicherten die Landwirtschaft um ihre ausgeklügelte Bewässerungstechnik, dann übernahmen die Tempelritter die Herrschaft, bis ihr Orden 1312 auf- und von den Johannitern abgelöst wurde. Obwohl Pollença nicht an der Küste liegt, kam es immer wieder zu Piratenüberfällen, doch 1550 gelang den Bewohnern ein glorioser

Zypressen säumen den malerischen Weg durch Pollenças Altstadt zum Puig del Calvari

Sieg bei der Verteidigung ihrer Stadt, ein Ereignis, das noch heute alljährlich gefeiert wird [s. S. 79].

Besichtigung Eine Besichtigungstour beginnt am besten im Süden der Stadt, nahe dem **Parque Banys Publics** ① mit zentraler Bushaltestelle und in der Regel genügend Parkmöglichkeiten. Durch den *Carrer de Bisbe des Bach* gelangt man zum ehem. Dominikanerkloster Sant Domingo (1588–1616), das heute das **Museu de Pollença** ② (c/ Guillem Cifre s/n, Tel. 971531166, Juli–Sept. Di–Sa 10–13 und 17.30–20.30, So 10–13, Okt.–Juni Di–So 11–13 Uhr) beherbergt. Im Erdgeschoss hat man Zugang zum eher unspektakulären Kreuzgang, der alljährlich im Juli und August zum Schauplatz des renommierten klassischen Musikevents *Festival de Pollença* (www.festivalpollenca.com) wird. Das erste Obergeschoss präsentiert eine bunt gemischte Sammlung: Archäologische Funde aus einer Höhle bei *Ca'n Martorellet* in der Serra de Tramuntana sind hier ebenso zu bewundern wie gotische Altartafeln oder impressionistische Alltags- und Landschaftsbilder des Argentiniers *Atilio Boveri*, der 1912–15 auf Mallorca lebte, sowie zeitgenössische mallorquinische Kunst. Exotischstes Exponat ist das filigrane *Mandala* aus gefärbtem Sand, das buddhistische Mönche im Rahmen eines Pollença-Besuchs des Dalai Lama 1990 schufen. Es ist eines von vier tibetischen Meditationsbildern weltweit, die nach ihrer Fertigstellung nicht wieder der Natur übergeben wurden.

Vor dem Museum erstreckt sich der kleine Park **Jardins Juan March Servera** ③ mit mittelalterlichem Wachturm, einem alten Schöpfbrunnen (Noria) und dem Bronzedenkmal (1984) für Joan Mas, den Helden der Piratenschlacht von 1550. Östlich der Grünanlage führt der Carrer Antoni Maura ins Herz von Pollença, der von Platanen beschatteten und von Cafés gesäumten **Plaça Major**, Schauplatz des sonntäglichen Marktgeschehens. Darüber wacht die mächtige Fassade der Pfarrkirche **Nostra Senyora dels Àngels** ④. Den Grundstein legten wohl bereits die Templer im 13. Jh., doch das heutige Erscheinungsbild des Gotteshauses dominieren Umbauten des 18./19. Jh. Durch eine große Fensterrose fällt Licht in das sonst recht düstere Kirchenschiff, das 12 Seitenkapellen flankieren. Eine Besonderheit birgt der barocke Hauptaltar: Entsprechend der Lithurgie kann das zentra-

le Gemälde getauscht werden und zeigt entweder den gekreuzigten Christus oder eine Darstellung des Abendmahls. Einen eigentümlichen Akzent setzen die comichaften Wand- und Deckenbilder mit Szenen aus der Passion Christi. Sie schufen Anfang des 20. Jh. Atilio Boveri, Eugen Mossgraber und Joaquím Tudela.

Hinter der Kirche öffnet sich die kleine *Plaça Almoina* mit dem Marmorbrunnen **Font des Gall** 5 (1827). Er hat die Form eines Kelchs mit Deckel, auf dessen Knauf ein Gockelhahn, seit römischer Zeit das Wappentier Pollenças, sitzt. Auf der Hauswand hinter dem Brunnen zeigt ein Gemälde den später heilig gesprochenen Dominikanermönch *Vincenç Ferrer* (1350–1419) aus Valencia, der 1413 auf dem Platz Almosen verteilt und gepredigt haben soll.

Nun durchquert man den leicht ansteigenden Carrer de Monti-Sion mit hübschen kleinen Geschäften, passiert die schmucklose, meist geschlossene ehem. Jesuitenkirche **Monti-Sion** 6 (1738) und erreicht nach wenigen Schritten die zypressengesäumten 365 Stufen hinauf zum Kalvarienberg Puig del Calvari. Schon nach kurzem Anstieg lädt das **Museu Martí Vicenç** 7 (Carrer del Calvari, 10, Tel. 971532867, www.martivicens.org, Di–Sa 10–13.30 und 15.30–19, So 10–13.30 Uhr) zu einem Besuch. Es widmet sich der Hinterlassenschaft des Kunsthandwerkers und Künstlers Martí Vicenç (1926–1995). Er ist auf Mallorca für seine Webstoffe bekannt, die das traditionelle Zungenmuster, *llengües,* mit innovativen Designs verbinden. Ein Rundgang durch die Ausstellung

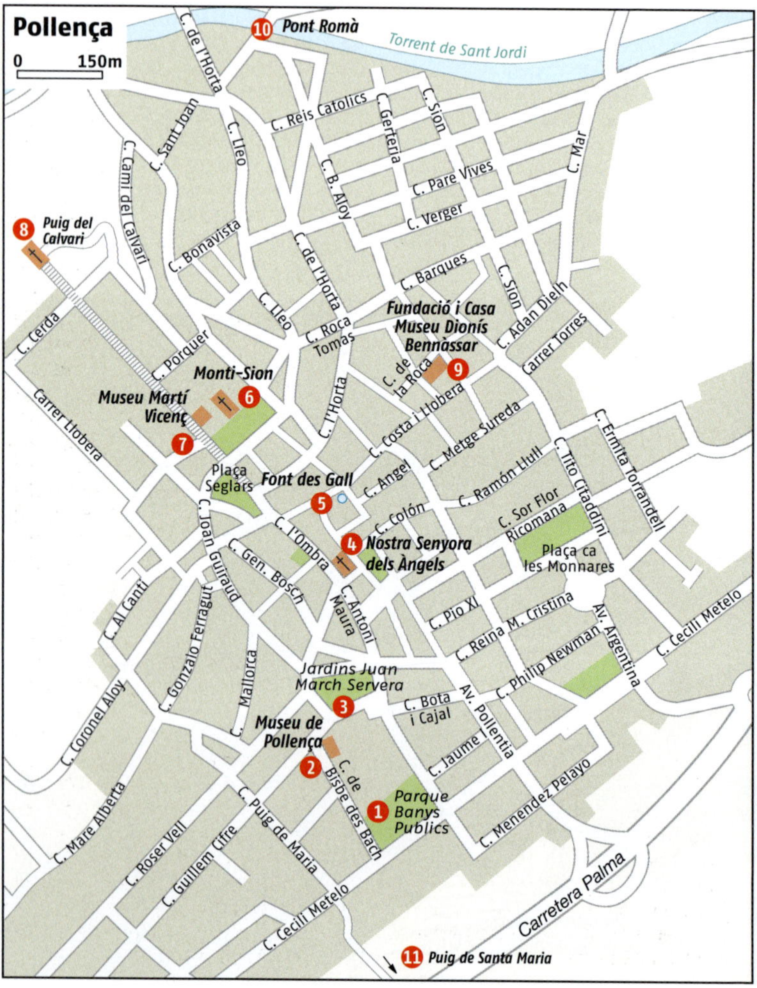

Seeräuber in Sicht – die Talaias an Mallorcas Küste

›Moros a terra – Mauren an Land‹ hallt es durch die nächtlichen Gassen von Pollença. Sofort sind die Bewohner hellwach, greifen nach allem, was der Verteidigung dienlich sein könnte, und stürzen aus den Häusern. Zeit zum Ankleiden ist keine, und so stehen sich auf der Straße Einheimische in weißen Nachthemden und nordafrikanische Seeräuber mit bunten Gewändern grimmig gegenüber. Der Kampf beginnt. Krummsäbel prallen auf Bratpfannen, Degen auf Heugabeln, und nach einem blutigen Gemetzel steht endlich fest: Dieses Mal haben die maurischen Piraten den Kürzeren gezogen, Pollença ist dem Plündern und Brandschatzen entgangen. Die Seeräuber konnten keinen einzigen Bewohner gefangen nehmen und auf heimischen Sklavenmärkten verkaufen. Dieses Mal sind sie selbst die Gefangenen.

So ähnlich könnte es am **30. Mai 1550** gewesen sein, als der Freibeuter **Dragut** mit seinen wilden Mannen auf Beutezug ging. Ihr Scheitern ist zweifelsohne auf die entschlossen kämpfenden Mallorquiner zurückzuführen, vielleicht auch auf die Hilfe der Stadtpatronin Mare de Déu dels Àngels, die der Anführer der Christen, **Joan Mas**, kurz vor der Schlacht um Hilfe angefleht haben soll. In jedem Fall aber auf ein ausgefeiltes Piraten-Abwehrsystem. Schon im 15. Jh. reagierten die Mallorquiner auf erste Überfälle dieser Art und errichteten an der Küste einen Wachturm, katalanisch **Talaia**. Doch um alle Gemeinden vor Seeräubern zu schützen, bedurfte es mehr. Bis zum 16. Jh. entstanden insgesamt 85 steinerne Wachtürme an exponierten Stellen rund um die Insel. Jedes dieser meist runden, zweistöckigen Bauwerke hatte nicht nur einen ausgezeichneten Blick aufs Meer, sondern auch zu den beiden jeweils benachbarten Türmen. Sichtete ein Wächter feindliche Schiffe, gab er tagsüber Rauch-, nachts Feuerzeichen, die in Windeseile von Talaia zu Talaia bis zur Militärkommandantur nach Palma weitergegeben wurden, von wo aus Truppen gegen die Piraten ausrückten. In der Zwischenzeit konnten sich die Bewohner der betroffenen Gemeinden in Sicherheit bringen, oder, wie im Fall von Pollença, selbst zum Kampf wappnen. Dieses **Frühwarnsystem** funktionierte so gut, dass die zunehmend erfolglosen Freibeuter schließlich das Interesse an Mallorca verloren. Einige der nun nutzlos gewordenen Wachtürme verfielen mit den Jahren, doch noch heute erinnern etwa 50 Talaias auf der Insel an die Zeit der Piratenüberfälle.

Traditionell feiern drei Gemeinden ihren Sieg über die Seeräuber mit dem bunten Spektakel **Moros i Cristians**, dem Schaukampf zwischen nordafrikanischen Piraten und mallorquinischen Christen: In **Pollença** fällt dieses Event am 2. August zusammen mit dem Patronatsfest der Mare de Déu dels Àngels, **Sant Elm** hat das erste Augustwochenende als Festtermin, **Sóller** Mitte Mai. Einen anderen Hintergrund hat das gleichnamige Fest in Santa Ponça (Anfang September), das den Kampf der christlichen Rückeroberer gegen die Mauren 1229 nachstellt.

macht vertraut mit den üblichen Webutensilien, Textilentwürfen und abstrakten Gemälden sowie Holzskulpturen des Künstlers. Die einstige Küche liefert den passenden Rahmen, um Keramikteller, Messingkannen, Bügeleisen und anderes häusliches Gerät zu präsentieren, das Vicenç sammelte.

Auf dem Gipfel des **Puig del Calvari** 8 (170 m) erwartet den Besucher ein herrlicher Blick über Pollença, in der Regel stehen auch die Türen des kleinen *Oratori del Calvari* (1795–99) offen. Den Altarraum schmückt eine ländlich stämmig wirkende Steinskulptur (15. Jh.) der Maria zu Füßen des gekreuzigten Christus.

Zurück in der Altstadt lohnt für Kunstfreunde die Besichtigung der **Fundació i Casa Museu Dionís Bennàssar** 9 (Carrer de la Roca, 14, Tel. 971 53 09 97, www.museudionisbennassar.com, Di–So 10.30–19 Uhr, im Winter nur nach tel. Voranmeldung). In dem zum Teil noch mit Originalmobiliar ausgestatteten Wohnhaus des Künstlers Bennàssar (1904–1967) sind rund 250 seiner expressionistisch anmutenden, farbenfrohen Gemälde und Aquarelle sowie Zeichnungen und Skulpturen zu sehen.

Wer gut zu Fuß ist, kann jetzt noch durch den Carrer de l'Horta und den Carrer del Pont Romà in nördliche Richtung zum Torrent de Sant Jordi spazieren. Das meist ausgetrocknete Bachbett wird von einer zweibogigen Steinbrücke, der **Pont Romà** 10, überspannt. Ob sie tatsächlich Teil einer römischen Handelsstraße des 1. Jh. n. Chr. war oder eine mittelalterliche Nachbildung ist, bleibt allerdings ungeklärt.

Südlich von Pollença erhebt sich der 333 m hohe **Puig de Santa Maria** 11 mit der burghaften *Ermita de sa Mare de Déu des Puig* (14. Jh., Übernachtung möglich, s. u.). Ihre Gründungslegende erzählt von drei frommen Frauen, die eines Nachts ein seltsames Leuchten auf dem Berg bemerkten. Als sie der Sache auf den Grund gingen, entdeckten sie eine Marienstatue im Gras, die jedoch so schwer war, dass sie selbst acht starke Männer nicht ins Tal tragen konnten. Also erbauten die Frauen ihr eine Kapelle und gründeten auch gleich ein Kloster auf dem Puig de Santa Maria. Heute zieht die kleine Anlage vor allem Wanderer an, die von hier oben den herrlichen Blick über Pollença und seine Umgebung bis hin zum Cap de Formentor genießen. Der Aufstieg beginnt an der Ma-2200 Richtung Palma (Wanderparkplatz, beschildert) und dauert etwa 45 Min. Von einer Auffahrt mit dem Auto ist aufgrund der engen, kurvenreichen Straße abzuraten.

i Praktische Hinweise

Information

OIT, Carrer Sant Domingo, 17, Pollença, Tel. 971 53 50 77, www.ajpollenca.net

Einkaufen

Cerámiques Monti-Sion, Carrer Monti-Sion, 19, Pollença, Tel. 971 53 35 00. Handbemalte Töpferwaren, neu und antik.

Hotels

Desbrull, Carrer Marqués Desbrull, 7, Pollença, Tel. 971 53 50 55, www.desbrull.com. Kleines Hotel mit modern eingerichteten und verhältnismäßig günstigen Zimmern.

Ermita de sa Mare de Déu des Puig, Puig de Santa Maria, Pollença, Tel. 971 18 41 32. Einfache Übernachtungsmöglichkeit mit Selbstverpflegung.

Son Sant Jordi, Carrer Sant Jordi, 29, Pollença, Tel. 971 53 03 89, www.hotelsonsantjordi.com. Schönes Stadthaus mit geschmackvoller Einrichtung und einem idyllischen, ruhigen Garten mit Pool. Gemütliches Café-Restaurant.

Restaurants

Clivia, Avinguda Pollentia, 7, Pollença, Tel. 971 53 36 35. Traditionsreiches Restaurant mit hervorragenden Fischgerichten und Meeresfrüchten. Wer Lust auf Fleisch hat, sollte das *Pollo de la Casa*, Hühnchen in Cognac, probieren (Mi geschl.).

Trencadora, Carrer Ramon Llull, 7, Pollença, Tel. 971 53 18 59, www.cansureda.es. Hier gibt es leckere mediterrane Speisen und Vegetarisches aus Bio-Zutaten. Mit Terrasse, Chillout-Bar und Lounge-Area (nur im Sommer geöffnet, Di geschl.).

26 Cala Sant Vicenç

Kleiner Ferienort mit felsumschlossenen Badebuchten und prähistorischem Erbe.

Vier kleine Strandbuchten, umschlossen von den schroffen Felsen der Serra de Sant Vicenç und der Serra de Cavall Bernat, machen den kleinen Fischerort Sant Vicenç (250 Einw.) 5 km nordöstlich von

Buchtenidylle und Sandstrandtraum in einem – Cala Sant Vicenç

Pollença für Sommerurlauber attraktiv. Zu Beginn des 20. Jh. waren es vor allem Künstler, die sich von der faszinierenden Landschaft und den meist guten Lichtverhältnissen inspirieren ließen, so auch der mallorquinische Maler *Llorenç Cerdà i Bisbal* (1862–1955). Ihm wurde oberhalb der **Cala Barques**, der nördlichsten und größten der Buchten, ein bronzenes Denkmal gesetzt. Heute sind es vor allem Schwimmer, Schnorchler und Jachtbesitzer, die das kristallklare Meer zu schätzen wissen. Aber auch Hobby-Archäologen kommen in Cala Sant Vicenç auf ihre Kosten: Am Ortseingang (ausgeschildert) befindet sich ein Park mit den **Coves de l'Alzineret**, sechs prähistorischen Begräbnishöhlen, die vor ca. 3500 Jahren von Menschenhand in den Stein geschlagen wurden und – am besten mit Taschenlampe – frei zugänglich sind.

i Praktische Hinweise

Information

OIT, Plaça Cala Sant Vicenç, s/n, Cala Sant Vicenç, Tel. 971 53 32 64 (Mai–Okt.)

Sport

atemrausch, Carre Temporal 9, Cala Sant Vicenç, Mobil-Tel. 622 12 21 45, www.atemrausch.com. Radtouren, Wandern, Schnorcheltouren, Kajakfahren für Geübte und Anfänger.

Hotel

*****Cala Sant Vicenç**, Carrer Maressers, 2, Cala Sant Vicenç, Tel. 971 53 02 50, www.hotelcala.com. Schmuckes Haus mit nur 38 Zimmern, Pool und Fitnessraum. Das noble Restaurant Cavall Bernat sowie die italienische Trattoria sorgen für das leibliche Wohl.

Restaurant

Ca'l Patró, Cala Barques, s/n, Cala Sant Vicenç, Tel. 971 53 38 99. Mit Blick auf das Meer fangfrischen Fisch, am besten vom Grill, genießen (im Winter geschl.).

27 Port de Pollença und Cap de Formentor

Ein nostalgischer Badeort und eine Fahrt durch grandiose Landschaft zum nördlichsten Punkt Mallorcas.

Zwischen den beiden Halbinseln Formentor und Victòria erstreckt sich die 10 km lange Badía de Pollença mit dem besonders bei Engländern beliebten Ferienort **Port de Pollença** (6700 Einw.). In den 1930er-Jahren entdeckte der kleine Fischerort sein touristisches Potenzial und es entstand eine Reihe eleganter Hotels und Ferienvillen an der Uferpromenade, denen heute ein nostalgisches Flair anhaftet. Gut kann man sich vorstellen, wie die britische Schriftstellerin Agatha Christie, regelmäßig zu Gast im Hotel Illa d'Or (s. u.), auf dem **Passeig Vora Mar** flanierte,

Gebirgsstraße ins Glück: Auf schmalem Asphaltband hinauf zum Cap de Formentor

das bunte Getümmel am schmalen weißen Sandstrand beobachtete und dann mit spitzer Feder eine kleine Mordgeschichte zu Papier brachte.

Obgleich erst 1993 eingeweiht, passt auch der mondäne Jachthafen **Reial Club Nàutic** hervorragend in dieses Ambiente. Zahlreiche Segler und auch Surfer wissen im Sommer die stabilen Winde in der Badía de Pollença zu schätzen.

TOP TIPP Am Moll Nou warten *Ausflugsboote* (s.u.) zum **Cap de Formentor** auf Gäste. Spektakulärer (wenn auch in der Hochsaison ab dem späten Vormittag überfüllt) ist der 15 km lange Landweg zum nördlichsten Punkt Mallorcas: Im Osten von Port de Pollença schlängelt sich die Ma-2210 in engen Kehren hinauf auf die gebirgigen Höhen der Halbinsel. Nach 3 km ist mit dem windumtosten **Mirador de Sa Creuta** der erste Aussichtspunkt erreicht. Weit schweift der Blick über die steilen, knapp 300 m hohen Klippen *Els Farallons* und hinab auf das vom Meer umspülte, vorgelagerte Felseninselchen *Illot del Colomer* – nichts für Menschen mit Höhenangst. Am Parkplatz ehrt ein Denkmal den Ingenieur Antonio Paretti, der in den 1930er-Jahren Abschnitte dieser Straße sowie die berühmte Strecke nach Sa Calobra [Nr. 22] schuf. Gegenüber führt eine schmale Stichstraße bergauf zum Wachturm **Talaia d'Albercuix** (380 m) aus dem 16. Jh., ebenfalls mit beeindruckendem Panoramablick.

Die meisten Besucher folgen jedoch der Hauptroute hinunter zu dem schönen, von einem Kiefernwäldchen gesäumten Sandstrand **Platja de Formentor** mit dem eleganten Hotel Formentor (s.u.), einem Treffpunkt der internationalen High Society. Rund um den Anleger der Ausflugsschiffe haben im Sommer aber auch für Normalsterbliche ein Liegestuhl- und Tretbootverleih sowie eine Bar geöffnet.

Im Verlauf der Straße sind noch weitere Abstecher zu kleineren und weniger frequentierten Badebuchten möglich. Besonders schön ist die **Cala Figuera** (km 12) auf der Nordseite der Halbinsel. Vom Parkplatz aus führt ein 20-minütiger Fußmarsch, für den man festes Schuhwerk benötigt, in die schattenlose, naturbelassene Kiesbucht mit kristallklarem Wasser. Zurück auf der Hauptstraße folgen schließlich noch drei aussichts- und kurvenreiche Kilometer, bis der strahlendweiße *Leuchtturm* (1860) auf dem schroffen Cap de Formentor erreicht ist.

i Praktische Hinweise

Information

OIT, Passeig Saralegui, s/n, Port de Pollença, Tel. 971 86 54 67, www.ajpollenca.net

Bootsausflüge

Lanchas La Gaviota, Moll Nou, s/n, Port de Pollença, Tel. 971 86 40 14, www.lanchasla

gaviota.com/de. Fahrten zum Cap Formentor (Juni–Sept. Mo–Mi und Fr 10.30 Uhr).

Segeln und Surfen

Sail & Surf Pollensa, Passeig Saralegui, 134, Port de Pollença, Tel. 971 86 53 46, www.sailsurf.de. Deutsche Segel- und Surfschule. Auch Charter von Booten sowie Verleih von Surfbrettern.

Tauchen

Actionsport Pro Dive, El Cano, 9, Port de Pollença, Tel. 971 86 79 78, www.actionsport-mallorca.de. Tauchschule und Exkursionen zu Höhlen und Steilhängen am Cap Formentor.

Hotels

*****Formentor**, Platja de Formentor, 3, Port de Pollença, Tel. 971 89 91 00, www.hotelformentor.net. Das nostalgische Hotel, in dem schon Grace Kelly und Winston Churchill nächtigten, besticht durch seine exklusive Lage und einen herrlichen Park am Meer. Die Ausstattung entspricht jedoch nicht immer den Erwartungen an ein Fünf-Sterne-Hotel, Umbauten finden nach und nach statt.

****Illa d'Or**, Passeig Colón, 265, Port de Pollença, Tel. 971 86 51 00, www.hotelillador.com. Very British – das 1929 erbaute traditionsreiche Haus wartet auf mit mehreren Pools, Tennisplatz, Spa und schöner Restaurantterrasse zum Meer hin.

Restaurants

Celler la Parra, Carrer Joan XXIII, 84, Port de Pollenca, Tel. 971 86 50 41, www.cellerlaparra.com. Traditionsrestaurant, viel einheimisches Publikum.

Stay, Moll Nou, s/n, Port de Pollença, Tel. 971 86 40 13, www.stayrestaurant.com. Leichte internationale Küche in modern-geradlinigem Ambiente direkt am Hafen.

28 Alcúdia

Eine der ältesten Städte Mallorcas mit malerischem Zentrum und archäologischen Schätzen.

Zwischen der Bucht von Pollença und der Bucht von Alcúdia liegt auf einer Anhöhe die Kleinstadt Alcúdia (6500 Einw.). Ihre Geschichte reicht 4000 Jahre zurück in die Zeit der Megalithkultur. Die wichtigsten archäologischen Zeugnisse aber hinterließen die Römer, die 123 v. Chr. nahe dem heutigen Alcúdia die Stadt *Pollentia* gründeten. Diese überstand jedoch die verheerenden Vandalenüberfälle im 5. Jh. nicht. Die Überlebenden gründeten 5 km weiter landeinwärts das heutige Pollença [Nr. 25]. Die Ruinen, die sie zurückgelassen hatten, nutzten im 10. Jh. die Araber als Steinbruch für eine neue Siedlung nahe der alten Römerstadt, die sie

Auf den Spuren der Römer: Die Cuitat Romana de Pollentia ist Besuchermagnet Alcudias

Feierliche Strenge und goldene Pracht prägt den Innenraum von Sant Jaume in Alcúdia

Al-Qudia (auf dem Hügel) nannten. Auf deren Grundmauern wiederum errichteten die christlichen Rückeroberer im 13. Jh. das mittelalterliche Alcúdia, dessen wehrhafte **Stadtbefestigung** (um 1300) mit ihren Türmen, Toren und Zinnen noch heute teilweise begehbar ist.

Bevor man das malerische Zentrum erkundet, lohnt ein Streifzug durch Teile der alten Römerstadt **Ciutat Romana de Pollentia** 1 (Avinguda Príncceps d'Espanya, s/n, www.alcudia.net/Pollentia). Zwischen Säulen, hüfthohen Grundmauern von Häusern und einem Bruchstück der römischen Stadtmauer aus dem 3. Jh. durchquert man zunächst das Wohnviertel *La Portella*. Dann gelangt man zum *Forum*, dem weltlichen und religiösen Mittelpunkt des römischen Gemeinwesens, mit Resten eines Tempels und einigen kleinen Läden. Ein kurzer Spaziergang führt schließlich zum *Teatre Romà* (1. Jh.), das sich ein wenig außerhalb der Stadt befand. Die Zuschauerränge des Theaters mit Platz für bis zu 2000 Menschen wurden in den Stein geschlagen. Hinter den Rängen lassen sich vereinzelt dunkle *Grabkammern* des 6. Jh. entdecken, die nach der Zerstörung der Römerstadt von späteren Siedlern geschaffen wurden.

Spannende Informationen über den römischen Alltag liefert das kleine **Museu Monogràfic de Pollèntia** 2 (Carrer Sant Jaume, 30, Alcúdia, Tel. 971 54 70 04, www.alcudia.net/Pollentia, Di–Fr 10–16, Sa/So 10–14 Uhr (letzter Einlass 15 Minuten vor Schließung) , das gleich hinter der Stadtmauer in einem Hospital des 14. Jh. untergebracht ist. Seine Sammlung archäologischer Funde umfasst vornehmlich die Zeit der Stadtblüte im 1. und 2. Jh., aus der marmorne Statuen, Münzen, tönerne Spielsteine und Würfel, Goldschmuck, Glasflaschen und Geschirr sowie ein Gladiatorenhelm und ein reliefierter Brustpanzer zu bewundern sind.

Direkt gegenüber erhebt sich die Pfarrkirche **Sant Jaume** 3, die bereits im 13. Jh. bestand, aber Ende des 19. Jh. nach dem Einsturz des Gebäudes im neogotischen Stil komplett neu errichtet wurde. Ihre starken schmucklosen Gemäuer erinnern an das Mittelalter, als sie nicht nur als Gotteshaus, sondern auch als Eckbastion der Stadtbefestigung diente. Das *Hauptportal* öffnet sich darum auch, entgegen der üblichen Ausrichtung von Sakralbauten, nach Osten zur sicheren Stadtseite hin. Unter einer großen Fensterrose und der Steinskulptur des hl. Jakobus hindurch gelangt man in das einschiffige kreuzrippengewölbte Innere, das der goldgefasste, filigrane *Hochaltar* (19. Jh.) mit seinen pastellfarbenen Holzschnitzereien zum Leben des Kirchenpatrons dominiert. Als wundertätig verehrt wird das Holzkruzifix *Sant Crist* (15. Jh.) in einer vom Kirchenschiff aus zugänglichen Barockkapelle.

Das benachbarte **Museu Parroquial** ❹ (Tel. 971 54 86 65, www.parroquiadealcudia.com, Mai–Okt. Mo–Sa 10–13 Uhr, Di bis 15 Uhr) birgt gerettete Schätze aus dem früheren Kirchenbau, darunter *Paramente*, ein schön gravierter silberner *Hostienkelch* (14. Jh.) und gotische *Altargemälde* wie etwa die liebliche von Rafael Moguer geschaffene Madonna mit Kind (Ende 15. Jh.) oder eine ›Himmelfahrt Mariens‹ (1442) von Miquel d'Alcanyís.

Durch hübsche Altstadtgassen gelangt man zu den beiden zentralen Plätzen der Stadt: Die **Plaça Constitució** ❺ mit einer großen Auswahl ansprechender Cafés und Restaurants und die kleinere **Plaçeta de les Verdures** ❻, an der die **Casa Consistorial**, das Renaissance-Rathaus (1523), mit seinem prächtigen Uhrturm die Blicke auf sich zieht.

i Praktische Hinweise

Information

OIT, Carrer Major, 17, Alcúdia, Tel. 971 54 90 22, www.alcudiamallorca.com

Fahrradverleih

Niu Wave, Avinguda de la Marina, 6, Alcúdia, Tel. 971 54 95 84.

Hotels

Sant Jaume, Carrer Sant Jaume, 6, Alcúdia, Tel. 971 54 94 19, www.hotelsantjaume.com. Liebevoll restauriertes Herrenhaus mit 6 Zimmern im Herzen der Altstadt. Im Winter knistert das Feuer im Kaminzimmer, im Sommer lädt der malerische Innenhof zum Verweilen ein.

Son Siurana, Carretera Palma–Alcúdia, km 42,8, Alcúdia, Tel. 971 54 96 62, www.sonsiurana.com. 8 km südwestlich von Alcúdia, zwischen Mandel- und Feigenbäumen gelegen, bietet der alte Landsitz 8 komfortable Ferienwohnungen, eine Junior-Suite und Pool in gepflegter Gartenanlage.

Restaurants

Ca'n Costa, Carrer Sant Vicenç, 14, Alcúdia, Tel. 971 54 53 94, www.cancostaalcudia.com. Im alten Stadthaus (16. Jh.) genießt man mallorquinische und internat. Gerichte zu moderaten Preisen.

Sa Romana, Carrer Pollentia, 81, Tel. 971 54 94 28, www.saromana.com. Charmantes Restaurant im historischen Zentrum mit römischem Dekor, Kinderspielbereich und feiner moderner Küche (Mo geschl.).

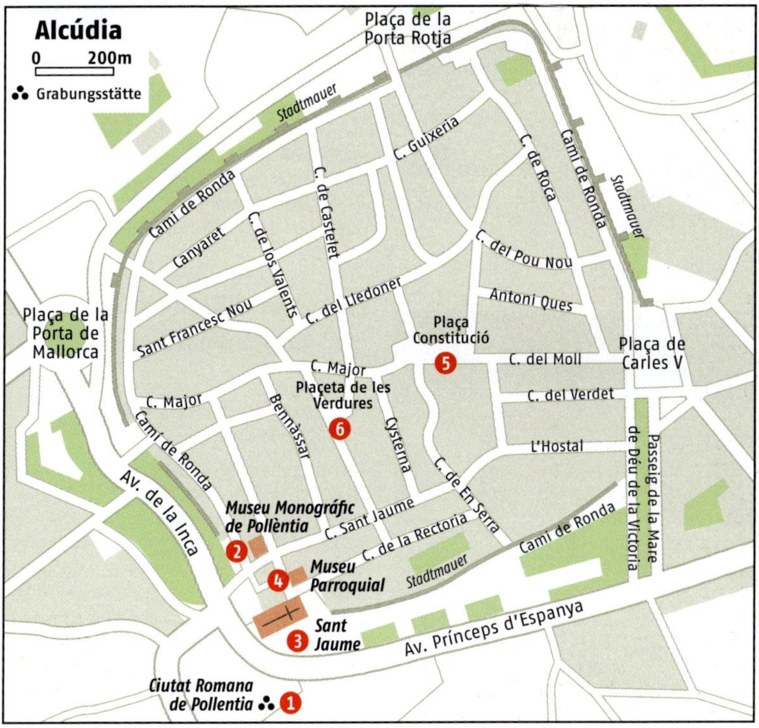

29 Península de Victòria

Wunderbares Terrain für Wanderer, Radfahrer und Kunstliebhaber.

Bei Radfahrern und Wanderern beliebt ist die Halbinsel Victòria, deren bewaldete Anhöhen die Badía de Pollença und die Badía de Alcúdia voneinander trennen. Durch die schicken Villenurbanisationen Mal Pas und Bon Aire mit einem noblen Jachthafen und kleinen Badebuchten gelangt man hinauf zur **Ermita de la Victòria** (14. Jh.), einem trutzigen rechteckigen Gebäude mit hohen, abweisenden Mauern. Eine solche Wehrhaftigkeit war notwendig, denn immer wieder wurde die in der Kapelle im Erdgeschoss verehrte Statue Mare de Déu de la Victòria (siegreiche Muttergottes) von Piraten geraubt, kehrte jedoch auf wundersame Weise regelmäßig an ihren angestammten Platz zurück. Die beiden oberen Stockwerke der einst von Karmelitern bewohnten Einsiedelei bergen heute zwölf hübsche Gästezimmer (s.u.).

Eine eigene kleine Welt erwartet den Besucher der Kunststiftung **Fundación Yannick y Ben Jakober** (Camí del Coll Baix, s/n, Tel. 971549880, www.fundacionjakober.org, Di 9.30–12.30 und 14.30–17.30 Uhr, ca. zweistündige Führung nach Anmeldung Mi–Sa 11 und 15 Uhr, Anfahrt über Mal Pas, gut ausgeschildert), die traumhaft in ein stilles Tal mit Blick auf das Meer gebettet ist. Im *Skulpturenpark* faszinieren die großen Tierfiguren aus Granit, die das Künstler- und Sammlerpaar Yannick Vu und Ben Jakober gemeinsam nach antiken Vorbildern schuf. Ein *Rosengarten* mit dem betörenden Duft Hunderter von Blüten lädt im Frühsommer zum Lustwandeln ein, bevor es hinunter in eine alte *Zisterne* geht. Wo früher Wasser gesammelt wurde, finden sich heute die Nins, eine einzigartige Sammlung von europäischen Kinderporträts aus dem 16.–19. Jh. Im Rahmen einer Führung besichtigt man außerdem die *Sokrates-Halle*, in der u.a. das Skelett eines fossilen Wollnashorns vor einem glitzernden Vorhang aus 10 000 Swarovski-Kristallen die Blicke auf sich zieht. Ferner kann man das 1978–80 im maurischen Stil erbaute Stiftungshaus durchwandern, in dem das Ehepaar eigene Kunstwerke und Erinnerungsstücke sowie Werke nahestehender Künstler wie Meret Oppenheim und Rebecca Horn zusammengetragen hat.

TOP TIPP

Superlatives Kunsterlebnis – Fundación Yannick y Ben Jakober auf der Halbinsel Victòria

Praktische Hinweise

Unterkunft

Hostatgeria Ermita de la Victòria, Carretera Cap des Pinas, s/n, Alcúdia, Tel. 971549912, www.lavictoriahotel.com. Wenn abends die Tagesausflügler wieder abgereist sind, genießt man in der alten Ermita geradezu himmlische Ruhe. Selbstversorgung, aber Restaurant (s.u.) in unmittelbarer Nachbarschaft.

Restaurant

Mirador de la Victòria, Camí de la Victòria, s/n, Alcúdia, Tel. 971547173, www.miradordelavictoria.com. Großes Gasthaus mit mallorquinischer Küche und guter Paella, wunderbarer Blick von der Aussichtsterrasse auf Formentor (Mo geschl.).

30 Port d'Alcúdia und Platja de Muro

Familien und junge Partygänger teilen sich im Sommer den langen Sandstrand.

Ganz im Nordwesten der 30 km langen Badía d'Alcúdia liegt der ehem. Fischerhafen **Port d'Alcúdia** (4700 Einw.), der seit den 1960er-Jahren zu den beliebtesten Urlaubsdestinationen auf Mallorca zählt. Kein Wunder, denn der rund 10 km lange, flach ins Meer abfallende Sandstrand, der sich durchgehend bis Ca'n Picafort erstreckt, ist fantastisch und ideal für Familien. Hier trifft sich aber auch die ausgehfreudige Jugend, denn am **Pas-**

Radlerglücksgefühle und spektakuläre Küstenpanoramen bietet die Península de Victòria

seig Marítim direkt am Jachthafen, der im Norden der Bucht die Strandzone eröffnet, finden sich die angesagtesten Lokale. Eine Attraktion für Kinder ist der Wassererlebnispark **Hidropark** (Avinguda Tucán, s/n, Tel. 971 89 16 72, www.alcudia-waterpark.com, Mai–Okt. tgl. 10.30–18 Uhr) mit seinen Riesenrutschen.

Im Süden von Port d'Alcúdia schließen sich nahtlos die Hotelkomplexe der **Platja de Muro** an, die ähnlich wie die Platja de Palma [Nr. 2] in Balnearios, Strandabschnitte, eingeteilt ist. Hinter dem südlichsten beginnt ein herrlicher naturbelassener und von Kiefern gesäumter Dünenstrand, der nach 3 km am Ortsrand von Ca'n Picafort [Nr. 32] endet.

Wanderziel Península de Victòria: Wachturmweitblick

Am Parkplatz der Ermita de la Victòria weisen Schilder verschiedene Wanderziele aus, z. B. die **Talaia d'Alcúdia**, mit 451 m die höchste Erhebung auf der Halbinsel. Der anderthalbstündige Aufstieg führt erst über einen Feldweg, nach 20 Min. über einen schmalen Pfad in Serpentinen steil nach oben. Vom Gipfel mit der Ruine des namengebenden Wachturms (Talaia) eröffnet sich ein traumhaftes Panorama über Formentor sowie die Buchten von Pollença und Alcúdia.

i Praktische Hinweise

Information

OIT, Passeig Marítim, s/n, Port d'Alcúdia, Tel. 971 54 72 57, www.alcudiamallorca.com

OIT, Avinguda S'Albufera, 33, Platja de Muro, Tel. 971 89 23 43, www.playademuro.net

Bootsausflüge und Fähren

Transportes Marítimos Brisa, Passeig Marítim, s/n, Port d'Alcúdia, Tel. 971 54 58 11, www.tmbrisa.com. Im Sommer tgl. Ausflüge u.a. mit dem Glasboden-Katamaran zur Platja de Formentor, dort Bademöglichkeit.

Ab dem Port Comercial östlich des Jachthafens starten Fähren nach Menorca und Barcelona. Information:

Balearia, Tel. 902 16 01 80, www.balearia.com

Iscomar, Tel. 902 11 91 28, www.iscomar.es

Segeln und Surfen

Wind & Friends, Apartado de Correos, 178, Port d'Alcúdia, Tel. 971 54 98 35, www.windfriends.com. Segel- und Surfkurse, auch Verleih von Material.

Hotels

*****__Parc Natural__, Carretera Alcúdia–Artà, s/n, Platja de Muro, Tel. 971 89 20 17, www.grupotelparcnatural.com. Luxus an einem sehr schönen Strandabschnitt mit

Dorado für Ornithologen und Naturfreunde – Sumpflandschaften des Parc Natural S'Albufera

gepflegtem Garten, Poollandschaft und exquisitem Spa-Bereich.

****Prinsotel La Dorada**, Carretera Alcúdia–Artà, km 5,5, Platja de Muro, Tel. 971 89 22 38, www.prinsotel.es. Apartmentanlage in zweiter Reihe zum Strand mit großem Poolareal, Sauna und Fitnessraum. Animation.

***Viva Tropic**, Carrer Anselm Turmeda, s/n, Port d'Alcúdia, Tel. 971 54 66 06, www.hotelsviva.com. Große, kinderfreundliche Apartmentanlage mit funktionell ausgestatteten Wohneinheiten und einer großen Poollandschaft.

Restaurants

La Terraza Alcanada, Plaça de Pompeu Fabra, 7, Port d'Alcúdia/Alcanada, Tel. 971 54 56 11, www.laterrazaalcanada.com. Auf der Terrasse mit Blick über die Bucht von Alcúdia lässt man sich exzellente mediterrane Gerichte schmecken.

Ca'n Punyetes, Carrer de les Barques, s/n, Port d'Alcúdia, Tel. 971 54 83 52. Riesige Auswahl köstlicher Tapas.

Nachtleben

Magic Centre, Avinguda Tucán, s/n, Port d'Alcúdia, Tel. 971 89 19 85, Bars und Clubs. Parties bis zum Morgengrauen

Menta, Avinguda Tucán, 65, Port d'Alcúdia, Tel. 971 89 32 57, www.menta-disco.com. Hier feiert zumeist sehr junges Publikum zu heißen Rhythmen und Lasershows.

31 Parc Natural S'Albufera

Zu Fuß oder mit dem Rad durch das von Vögeln bevölkerte Feuchtgebiet.

Im Hinterland von Port d'Alcúdia und Ca'n Picafort nimmt das größte Sumpfgebiet der Balearen, der Parc Natural S'Albufera (Tel. 971 89 22 50, April–Sept. tgl. 9–18, Okt.–März tgl. 9–17 Uhr), eine Fläche von rund 1650 ha ein. Es entstand, als ein riesiger Binnensee vor ca. 100 000 Jahren langsam, jedoch nicht vollständig verlandete. Im seichten Wasser begannen Sumpfpflanzen zu wachsen, das unwegsame Areal wurde zum Refugium für zahlreiche Vögel, Reptilien und Fischarten, aber auch der Malariamücke Anopheles. Das Unwesen dieses Insekts und die Hoffnung auf Landgewinn gaben ab dem 17. Jh. den Ausschlag für den Versuch der Trockenlegung. Das Projekt zog sich jedoch in die Länge. Noch Mitte des 19. Jh. errichteten Ingenieure der britischen Majorica Land Company ein 400 km langes Netz an Entwässerungskanälen, immer wieder einsickerndes Meerwasser machte die vollständige Trockenlegung aber unmöglich. Das 1988 unter Schutz gestellte Gelände ist nun ein Naturparadies, das zu Fuß oder besser noch mit dem Fahrrad auf ausgeschilderten Routen erkundet werden kann.

Vom Eingang an der Ma-12 zwischen Port d'Alcúdia und Platja de Muro gelangt man über breite Wege zum Informationszentrum **Sa Roca**, in dem man sich formlos anmelden muss. Ein paar Schritte weiter wurde das kleine Ausstellungszentrum **Ca'n Bateman** mit Schautafeln über Fauna und Flora der S'Albufera eingerichtet. Viel interessanter ist es natürlich, mit Fernglas und Trinkwasser ausgerüstet selbst auf Entdeckungstour in dem hohen Schilfrohr zu gehen. Im flachen Wasser tummeln sich Frösche, Sumpfschildkröten und Jungaale, die hier leben, bis sie zu ihrer großen Wanderung in den Atlantik aufbrechen. Besonders sehenswert sind die über 270 heimischen Vogelarten sowie die Zugvögel, die vor allem im Frühjahr und Herbst den Park bevölkern, darunter Seltenheiten wie Fischadler, Seidenreiher und Flamingos.

i Praktische Hinweise

Restaurant

Meson Los Patos, Camí de Ca'n Blau, 42, Parc Natural S'Albufera, Tel. 971 89 02 65, www.mesonlospatos.com. Am südlichen Rand des Naturschutzgebietes gelegenes Restaurant mit einer guten Auswahl typisch mallorquinischer Gerichte.

32 Ca'n Picafort

Sandstrandferien und prähistorische Grabstätten.

Ca'n Picafort (6800 Einw.) ist ein vor allem bei deutschen Urlaubern beliebter Ferienort am Scheitelpunkt der Bucht von Alcúdia. Die eher gesichtslosen Hotelanlagen stehen in mehreren Reihen entlang des schönen Sandstrandes, an dem es speziell im Frühjahr und Herbst recht windig werden kann. Davon zeugen die glasgeschützten Terrassen der Cafés und Restaurants, die sich entlang der **Strandpromenade** reihen.

Ein reizvoller Spaziergang führt parallel zum Meer südwärts vorbei am überschaubaren Jachthafen und durch eine niedrig bewachsene Dünenlandschaft zur **Necròpolis Son Real**. Dieser prähistorische Friedhof umfasst 110 Gräber, deren Mauerwerk teils mannshoch erhalten ist, und bot 300 Menschen eine letzte Ruhestätte. Die megalithische Bauweise und die Grundrisse – rund, schiffsförmig und quadratisch – gleichen Grabbauten der Talaiot-Kultur, die Herkunft der im 7.–4. Jh. v. Chr. hier Bestatteten lässt sich jedoch nicht eindeutig bestimmen.

Ein paar Schritte landeinwärts gelangt man mit einer Leiter über einen Zaun direkt auf das Gelände der **Finca Publica Son Real** (mit dem Auto über MA-12 Alcúdia–Artà, km 17,7, Tel. 971 18 53 63, tgl. 10–17 Uhr). In dem alten Gutshaus sind heute ein kleines Informationsbüro sowie eine Ausstellung über Archäologie und Ethnologie der Gegend untergebracht. Die Finca ist auch Ausgangspunkt für drei unterschiedlich lange, ausgeschilderte Wander- und Radtouren durch Dünen und Kiefernwald.

i Praktische Hinweise

Information

OIT, Plaça Gabriel Roca, 6, Ca'n Picafort, Tel. 971 85 14 13, www.canpicafort.es

Hotels

******Gran Vista**, Carretera Alcúdia–Artà, s/n, Ca'n Picafort, Tel. 971 85 00 52, www.grupotel.com. 500 m vom Meer entferntes Paradies für sportliche Urlauber: Zum Repertoire zählen zwei Pools, Tennisplatz, Fitnessraum, Beachvolleyball, Billardtisch und Spa-Bereich sowie Fahrradservice und geführte Wanderungen.

*****Ferrer Concord**, Carrer Isaac Peral, 89, Ca'n Picafort, Tel. 971 85 01 26, www.ferrerhotels.com. Haus direkt am Meer mit 142 Zimmern und kleinem Pool.

Restaurant

Mandilego, Carrer Isabel Garau, 49, Ca'n Picafort, Tel. 971 85 00 89. Höherpreisig, aber *die* Adresse für exzellente Fischgerichte (Mo geschl.).

Vorgeschichtliche letzte Ruhestätte mit Meerblick– Necròpolis Son Real bei Ca'n Picafort

Das Landesinnere – Dorfidyllen und Klosterberge

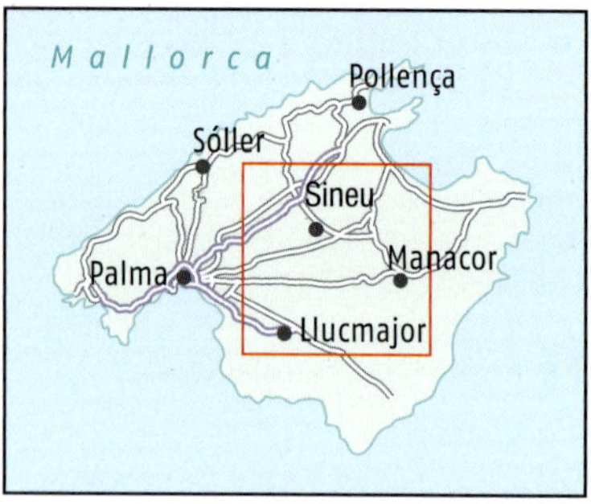

Mallorca ohne Meer, doch voller Möglichkeiten: Am Fuße der Serra de Tramuntana breiten sich die Weingärten von **Binissalem** aus, und Winzer laden zur Verkostung ihres Rebensaftes auf ihre Güter ein. In **Inca** stillen die Outlet-Stores zahlreicher Schuhfabriken die Kauflust der Schnäppchenjäger, und **Manacor** weckt mit edlen Perlen und Olivenholz-Schnitzereien Shoppingleidenschaft. Quirliger Handelsplatz ist der Wochenmarkt von **Sineu**, auf dem man sich mit Oliven, Brot, Wurst und Käse für ein Picknick eindecken kann. Als reizvolles Ziel hierfür lässt sich z. B. der **Puig de Randa** erklimmen, dessen klosterbekröntes Gipfelplateau einen weiten Blick über Es Pla, die fruchtbare Ebene, bis hin zum Meer offenbart. Schön sind auch gemütliche Fahrradtouren: Durch Aprikosenhaine und Getreidefelder führt der Weg in verträumte Dörfer wie **Campanet**, wo man sich mit dem Mandelkuchen der berühmten Konditorei Pomar für die Rückfahrt stärken kann.

33 Muro und Sa Pobla

Zwei Landstädtchen, umgeben von Gemüsegärten, locken mit Museen zu Brauchtum und Kunst.

Inmitten von fruchtbarem Ackerland, auf dem Kartoffeln und Gemüse, Obst-, Mandel- und Johannisbrotbäume gedeihen, liegt der kleine Ort **Muro** (6200 Einw.). Seine Existenz ist schon in arabischer Zeit belegt, 1300 verlieh ihm König Jaume II. die Stadtrechte. Damals bestand bereits eine Kapelle, über der 1570 die mächtige Pfarrkirche **Sant Joan Baptista** (Plaça Comte d'Empúries Hug IV) aus rötlichem Sandstein errichtet wurde. Ihren festungsartigen Charakter unterstreichen die monumentalen Rundbogenarkaden am Langhaus sowie der massive quadratische freistehende Glockenturm, der mit dem Gotteshaus durch eine kleine Brücke im Obergeschoss verbunden ist. Einen hübschen Anblick bietet das skulptierte Seitenportal, in dessen Tympanon (18. Jh.) Engelchen und Heilige die Muttergottes rahmen. Der schlichte Innenraum ist nur zur Messe zugänglich.

Durch den von ansehnlichen Fassaden gesäumten *Carrer Major* gelangt man zum Casal dels Simó, einem Herrenhaus aus dem 17. Jh., das heute das **Museo Etnològic** (Nr. 15, Tel. 971 86 06 47, Di–Sa 10–15, Do auch 17–20 Uhr) beherbergt. In einem Ambiente authentischen Mobiliars lassen sich typisch mallorquinischer Hausrat, landwirtschaftliches Gerät und Handwerksutensilien der letzten vier Jahrhunderte bewundern. Eine Besonderheit sind die *Gerretes brodades*, mit Applikationen aus gestickten Blüten und Muscheln verzierte Tongefäße, und *Siurells* (s. u.), grazile tönerne Hirtenpfeifen. Sehenswert sind auch eine historische Apotheke (19. Jh.) sowie im Garten eine gut erhaltene typische *Noria*, ein Wasserschöpfrad, das ursprünglich mit Hilfe von Eseln betrieben wurde.

Auch die 5 km nordwestlich von Muro gelegene Gemeinde von **Sa Pobla** (11 600 Einw.) verdankt ihren Wohlstand reichen Erträgen aus der Landwirtschaft. Vor allem die Trockenlegung der S'Albufera [Nr. 31] sorgte für fruchtbare Äcker, auf denen früher sogar Reis angebaut wurde. Sa Pobla gilt als Ursprungsort der heute in mehreren Städten Mallorcas gefeierten eindrucksvollen **Revelta de Sant Antoni**, die dem hl. Antonius, Schutzpatron der Haustiere, gilt: Sie beginnt stets in der Nacht des 16. Januar.

Dann werden auf den Plätzen im Dorf große Feuer entzündet, um die sich grell bunt als Teufel Maskierte scharen. Sie verkörpern die schrecklichen Versuchungen, denen der Heilige immer wieder ausgesetzt war. Der nächste Tag ist erfüllt von Gackern, Muhen, Miauen und Bellen. Dann nämlich ziehen die Gläubigen mitsamt ihren Haustieren vor die 1357 errichtete trutzige Pfarrkirche **Sant Antoni Abad** an der zentralen Plaça Major, um für Federvieh und Vierbeiner den Segen zu erbitten.

Interessantes zur Geschichte und Entwicklung dieser Festtradition, dazu natürlich Exemplare der überdimensionierten Teufelsmasken und einen spannenden Dokumentarfilm präsentiert das *Museu de Sant Antoni i el Dimoni* im Kulturzentrum **Ca'n Planes** (Carrer Antoni Maura, 6, Tel. 971542389, Sept.–Juni Di–Sa 10–14 und 16–20, So 10–14, Juli/Aug. Di–So 10–14 Uhr). Ferner beherbergt das Haus das *Museu d'Art Contemporani* mit einer Sammlung moderner mallorquinischer Kunst sowie im Obergeschoss das *Museu de la Jugeta* mit über 3000 Exponaten zum Thema Spielzeug, darunter auch sehr schönen Puppenstuben.

Magische Flötenklänge

Wohl schon in vorchristlicher Zeit liegt der Ursprung der Siurells, jenen kleinen weißen, mit grünen und roten Punkten und Strichen bemalten Tonpfeifen in Tier- oder Menschengestalt, deren hohen Tönen bis ins 20. Jh. hinein magische Kräfte zugesprochen wurden. Mit ihrem akustischen Zauber sollten sie zerstörerische Stürme besänftigen und gute, regenbringende Winde anlocken. Die ältesten erhaltenen Siurells auf Mallorca stammen aus dem 12. Jh., ihre modernen Nachfolger sind beliebte Mitbringsel, die es in fast allen Souvenirshops der Insel zu kaufen gibt.

Ausflug

Von Sa Pobla aus gelangt man vorbei am kleinen *Oratorio Sant Miquel* (13. Jh.) über die Ma-3421 zu den rund 5 km entfernten Tropfsteinhöhlen **Coves de Campanet** (Tel. 971516130, www.covesdecampanet.com, tgl. 10–18 Uhr). Eine 40-minütige Führung geleitet durch die verwunschene unterirdische Welt, deren Schönheit den Höhlen an der Ostküste kaum nachsteht. Trotzdem geht es in Campanet wesentlich ruhiger zu.

Bizarre Formen und magische Lichtwirkung bezaubern in den Coves de Campanet

34 Inca

Lederwaren in phänomenaler Vielfalt.

Von Industrie geprägt ist Mallorcas zweitgrößte Stadt Inca (31000 Einw.), deren Existenz als Handelsstation zurückreicht bis in die Römerzeit. Ihre bedeutendste Attraktion sind die guten Shoppingmöglichkeiten: Zahlreiche **Schuhfabriken** haben sich Ende des 19. Jh. am Ortsrand angesiedelt und bieten in ihren Factory Outlets entlang der Umgehungsstraße Ma-13a Richtung Palma die neuesten Trends zu etwas günstigeren Preisen an. Auch die Fußgängerzone wartet mit zahlreichen Mode- und Schuhgeschäften auf. Wem das nicht genug ist, der sollte an einem Donnerstag kommen, wenn Inca ganz im Zeichen des großen *Wochenmarktes* (rund um den Carrer Bisbe Lombart) steht.

Einen Einkaufsbummel startet man am besten an der zentralen, von netten Cafés gesäumten *Plaça de Santa Maria Major*, die von der hellen Barockfassade der Pfarrkirche **Santa Maria Major** dominiert wird. Die Ursprünge des Gotteshauses gehen zurück auf das 13. Jh. An die einstige Zugehörigkeit zum Templerorden erinnert im Inneren neben dem Eingang eine *hölzerne Winde*, die zur Ganzkörpertaufe genutzt wurde. Sehenswert ist zudem in der heutigen Taufkapelle rechts vom Chor das 3 m hohe gotische *Tafelbild* ›Sa Madonna d'Inca‹, das Juan Daurer 1373 schuf.

Zur Südwestseite des Platzes öffnen sich die von schönen Jugendstilfassaden gesäumten Fußgängerzonen **Carrer Major** und **Carrer del Comerç** mit ihren Boutiquen. Für Stärkung nach dem Kaufrausch sorgen mehrere traditionelle **Cellers**, urige Weinkeller, mit deftiger mallorquinischer Küche.

i Praktische Hinweise

Einkaufen

ReCamper, PG Industrial, s/n, Inca, Tel. 971 88 82 33, www.camper.com. Factory Outlet für die international bekannten Schuhe von Camper.

Restaurant

Celler Ca'n Ripoll, Carrer de Jaume Armengol, 4, Inca, Tel. 971 50 00 24, www.restaurantcanripoll.com. Echte mallorquinische Küche zwischen riesigen Weinfässern im Kellergewölbe (So geschl.).

Nachtleben

Es Ginebro, Avda. Bisbe Llompart, 119, Inca, Tel. 971 50 02 09, www.es-ginebro.com. Vegetarisches und veganes, ökologisch-zertifiziertes Restaurant mit feiner, aber verblüffend günstiger Küche. Die Zutaten kommen größtenteils aus dem eigenen Gemüsegarten (So mittag geschl.).

Blick über den Webstuhl – Zungenstoffherstellung bei Bujosa in Santa Maria del Camí

35 Binissalem und Santa Maria del Camí

In Mallorcas bedeutendstem Weinanbaugebiet laden Bodegas zu Kostproben ein.

Einen guten Namen unter Liebhabern erlesenen Rebensaftes genießen die ausgedehnten Weinberge rund um die Orte Binissalem, Consell, Santa Maria del Camí, Sencelles und Santa Eugènia. Entlang der Straße Ma-13a, die das Anbaugebiet **Binissalem D.O.** (www.binissalemdo.com) durchquert, laden zahlreiche Bodegas zu Verkostung und Erwerb der guten Tropfen direkt vom Winzer ein.

Zentrum dieser mallorquinischen Weinlandschaft ist **Binissalem** mit der *Bodega José Ferrer* (Tel. 971 51 10 50, www.vinosferrer.com, Mo–Fr 9–19, Führungen Mo–Fr 11 und 16.30 Uhr) am südlichen Ortseingang, dem größten Weingut der Insel. Reizvoll ist auch ein Bummel durch die Gassen des historischen Ortskerns, den die 1908 erbaute neogotische Pfarrkirche *Nostra Senyora de Robines* überragt.

In **Santa Maria del Camí** lohnt ein kurzer Aufenthalt, um den verträumten Gar-

Die sattgrüne Weinlandschaft von Binissalem krönt die Kulisse der Serra de Tramuntana

ten und den schönen Renaissance-Kreuzgang des *Antic Monestir de Nostra Senyora de la Soledad* (17. Jh.) direkt an der Hauptstraße in Augenschein zu nehmen.

TOP TIPP Ferner kann man die Textilmanufaktur **Bujosa** (Carrer Bernardo Santa Eugènia, 53, Tel. 971 62 00 54, www.bujosatextil.com) besichtigen, in der seit 1949 die typisch mallorquinischen Zungenstoffe, *Roba de llengües*, auf 100-jährigen Webstühlen handgefertigt werden. Blickfang östlich der Hauptstraße ist die leuchtend blau geflieste Turmhaube der Pfarrkirche **Santa Maria del Camí**, die im 13. Jh. entstand und 1758 barock umgestaltet wurde.

Rund 5 km südwestlich nahe Santa Eugènia liegt der zoologische Garten **Natura Parc** (Ma-3011 Palma–Sineu, km 15,4, Tel. 971 14 40 78, www.naturaparc.net, tgl. 10–18 Uhr). Es werden einheimische und exotische Tierarten gehalten, darunter Papageien und die seltenen mallorquinischen Mönchsgeier, die hier gezüchtet und ausgewildert werden. Leider häufen sich Beschwerden über den völlig überteuerten Eintritt und die mangelnde artgerechte Haltung, sodass ein Besuch derzeit nicht empfohlen werden kann.

i Praktische Hinweise

Einkaufen

Bodegues Macià Batle, Camí de Coanegra, s/n, Santa Maria del Camí, Tel. 971 14 00 14, www.maciabatle.com, 15. Juni–14. Okt. Mo–Fr 9–19, 15. Okt.–14. Juni Mo–Fr 9–18.30, Sa 9.30–13 Uhr. Erlesene Weine, deren Kauf man mit einer Führung durch Produktion, Barriquepark und Flaschenlager sowie einer Weinprobe mit Verkostung mallorquinischer Spezialitäten verbinden kann.

Festival Park, Autovía Ma-13, Ausfahrt Marratxí/Sa Cabaneta, Tel. 971 14 09 25, www.festivalpark.es. Einkaufszentrum mit Outlet Stores u.a. von Miss Sixty, Levi's und Mango sowie zahlreichen Unterhaltungsangeboten.

Hotel

*****__Read's Hotel__, Santa Maria del Camí, Tel. 971 14 02 61, www.readshotel.com. Luxushotel in Gemäuern aus dem 16. Jh. inmitten einer Parkanlage mit eigenem Weingarten. Neben einem großzügigen Spa-Bereich, Pool und Tennisplatz verfügt das Haus über das Restaurant Blues Brasserie, in der feine Speisen gereicht werden, sowie die gemütliche Browns Bar.

Restaurant

Moli des Torrent, Carretera de Bunyola (MA-2020), Santa María del Camí, Tel. 971 14 05 03, www.molidestorrent.de. Vorzügliche deutsche und mallorquinische Küche in einer alten Mühle (Mi/Do geschl.).

Einst Zufluchtsort bei Piratenüberfällen – Pfarrkirche Nostra Senyora dels Àngels von Sineu

36 Sineu

Besucher strömen zum Mittwochsmarkt in das Städtchen, das einst sogar königliche Residenz war.

Das auf einem Hügel thronende Sineu (3600 Einw.) markiert stolz den geografischen Mittelpunkt Mallorcas. Dieser strategisch günstigen Lage und den fruchtbaren Ländereien rundum verdankte der Ort bereits in maurischer Zeit seinen Aufstieg zu einem der bedeutendsten Handelszentren der Insel. 1309 erkor König Jaume II. Sineu gar zu einer seiner Residenzstädte. Heute geht es im Ort eher beschaulich zu – mit einer Ausnahme: Der inselweit äußerst beliebte TOP TIPP **Mittwochsmarkt** verwandelt Sineu jede Woche schon ab dem frühen Vormittag in eine trubelige Szenerie bunter Verkaufsstände und feilschender Käufer. Neben landwirtschaftlichen Produkten wie Obst und Gemüse, Käse und Wurst wechseln auf der von Cafés gesäumten **Plaça des Fossar** auch Tiere den Besitzer. Da bietet sich manch interessantes Schauspiel, wenn um blökende Schafe, gackernde Hühner und muhende Kälber verhandelt wird.

An Ständen mit Korb- und Lederwaren, Modeschmuck und Textilien vorbei erklimmt man den kleinen Hügel mit der trutzigen Pfarrkirche **Nostra Senyora dels Àngels** (Tel. 971 52 20 70, Mi 9–13 Uhr). Das Gotteshaus wurde 1248 erstmals erwähnt und nach einem Brand 1505 mit mächtigem, den Außenbau stützenden Strebewerk sowie einer flachen Vierungskuppel auf hohem, achteckigem Tambour wieder errichtet. 1549 kam der monumentale frei stehende Glockenturm hinzu. Vor dem Seitenportal, durch das man die Kirche betritt, wacht auf einem Postament ein geflügelter *Bronzelöwe* (1945), Symbol des Evangelisten Markus, dem Stadtpatron Sineus. Der kreuzgratgewölbte Innenraum wird von neun Seitenkapellen flankiert, die der Muttergottes und verschiedenen Heiligen geweiht sind. Hervorzuheben sind in der vierten Seitenkapelle rechts vom Chor die lebensgroße, von Engeln umstandene Figur einer *Virgen Muerta* (1509), der entschlafenen Muttergottes, sowie in der großen barocken Capella de Mare de Déu del Roser (2. Seitenkapelle rechts vom Chor) das wertvolle *Retabel* (1672) mit Gemälden der 15 Mysterien des Rosenkranzes.

Das angeschlossene kleine **Kirchenmuseum** birgt als Besonderheit eine Sammlung zerbrochener Tonschälchen (*Escudelles*) aus dem 14.–17. Jh., die zur Taufe oder zur letzten Ölung verwendet und traditionsgemäß danach zerschlagen wurden. Die Scherben bewahrte man anschließend in der Kirche auf, um ihre Entweihung zu verhindern.

Durch den Carrer de Palau gelangt man nun zum königlichen Palast, **Palau dels Reis de Mallorca**, den Jaume II. ab 1309 errichten ließ. König Felipe II. übergab ihn 1583 den Nonnen des Convent de la Conceptió, die noch heute hinter den hohen, schmucklosen Mauern leben – abgeschirmt von der Öffentlichkeit. Die Ordensfrauen sind berühmt für ihr süßes Gebäck und haben eine Liste des aktuellen Repertoires im düsteren Eingangsbereich des Klosters aufgehängt. Kaufinteressierte müssen mittels einer Glocke auf sich aufmerksam machen und können dann die gewünschte Ware durch ein Drehfenster in Empfang nehmen.

Ferner hat sich in Sineu eine kleine Szene für moderne Kunst etabliert: Am Rand der Altstadt präsentiert das **Centre d'Art S'Estació** (Carrer S'Estació, 2, Tel. 971 52 07 50, www.sineuestacio.com, Mo–Fr 9.30–14 und 16–19, Sa 10–13 Uhr) im alten Jugendstilbahnhof (1876) Wechselausstellungen zeitgenössischer Maler und Bildhauer.

Ausflug

Das 5 km nordwestlich gelegene Dörfchen **Costitx** ist mit seinem *Observatori Astronòmic de Mallorca* (Camí del Observatori, s/n, Tel. 650 38 68 81, www.mallorca planetarium.com, Fr/Sa 19 Uhr, nur auf Spanisch) ein Anziehungspunkt für Sterngucker: In dem Planetarium finden Vorführungen zum nächtlichen Firmament statt.

i Praktische Hinweise

Information

OIT, Carrer de Sant Francesc, 10, Sineu, Tel. 971 52 00 27, www.ajsineu.net

Auf dem Markt wird gefeilscht, auch wenn die Ware lauthals mitredet

Malerisch präsentiert sich diese renovierte Windmühle in Sineu

Hotels

Can Joan Capó, Carrer Degà Joan Rotger, 4, Tel. 971 85 50 75, www.canjoancapo.com. Die acht Zimmer zeichnen sich durch einen interessanten Stilmix aus traditioneller mallorquinischer Architektur und moderner Einrichtung aus. Dazu kommt ein schöner Pool. Romantisches Restaurant mit Produkten aus eigenem Anbau und Weinen vom eigenen Gut.

Roqueta, Predio Roqueta, Maria de la Salut, Mobil-Tel. 636 73 99 27, www.agro roqueta.com. Finca mit geräumigen, geschmackvollen Apartments in den restaurierten königlichen Stallungen (13. Jh.) auf einer Anhöhe zwischen Sineu und dem Nachbardorf Maria de la Salut. Pool im Garten, eigene Olivenölproduktion, gutes Preis-Leistungsverhältnis.

Son Cleda, Plaça Es Fossar, 7, Sineu, Tel. 971 52 10 38, www.hotelsoncleda.com. Geschmackvoll eingerichtete Zimmer in einem 1720 erbauten Haus direkt am Marktplatz, freitags Live-Musik.

Restaurants

Celler Ca'n Font, Sa Plaça, 18, Sineu, Tel. 971 52 02 95, www.hotelcanfont-mallorca.com. Riesige Holzfässer dominieren die Einrichtung dieses Kellerlokals, in dem deftige mallorquinische Gerichte serviert werden. Im ersten Stock gibt es einfach ausgestattete, günstige Zimmer.

Moli de'n Pau, Carretera Santa Margalida, Sineu, Tel. 971 85 51 16, www.moliden pau.es. Im Garten mit riesigen Kakteen oder im rustikalen Inneren einer alten Windmühle genießt man mallorquinische Spezialitäten (Mo geschl.).

Wehrhaft und trutzig gibt sich Petras gotische Pfarrkirche Sant Pere

37 Petra

Geburtsort des Franziskanermönchs Junípero Serra, Gründer der kalifornischen Metropole San Francisco.

Eingebettet zwischen Weingärten und Kornfeldern liegt das um 1300 von Jaume I. an der Stelle einer von ihm zerstörten arabischen Siedlung gegründete Städtchen Petra (2600 Einw.). Dominantes Bauwerk ist im Norden des Ortes die festungsartige Pfarrkirche **Sant Pere**. Sie wurde 1239 fertiggestellt und bewahrt aus dieser Zeit den kreuzrippengewölbten fünfeckigen Chor sowie das gotische Taufbecken, über dem laut einer Inschrift Petras berühmtester Sohn, der spätere Franziskanermönch und Gründer San Franciscos, Junípero Serra (1713–1784), das erste Sakrament empfangen haben soll. Detailliertere Einblicke in die Biografie des berühmten Missionars eröffnet ein Besuch der Erinnerungsstätten **Casa pairal i Museu del missioner Junípero Serra** (Carrer Fray Junípero Serra, 4–6, Tel. 971 56 12 67, Besichtigung nach Voranmeldung) in der winzigen Fußgängerzone, die mit Pflanzenkübeln und Majolikabildern mit Szenen aus dem Leben des Mönchs herausgeputzt ist. Das kleine Geburtshaus mit historischem Mobiliar spiegelt eindrucksvoll die einfachen bäuerlichen Verhältnisse wider, in denen Junípero Serra aufwuchs. Das benachbarte Hauptgebäude des Museums widmet sich mit historischen Dokumenten, Bildern, Landkarten und Kirchenmodellen dem Wirken des Mallorquiners, der ab 1749 im heutigen Mexiko und ab 1776 im Gebiet von San Francisco zahlreiche Missionsstationen ins Leben rief. Besonders stolz ist man in Petra darauf, dass eine Büste im Washingtoner Capitol den 1988 selig gesprochenen Serra als Held der amerikanischen Nation ehrt.

4 km südwestlich von Petra thront die **Ermita de Nostra Senyora de Bon Any** auf einem 317 m hohen bewaldeten Hügel. Die Auffahrt oder alternativ eine kleine Wanderung (2 Std. Hin- und Rückweg ab Petra) lohnt allein wegen der grandiosen Aussicht über Petra und den Nordosten der Insel bis hin zum Meer. Die Wallfahrtskirche mit angeschlossener einfacher Pilgerherberge (s.u.) wurde 1604 errichtet, zu Beginn des 20. Jh. aber fast komplett erneuert. Ihr Inneres dominiert ein opulenter Barockaltar, in dessen Mitte eine Madonnenstatue mit rundem Gesicht, großen Augen und dem Jesuskind auf dem Schoß platziert ist. Der Legende nach wurde die Figur im 13. Jh. von einem Hirtenjungen gefunden und errettete später die Dorfbewohner, indem sie es nach langer Dürre regnen ließ und so für ein gutes Erntejahr, bon any, sorgte.

Ausflug

Südöstlich des für Schweinezucht und Wurstfabriken bekannten Dorfs *Sant*

TOP TIPP *Joan* lohnt ein Besuch des historischen Landguts **Els Calderers** (Carretera Palma–Manacor, km 37, Tel. 971526069, www.elscalderers.com, April–Sept. tgl. 10–18, Okt.–März tgl. 10–17 Uhr). Obstgärten und eine schattige Parkanlage umrahmen das um 1750 erbaute Herrschaftshaus der Adelsfamilie Verí. Im Inneren scheint die Zeit zu Beginn des 20. Jh. stehen geblieben zu sein. So durchwandert man Empfangs-, Wohn- und Arbeitsräume mit Originalausstattung, wobei immer wieder kniehohe Kohlebecken auffallen, die zur punktuellen Erwärmung der großen Säle mit Glut aus dem Backofen gefüllt wurden. Ferner gibt es eine Kapelle für die tägliche Messfeier und einen kühlen Weinkeller, in dem man den Hauswein kosten darf, bevor man im Obergeschoss u. a. das Schlafgemach und Badezimmer der Herrschaften besichtigt. Im Außenbereich sind neben Werkstätten auch Stallungen zu sehen, in denen noch heute Nutztiere – Esel, schwarze Schweine, Hühner und Truthähne – gehalten werden.

i Praktische Hinweise

Unterkunft

Ermita de Nostra Senyora de Bon Any, Tel. 971826568 oder 971561101. Einfache Pilgerherberge, Selbstversorgung.

Restaurant

Es Celler, Carrer de l'Hospital, 46, Petra, Tel. 971561056. Im rustikalen Weinkeller kommen mallorquinische Gerichte in großen Portionen auf den Tisch (Mo geschl.).

Gehobenen Landhausstil zu Großvaters Zeiten bewahrt das historische Gut Els Calderers

Spannendes zur Talaiot-Kultur zeigt das Museu Arqueològic de Son Fornes in Montuïri

38 Montuïri

Abenteuer Archäologie: Museum und Ausgrabungsstätte Son Fornés.

Mit weitem Blick über eine Landschaft von Getreidefeldern, Mandel- und Aprikosengärten schmiegt sich das mittelalterliche Montuïri (2200 Einw.) auf einen Hügelrücken. Akzente unter den weiß und pastellfarben getünchten Häusern aus Bruchsteinmauerwerk setzen die mächtige Pfarrkirche **Sant Bartomeu** (13. Jh., im 17. Jh. barockisiert) sowie sieben schlanke **Windmühlen**. In arabischer Zeit war das Dorf eines der Verwaltungszentren der Insel, doch heute geht es eher beschaulich zu in den engen gepflasterten Gassen und auf der zentralen Plaça mit einer Handvoll Geschäften und Bars. Hauptanziehungspunkt für Besucher ist das **Museu Arqueològic de Son Fornés** (Carrer Emili Pou, s/n, Tel. 971644169, www.sonfornes.mallorca.museum, März–Okt. Di–So 10–14 und 16–20, Nov.–Febr. Di–So 10–14 Uhr), das in einer restaurierten Getreidemühle des 18. Jh. am Ortsrand untergebracht ist. Es präsentiert Keramik, Steinwerkzeug, bronzenes Gerät und Waffen, die bei Ausgrabungen in der nahen **Megalithsiedlung Son Fornés** (900 v. Chr.–650 n. Chr.) zu Tage kamen. Auf Schautafeln, mit Computeranimationen und Luftfotos werden interessante Aspekte der Talaiot-Kultur erläutert. Nach dieser informativen Einstimmung lohnt eine Fahrt zur Ausgrabungsstätte mit ihren beiden gut erhaltenen *Talaioten* (2,5 km nordöstlich von Montuïri an der Ma-3200 Richtung Pina). Der imposantere mit einem Durchmesser von 17 m und

Auf den Spuren der bronzezeitlichen Talaiot-Kultur

Immer wieder trifft man bei einer Inselerkundung auf Spuren eines Volkes der Vorgeschichte, das aufgrund seiner charakteristischen **Wachtürme** (kat. talaia) als Talaiot-Kultur (um 1400 v. Chr.–200 v. Chr.) bezeichnet wird. Seine Herkunft wird im zentralen Mittelmeerraum vermutet, von wo es auch seine Technik zyklopischen Bauens mitbrachte. Während frühere Bewohner Mallorcas meist nur für Grabstätten und die Grundmauern ihrer Hütten Stein als Baumaterial nutzten, befestigten die Menschen der Talaiot-Kultur ihre Siedlungen mit massiven Türmen. Das Mauerwerk jener runden oder viereckigen, bis zu 8 m hohen **Megalithbauten** wurde aus großen, oft mehrere Tonnen schweren und in Trockenbauweise übereinander geschichteten Steinblöcken geschaffen und ist vielerorts bis heute in beachtlich gutem Zustand erhalten.

Die meisten dieser Talaioten sowie imposante Schutzmauern entstanden ab dem 9. Jh. v. Chr., als die **Talaiot-Siedlungen** mit ihren rechtwinkligen ca. 40 m^2 großen Steinhütten oft mehrere Hundert Menschen umfassten und feindliche Angriffe zunahmen. Anders als etwa die Nuraghen genannten prähistorischen Turmbauten auf Sardinien, die nach oben hin kegelförmig zulaufen, wiesen die Talaioten ein flaches Dach auf. Es bestand meist aus großen Steinplatten, die sowohl von der Außenmauer als auch von einer Mittelsäule getragen wurden, und diente Spähern als Aussichtsplattform.

Jahrtausendelang stabil: Talaiot der Megalithsiedlung Son Fornés bei Montuïri

Weniger eindeutig ist die **Funktion** des Innenraums, der teilweise durch einen Durchlass von außen, teilweise über eine Treppe von der Dachterrasse aus zu betreten war. Knochenfunde deuten darauf hin, dass hier – wohl mit einer feierlichen Zeremonie – Rinder und Schweine geschlachtet wurden und die Sippen das Fleisch zu gleichen Teilen erhielten. In anderen Turmbauten entdeckte man außergewöhnliche Trinkgefäße, die auf einen religiösen oder politischen Ritus verweisen.

Den **Alltag** der Dorfgemeinschaften bestimmten Getreideanbau, vor allem Gerste, und Viehzucht. In den Wohnhütten gab es eine große Feuerstelle, die nicht nur der Nahrungszubereitung, sondern auch dem Brennen von Keramik diente. Elfenbein-, Kupfer-, Zinn- und Eisenfunde belegen zudem regen Handel mit anderen Kulturen im Mittelmeerraum. Die annähernd gleiche Größe der Häuser und deren ähnliche Ausstattung lässt auf geringe soziale Unterschiede und ein enges, gesellschaftliches Gefüge schließen, in dem Nahrung als gemeinschaftliches Gut behandelt und gerecht geteilt wurde.

Ab 550 v. Chr. war die Talaiot-Kultur im **Niedergang** begriffen: Neue Turmbauten wurden nicht mehr errichtet, und die Häufung von Brandspuren, die bei Ausgrabungen in mehreren Siedlungen zutage kamen, deuten auf gewaltsame Zerstörungen hin. Auch die Tatsache, dass ab dem 6. Jh. v. Chr. zahlreiche Männer ihre Heimat verließen, um sich als Steinschleuderer in Söldnerheeren zu verdingen, kann als Indiz für das langsame Sterben der Talaiot-Kultur gewertet werden. Ob dieses jedoch durch interne Konflikte bedingt war oder im Zusammenhang mit der Kolonialisierung der Balearen durch die Phönizier und Karthager steht, ist ungewiss.

Die drei bedeutendsten Talaiot-Siedlungen auf Mallorca sind **Son Fornés** [s. S. 97] bei Montuïri, **Ses Païsses** [s. S. 107] bei Artà und **Capocorb Vell** [s. S. 124] nahe der Cala Pi.

3,5 m Höhe gilt als größtes Relikt dieser Art auf der Insel. Wie Knochenfunde vermuten lassen, diente der Turm einst dem Schlachten von Tieren. Der zweite, kleinere Talaiot hingegen soll als Versammlungsraum genutzt worden sein. Ruinen von Wohngebäuden in der Nachbarschaft der Talaioten sind bisher nur zum Teil freigelegt, sie lassen auf eine Siedlung von 300–400 Menschen schließen.

i Praktische Hinweise

Einkaufen

Perlas Orquídea, Carretera Palma–Manacor, km 30, Tel. 971 64 41 44, www.perlasorquidea.com. Kunstperlenfabrik mit angeschlossenem Geschäft und einer riesigen Auswahl an Schmuck.

Restaurant

S'Hostal, Carrer Constitució, s/n, Montuïri, Tel. 97 64 60 49. Rustikale Bar, in der als einzige Speise das wohl beste *Pa amb oli* – Brot mit Öl, Tomaten, Käse oder Schinken – der Insel serviert wird (Mo geschl.).

39 Algaida und Randa

Rustikale Einkehrmöglichkeiten, eine Glasbläserei und ein aussichtsreicher Klosterberg.

Schon von weitem sichtbar beherrschen die massive gotische Pfarrkirche *Sant Pere i Sant Pau* mit ihren trutzigen Stützarkaden sowie 17 restaurierte *Windmühlen*

Reizvolle Silhouette – Algaida mit Windmühle und Pfarrkirche Sant Pere i Sant Pau

das Ortsbild des Landstädtchens. Ziel der meisten Besucher von **Algaida** (2500 Einw.) sind jedoch die bodenständigen Lokale entlang der Hauptstraße, die sich aus einstigen Postkutschenstationen entwickelt haben. Als *Gasthäuser* führen sie nun die Tradition des 19. Jh. fort, als der Weg von Palma nach Manacor noch lang und beschwerlich war und mindestens eine Übernachtung erforderte.

Eine geschichtsträchtige Institution ist auch die nördlich an der Ma-15 gelegene Glasfabrik **Gordiola** (Carretera Pama–Manacor, km 19, Tel. 971 66 50 46, www.gordiola.com, Geschäft und Museum

Heißes Handwerk – in der traditionsreichen Glasbläserei Gordiola entsteht fragiles Gut

Mo–Sa 9–19, So 9–13.30, Glasbläserei Mo–Sa 9–13.30 und 15–18, So 9–12 Uhr). Sie ist seit ihrer Gründung 1719 in Familienbesitz und bietet die Möglichkeit, in dem einer Burg nachempfundenen Fabrikgebäude Glasbläsern bei der Arbeit zuzusehen und die fragilen gläsernen Kunstwerke zu erstehen. Das *Museu del Vidre* im ersten Stock zeigt Glaskreationen aus aller Welt.

Gepflegte Natursteinhäuser und durch ein offenes Kanalsystem bewässerte blühende Gärten machen den Charme des Dorfes **Randa** (80 Einw.) 5 km südlich von Algaida aus. Trotzdem ist der Ort für die meisten Reisenden nur Durchgangsstation auf ihrem Weg hinauf zum aussichtsreichen Gipfelplateau des **Puig de Randa** (548 m), das man über eine 5 km lange, serpentinenreiche und auch bei Radsportlern beliebte Straße erreicht.

TOP TIPP

Auf dem Tafelberg und an seinen Hängen befinden sich in unterschiedlicher Höhe drei Klöster: An unterster Stelle, aber dennoch mit schönem Ausblick, duckt sich das **Santuari de Nostra Senyora de la Gràcia** (15. Jh.) unter eine dramatisch überragende Felswand. Im weißgekalkten Kirchlein wird eine feingliedrige Marienstatue aus dem 18. Jh. verehrt. Etwa 1 km weiter bergauf kann man die Kapelle des **Santuari de Sant Honorat** (14. Jh.) besichtigen, deren Altarraum drei Statuen schmücken: der Ritter und Klostergründer Arnau Desbrull, der hl. Honorat und Ramón Llull (v. re. n. li.). Letzterer lebte zeitweise als Eremit auf dem Berg, und die Popularität seiner Lehren machte den Puig de Randa ab dem 15. Jh. zum Anziehungspunkt für Llullisten (s.u.). Diese gründeten auf dem Gipfelplateau das Kloster **Santuari de Cura** (Tel. 971 66 09 94) mit angeschlossener Grammatikschule und einer frisch renovierten Klosterherberge (s.u.). Die seit 1913 von Franziskanermönchen betreute Anlage ist nach Lluc [s. S. 72] der bedeutendste Wallfahrtsort auf Mallorca: Durch das kreuzbekrönte Haupttor (1682) gelangt man in einen weiten,

Ramón Llull – vom Frauen- zum Volkshelden

Ramón Llull wurde um 1233 als Sohn wohlhabender katalanischer Edelleute auf Mallorca geboren und diente als junger **Ritter** am Hof von Palma. Berühmt-berüchtigt sind seine dortigen Ausschweifungen und **Liebesabenteuer**: Eine Angebetete soll er bis in eine Kirche verfolgt haben, wo die übel Bedrängte verzweifelt ihre Bluse aufriss und mit den Worten ›Ihr hofft vergeblich, mein Geliebter ist der Tod‹ ihre von Lepra zerfressene Brust entblößte. Dieser Schock, so will es die Legende, bekehrte den Tunichtgut. Fakt ist, dass Llull seinen Lebensstil mit Mitte Dreißig tatsächlich radikal änderte: Er zog als Eremit auf den Klosterberg Randa, studierte später Philosophie, Latein und orientalische Sprachen und gründete die **Missionsschule** Miramar [Nr. 15].

Ramón Llull verfasste rund 270 philosophische und theologische Abhandlungen, aber auch Lyrik und Prosa in arabischer und lateinischer, vor allem aber in katalanischer Sprache. Auf diese Weise wurde er zum Begründer der **katalanischen Literatursprache**, wofür er noch heute von Katalanen und Mallorquinern als Symbolfigur ihrer kulturellen Eigenständigkeit verehrt wird.

Zeit seines Lebens unternahm der außergewöhnliche Gelehrte zahlreiche Reisen. Seine letzte führte ihn zur Missionierung ins heutige Algerien, wo er um 1315 von aufgebrachten Muslimen gesteinigt worden sein soll. Der Leichnam des später selig gesprochenen Llull wurde nach Mallorca überführt und in der Klosterkirche Sant Francesc [s. S. 28] in Palma bestattet.

Eine fantastische Aussicht bis hin zum Tramuntana-Gebirge bietet sich vom Puig de Randa

gepflasterten Innenhof mit Brunnen und Klostergärtchen. In seinem Norden erhebt sich die schlichte, tonnengewölbte Klosterkirche (ab 17. Jh.), in der die Gläubigen die kleine steinerne Muttergottesstatue Nostra Senyora de Cura (Anfang 16. Jh.) um Hilfe bei körperlichen und seelischen Leiden bitten. Nebenan ist in der ehem. Sala de Gramàtica ein *Museum* (Mo–Sa 10.30–13.30, 15–18, So 10.30–12, 16–18 Uhr) zu Ehren Ramón Llulls eingerichtet. Zahlreiche Handschriften, Heiligengemälde, historische Fotos, sakrale Gewänder und Kunsthandwerk können hier bestaunt werden. Ferner verfügt das Kloster über ein Restaurant mit Aussichtsterrasse, eine Herberge (s.u.) und einen gut bestückten Andenkenladen – begehrt ist der von den Mönchen hergestellte Randa-Likör.

i Praktische Hinweise

Hotels

*****Es Recó de Randa**, Carrer Font, 21, Randa, Tel. 971 66 09 97, www.esrecoderanda.com. Hier logiert man in mit Antiquitäten möblierten Gästezimmern, entspannt sich im Pool oder in der Sauna und genießt gute mallorquinische Spezialitäten im Restaurant.

Hospederia de Santuari de Cura, Santuari de Cura, Puig de Randa, Tel. 971 12 02 60, www.santuaridecura.com. Modern ausgestattete Klosterherberge.

Restaurant

Ca'l Dimoni, Carretera Palma–Manacor, km 21, Algaida, Tel. 971 66 50 35, www.restaurantecaldimoni.com. Großes, rustikales Lokal. Besonders zu empfehlen sind Wurstspezialitäten und gegrilltes Fleisch.

40 Llucmajor

Die einstige Schuhmacherstadt lädt freitags zum bunten Wochen- und Flohmarkt ein.

Die Kleinstadt Llucmajor (9900 Einw.) verdankt ihren Namen wohl einem großen Wald, lat. lucus maiorus, der sich einst auf dem Gemeindegebiet erstreckte. In die Inselgeschichte ging der Name jedoch ein als Schauplatz der blutigen Schlacht von Llucmajor, in der 1349 auf einem Feld nahe dem Ort König Jaume III. fiel und Mallorca seinen Status als unabhängiges Königreich verlor. Bis zur Industrialisierung lebten die Einwohner des Städtchens vor allem von der Landwirtschaft, dann etablierten sich hier zahlreiche Schuhfabriken. Heute sorgt verstärkt der Tourismus für Arbeitsplätze, denn zum riesigen Gemeindegebiet zählen auch die Ferienhochburgen S'Arenal [s.S.39] und Cala Pi [s.S.124]. Llucmajor selbst liegt jedoch rund 10 km abseits vom Strandtrubel und rühmt sich als Radlerparadies. Es besitzt mittlerweile das größte ausgeschilderte **Radwegenetz** der Insel (Infos und Kartenmaterial in der OIT, s.u.).

Ein Besuch der Altstadt mit ihren repräsentativen Bürgerhäusern lohnt sich vor allem zum **Wochenmarkt** (Plaça d'Espanya, Mi, Fr, So vormittags), der freitags um einen Flohmarkt erweitert wird. Einen Erkundungsspaziergang beginnt man am besten am **Passeig Jaume III**, an dem eine Bronzestatue (1927) des sterbenden letzten Königs von Mallorca an die Schlacht von Llucmajor erinnert. Über den Carrer Bisbe Taixequet gelangt man zur **Plaça del Sabater** mit einem Denkmal für die örtlichen Schuhmacher (1963) und weiter zur zentralen **Plaça d'Espanya** mit dem 1882 im historistischen Stil erbauten Rathaus, der Jugendstil-Markthalle (1915) sowie netten Cafés und Bars.

Nur wenige Schritte entfernt erhebt sich an der Plaça Catalina Thomás die imposante Pfarrkirche **Sant Miquel** (14. Jh., 1820 umgebaut), nach der Kathedrale von Palma das größte Gotteshaus der Insel. An ihrer hohen Hauptfassade aus hellem Marés-Stein ist eine Statue des Erzengels Michael im Kampf mit dem Drachen zu sehen, und auch im einschiffigen tonnengewölbten Inneren ist der Hochaltar mit einem kostbaren Barockretabel dem Stadtpatron geweiht.

Auf dem Carrer de la Fira ostwärts gelangt man bald zum links abzweigenden Carrer del Convent, in dem sich der **Convent de Sant Bonaventura** befindet. Das ehem. Franziskanerkloster, dessen Bau im 17. Jh. entstand, ist Llucmajors bedeutendste Sehenswürdigkeit. Blickfang ist die Hauptfassade der *Klosterkirche*, die ein prachtvoll mit Pflanzenranken, Fruchtmotiven und einer Madonna im Plateresk-Stil ausgestaltetes Barockportal sowie eine schöne Fensterrosette schmückt. Ebenfalls üppig verziert ist das kleinere Seitenportal. Glanzstück im einschiffigen *Inneren* ist der wandfüllende, gold gefasste barocke Hochaltar. Sehenswert ist zudem der mit Heiligendarstellungen des 17. Jh. freskierte *Kreuzgang* (Mo–Fr 9–17 Uhr) des Klosters.

Putten mit Tramuntana-Blick – Golfplatz des Hotels Marriott Son Antem in Llucmajor

Ausflüge

Wie Llucmajor, so sind auch die beiden benachbarten Städtchen Campos und Porreres beliebte Ausgangspunkte für *Radtouren* in das flache Umland mit seinen Windmühlen, Aprikosen- und Feigenplantagen, Kapernfeldern und Weingärten. Darüber hinaus können sie mit zwei Highlights der Kunst aufwarten. **Campos** (6900 Einw.) besitzt in seiner klassizistischen Pfarrkirche *Sant Julià* von 1873 ein ergreifendes Bild des in stiller Demut leidenden Christus, das der berühmte Maler Bartolomé Esteban Murillo um 1640 geschaffen haben soll. **Porreres** (4600 Einw.) dagegen ist mit seinem *Museu i Fons Artístic* (Carrer Prevere Agustí Font, 23, Tel. 971 16 66 17, im Sommer Di–Fr und So 11–13, Sa 19–21, im Winter Di–Fr und So 11–13, Sa 18–20 Uhr) ein Anziehungspunkt für Liebhaber moderner Kunst. Fast 300 Gemälde und Skulpturen von Künstlern des 20. und 21. Jh., darunter so namhafte Vertreter wie Salvador Dalí, Joan Miró und Dionís Bennàssar können in den Gemäuern des ehem. Hospitals (19. Jh.) bewundert werden.

4 km südlich von Porreres lohnt die Auffahrt zum idyllischen Renaissance-Kloster **Santuari de Monti-Sion** (Tel. 971 64 71 85) auf der gleichnamigen bewaldeten Anhöhe (254 m), von dem aus man einen herrlichen Blick über die mallorquinische Ebene genießt. Durch den fünfeckigen Kreuzgang gelangt man in die Klosterkirche (15. Jh.), in der die *Mare de Déu de Monti-Sion*, eine marmorne Muttergottesstatue (19. Jh.), verehrt wird.

i Praktische Hinweise

Information

OIT, Plaça d'Espanya, 12, Llucmajor, Tel. 971 66 91 62, www.llucmajor.org

Majestätisch thront die Pfarrkirche Sant Miquel von Felanitx auf einer breiten Freitreppe

Einkaufen

Formatges Burguera, Carretera Campos–Colònia de Sant Jordi, km 7, Tel. 971 65 54 35, www.formatgesburguera.com. Käsespezialitäten direkt vom Hersteller.

Tesoro, Sa Plaça, 7, Campos, www.tesorocampos.com. Liebevoll gestaltetes Antiquitätengeschäft mit Raritäten wie historischem Reisegepäck, Steifftieren und Armbanduhren.

Hotel

*******Marriott Son Antem**, Carretera Ma-19, Salida 20, Llucmajor, Tel. 971 12 91 00, www.marriott.de. Luxusresort mit allem Komfort, zwei 18-Loch Golfplätzen, Sonnenterrasse mit schönem Pool, einem gut ausgestatteten Spa-Bereich und zwei exquisiten Restaurants.

Cafés

Café Colon, Plaça d'Espanya, 17, Llucmajor, Tel. 971 66 00 02. Seit 1928 eine Institution, um bei Kaffee, Wein und Tapas das Marktgeschehen zu beobachten.

Pastisseries Pomar, Sa Plaça, 20–22, Campos, Tel. 971 65 06 06, www.pastisseriespomar.es. In der traditionsreichen Konditorei genießt man *Ensaïmadas* und Mandelkuchen, Aprikosen-Mousse und hausgemachte Pralinen.

41 Felanitx

Das hübsche Felanitx beansprucht für sich, Geburtsort von Christoph Kolumbus zu sein.

In den westlichen Ausläufern der Serra de Llevant schmiegt sich das Städtchen Felanitx (9900 Einw.) zwischen bewaldete Hügel und Felder. Bereits die Mauren ließen sich in der fruchtbaren Region nieder und gründeten den Ort. Doch erst mit der Eindämmung der Piratenüberfälle ab dem späten 18. Jh. bescherten Erträge aus Getreideanbau und einer florierenden Weißweinproduktion, die vom Handelshafen Portocolom [s.S.117] verschifft wurden, Felanitx Wohlstand und Wachstum. Stolz verweist der Ort heute auf eine Liste bedeutender Persönlichkeiten, die aus der Gemeinde stammen: etwa der Baumeister Guillem Sagrera, der Radprofi und mehrfache Weltmeister Guillem Timoner sowie der zeitgenössische Künstler Miquel Barceló. Ihr berühmtester Sohn aber soll Christoph Kolumbus sein, und seit Jahrzehnten bemühen sich Historiker um den endgültigen Beweis dafür, dass der legendenumrankte Entdecker Amerikas, katalanisch Cristòfol Colom, ein Mallorquiner und nicht wie allgemein angenommen Italiener war. Dafür sprechen u.a. der Name des nahen Hafens, Portocolom, sowie die Tatsache, dass Kolumbus zahlreiche, auch private Notizen auf Spanisch und Katalanisch, nicht aber auf Italienisch verfasste.

Blickfang des Puig de Sant Salvador ist ein monumentales Steinkreuz

Doch auch wenn Felanitx diese Ehre nie zuteil werden sollte, lohnt das Städtchen einen Besuch. Besonders trubelig geht es sonntags zum Markttag in den verwinkelten Altstadtgassen rund um die mächtige Pfarrkirche **Sant Miquel** zu, deren Ursprünge auf das 13. Jh. zurückreichen. Ihre Hauptfassade erhebt sich, einer Theaterkulisse gleich, oberhalb einer breiten Freitreppe an der Plaça de Sa Font de Santa Margalida. Sie besticht durch ein fein gearbeitetes kassettiertes *Renaissance-Portal* des 16./17. Jh., über dem die Figur eines jungenhaften *Erzengels Michael* siegesstolz einen zusammengekrümmten, in Ketten gelegten Teufel kleinhält, und eine grazile Maßwerk-Fensterrose. Im *Inneren* wetteifern das feierlich strenge gotische Mittelschiff, verschwenderisch ausgestattete Seitenkapellen, etwa die von Guillem Sagrera im 15. Jh. gestaltete *Capella de Sant Francesc*, und der prunkvoll vergoldete gotische Hochaltar um Aufmerksamkeit. Weitere Akzente setzen die Ende des 17. Jh. entstandene *Barockorgel* der renommierten Orgelbaumeister Damià und Sebastiá Caimari sowie die farbigen Glasfenster (um 1915).

Durch den Carrer Major gelangt man nun zur großen **Markthalle** hinter der Kirche und biegt schließlich rechts in den Carrer des Call, der geradewegs zu den 113 Stufen hinauf auf den **Puig de Calvari** führt. An steinernen Kreuzwegstationen vorbei erreicht man in einer guten Viertelstunde die meist verschlossene Kapelle (1854) auf dem Gipfel des Kalvarienbergs und wird für den schweißtreibenden Aufstieg mit einer schönen Aussicht über Felanitx und das Umland belohnt.

Ausflüge

5 km südöstlich von Felanitx erhebt sich das **Santuari de Sant Salvador** (Tel. 971515260, tgl. 8.30–20 Uhr) wie eine trutzige Festung auf dem 509 m hohen Puig de Sant Salvador (ausgeschildert). Vor allem sonntags und an Feiertagen fahren viele Mallorquiner hier herauf, um die grandiosen Panoramablicke bei einem Picknick zu genießen. Beliebte Fotomotive sind das 7 m hohe Christusmonument *Crist rei* (1934) sowie ein riesiges *Steinkreuz* (1957), hinter dem sich eindrucksvoll die mallorquinische Ebene ausbreitet. Zentrum der seit 1992 in Privatbesitz befindlichen Anlage ist die *Wallfahrtskirche*, die auf eine Stiftung Mitte des 14. Jh. zurückgeht. Ihr heutiges barockes Erscheinungsbild verdankt sie dem zunehmenden Pilgeransturm, der im 18. Jh. eine Erweiterung und Umbauten nötig machte. Ziel der Gläubigen ist eine Marienfigur aus dem 13. Jh., die, wie so oft auf Mallorca, nach der Reconquista von einem Hirtenjungen gefunden worden sein soll.

Als Nachbar des Puig de Sant Salvador ragt der **Puig de Santueri** 400 m in den Himmel. An höchster Stelle thront die Ruine des Castell de Santueri, deren Grundmauern noch aus arabischer Zeit (etwa 10. Jh.) stammen. Leider ist die Burg, im Mittelalter Bastion gegen Piratenangriffe, nicht öffentlich zugänglich, und so muss man sich mit der reizvollen serpentinenreichen Auffahrt (Carretera Felanitx–Santanyí, nach 2 km beschilderter Abzweig) durch Kiefernwald, Johannisbrot-, Mandel- und Olivenbaumplantagen sowie dem herrlichen Ausblick vom Parkplatz aus auf die Ostküste begnügen.

i Praktische Hinweise

Hotels

Finca Son Menut, Carretera Felanitx–Campos, km 7,5, Felanitx, Tel. 971582920, www.sonmenut.com. Auf dem Landgut mit 8 zweckmäßig eingerichteten Zimmern, kleinem Pool und Restaurant kommen Pferdeliebhaber auf ihre Kosten. Reitunterricht und Ausritte.

Santuari de Sant Salvador, Puig de Sant Salvador, Tel. 971515260, www.santsalvadorhotel.com. Pilgerherberge mit dazugehörigem Restaurant.

Restaurant

Estragon, Plaça Peralada, 14, Felanitx, Tel. 971583303, www.estragon-felanitx.com. Mediterrane Küche in einem gemütlichen Dorfhaus. Spezialitäten sind Fasan, Lammschulter und Spanferkel (Mo/Di geschl.).

42 Manacor

Souvenirshopping: Kunstperlen und Schnitzereien aus Olivenholz.

Möbel- und Keramikindustrie sowie Herstellung und Verarbeitung von Kunstperlen sind wichtige Einnahmequellen von Mallorcas drittgrößter Stadt Manacor (25100 Einw.), deren Geschichte bis in die Talaiot-Zeit zurückreicht. Eine erste Blüte als Wirtschaftszentrum erlebte sie als *Manaquiri* unter den Mauren, nach der christlichen Rückeroberung ernannte Jaume II. die Stadt gar zur Königsresidenz und ließ einen Palast errichten. Doch nur wenige historische Bauwerke überstanden die Jahrhunderte und so gibt es, abgesehen von der belebten Fußgängerzone und der protzigen neogotischen Pfarrkirche **Nostra Senyora dels Dolors** (Plaça del Rector Rubí) mit spitzem Turm und schönen Glasfenstern, kaum touristische Anziehungspunkte im Stadtzentrum.

Ein lohnendes Ziel für Geschichtsinteressierte aber ist südlich der Innenstadt der nur zweistöckige Wehrturm Torre dels Enagistes (14.–17. Jh.), der das **Museu d'Historia de Manacor** (Carretera Manacor–Cales de Mallorca, km 1,5, Tel. 971843065, http://museu.manacor.org, 15. Juni–15. Sept. Mo, Mi–Sa 9.30–14 und 18–20.30, 16. Sept.–14. Juni Mo, Mi–Sa 10–14 und 17–19.30, So 10–13 Uhr) beherbergt. Funde aus der Bronze- und Römerzeit werden hier ebenso gezeigt wie Holzmodelle von Möbeln, Windmühlen und Schiffen. Zu den kostbarsten Exponaten zählen Fußbodenmosaike (6./7. Jh.), die aus der frühchristlichen Basilika Son Peretó (Carretera Manacor–Artà, km 7) stammen.

Auf der Westseite der Stadt, an der Straße Richtung Palma, sind die Schau- und Verkaufsräume der Perlenfabrik **Majòrica** (Carretera Palma–Artà, km 47, Tel. 971550900, www.majorica.com, Juli–Sept. Mo–Sa 10–20, So 10–19, Okt.–Juni Mo–Fr 9–18, Sa/So 10–13 Uhr) ein Besuchermagnet. Ein kurzer Film erläutert die Herstellungsweise der künstlichen Perlen, die der deutsche Ingenieur Eduard Heusch Ende des 19. Jh. erfand: Ein Sandkorn wird so lange in flüssige Perlmuttessenz getaucht und anschließend getrocknet, bis die hauchdünnen Schichten eine ebenmäßige Perle formen.

TOP TIPP

Nur ein paar Meter weiter gibt es bei **oliv-art** (Carretera Palma–Manacor, km 47, Tel. 971847232) eine riesige Auswahl an Produkten aus Olivenholz – von kleinen Schnitzfigürchen bis hin zu wunderbar gemaserten Obstschalen. Kinder freuen sich über die großen Dinosaurier-Figuren neben dem Parkplatz.

i Praktische Hinweise

Information

OIT, Plaça Ramón Llull, s/n, Manacor, Tel. 971847241, www.visitmanacor.com

Hotel

******Son Trobat**, Carretera Manacor–Sant Llorneç, km 4,8, Sant Llorneç, Tel. 971569674, www.sontrobat.com. Das Fincahotel verfügt über 25 komfortable Zimmer und Suiten, einen Wellnessbereich, Tennisplatz und Pool. Im Restaurant kommen internationale und mallorquinische Speisen auf den Tisch.

Künstlich, aber exquisit: Perlenschmuck aus der Fabrik Majòrica in Manacor

Die Ostküste – Strandfreuden und Höhlenzauber

Die Ostküste mit den beiden großen Ferienorten **Cala Rajada** und **Cala Millor** verdankt ihre Beliebtheit als Urlaubsziel vor allem den tollen Sandstränden, die sich entlang belebter Uferpromenaden erstrecken. Neben Baden und Beachen lädt die Region aber auch zu zahlreichen weiteren schönen Aktivitäten ein: Zum Wandern verlockt die naturgeschützte **Peninsula de Llevant** mit ihren kargen Anhöhen und unverbauten Meeresbuchten, auf die Spuren einer vorgeschichtlichen Hochkultur führt die Talaiot-Siedlung **Ses Païsses** nahe dem hübschen Landstädtchen **Artà**, und bei der Erkundung der mittelalterlichen Festungsanlage von **Capdepera** schlagen nicht nur die Herzen von Burgfreunden höher. Ein Highlight ist der Besuch einer der faszinierenden Tropfsteinhöhlen, z. B. der Coves del Drac bei **Portocristo**, die mit einem der größten unterirdischen Seen der Welt aufwarten.

43 Artà

Beschauliche Altstadt zu Füßen trutziger Kirchen.

Überragt vom Burghügel liegt das in maurischer Zeit gegründete Landstädtchen Artà (5800 Einw.) inmitten von Feldern und Blumenwiesen. Wer mit dem Auto anreist, lässt es am besten südlich des Marktplatzes **Plaça Conqueridor** stehen und schlendert durch die Fußgängerzone **Carrer de la Ciutat** Richtung Norden. Immer wieder laden rechts und links kleine Boutiquen und Kunsthandwerksläden zum Begutachten ihrer Waren ein, nette Cafés und Restaurants haben Tische und Stühle ins Freie gestellt.

Ein kleiner Abstecher führt hinauf zur Plaça d'Espanya mit dem Rathaus und dem **Museu Regional d'Artà** (Carrer Estel, 4, Tel. 971 82 97 78, Mai–Okt. Mo–Fr 10–17, Sa 10–14 Uhr, Nov.–April Di–Sa 10–14 Uhr). Das bereits 1927 gegründete Museum hat Abteilungen für Archäologie, Zoologie und Ethnologie. Einen interessanten Einblick in mallorquinische Handwerkskunst bietet die Sammlung zur traditionellen Palmflechterei und Textilherstellung. Die

Artà – grün gerahmt und majestätisch bekrönt von der Kirche Transfiguració del Senyor

Kultur der Talaiot-Zeit beleuchten bronzene Schmuck- und Waffenfunde aus Gräbern der Umgebung.

Weiter bergaufwärts erhebt sich auf imposanten Strebebögen und Stützpfeilern die wuchtige Pfarrkirche **Transfiguració del Senyor**. Ihren wehrhaften Charakter verdankt sie dem maurischen Vorgängerbau des 13. Jh., auf dessen Fundamenten sie im 16. Jh. in gotischem Stil errichtet wurde. Blickfang im feierlich schlichten Innenraum sind die filigranen Holzschnitzereien der Kanzel und das Hochaltarbild ›Verklärung Christi auf dem Berg Tabor‹.

Auf 180 von *Kreuzwegstationen* und Zypressen flankierten Stufen gelangt man hinauf auf den Gipfel des Burghügels, auf dem die Überreste einer mittelalterlichen Festung thronen. Zwar blieb von ihr einzig ein geschlossener, zinnen- und turmbekrönter Wehrgang (14. Jh.) erhalten, doch sind von dort aus schöne Aussichten auf Artà, die Serra de Llevant und die Ostküste garantiert. Im Zentrum der Anlage steht heute die 1832 fertiggestellte klassizistische Wallfahrtskirche **Sant Salvador**, deren größter Schatz die Holzskulptur *Mare de Déu de Sant Salvador* im Altarraum ist. Die Madonna mit schmalem ernstem Gesicht, auf deren Schoß ein pausbackiger Jesus die Rechte zum Segensgestus erhoben hat, wird ins 12./13. Jh. datiert und ist somit eine der ältesten Mariendarstellungen auf Mallorca.

In einem Steineichenwäldchen knapp 1 km südöstlich von Artà lohnt sich die Besichtigung der Talaiot-Siedlung **Ses Païsses** (Camí de sa Corbaia, Mobil-Tel. 619 07 00 10, www.mallorcaweb.net/ses paisses, Mo–Fr 10–17 Uhr, Sa 10–14 Uhr). Sie wurde ca. 1300–100 v. Chr. bewohnt. Beachtlich ist der bis zu 3,5 m hohe zyklopische Mauerring mit seinem Hauptportal – eine Konstruktion aus zwei aufrecht stehenden Monolithen, die einen schweren Türsturz tragen. Im Schutz der Mauer erinnern die Überreste von rund 60 Häusern und einem zentralen Wachturm, dem Talaiot [s. S. 98], an die Siedler aus der Bronzezeit.

Ausflug

Artà ist ein idealer Ausgangspunkt für Exkursionen auf die naturgeschützte Halbinsel des **Parc Natural de la Península de Llevant**, dessen Landschaft karg bewachsene Hügel und naturbelassene Buchten prägen. Wanderer sollten sich vor dem Losmarschieren bei der Parkverwaltung (s. u.) in Artà mit gutem Kartenmaterial ausstatten, denn Wegmarkierungen sind in dem Gebiet eher spärlich. Eingebettet zwischen Oliven und Zypressen liegt 10 km nördlich von Artà, auf der schmalen Ma-3333 gut mit dem Auto erreichbar, die **Ermita de Betlem**. Die 1805 entstandene Einsiedelei wurde bis zum Herbst 2010 noch von einigen Mönchen bewohnt und bewirtschaftet. Die kleine Kapelle mit ihren anmutigen bunten Kacheln in der Vorhalle und der dunklen Holzskulptur des ›Santo Cristo‹ auf dem rechten Seitenaltar ist beliebtes Pilgerziel und Rastplatz für Wanderer. Ein schöner *Aussichtspunkt* hinter der Kapelle eröffnet grandiose Blicke auf die Bucht von Alcúdia, und ein kurzer Fußweg lohnt zur *Font de S'Ermita*, einer Quelle mit köstlichem Trinkwasser.

TOP TIPP Ebenfalls gut erreichbar ist die **Cala Torta** (an der Ma-15 Artà–Capdepera ausgeschildert, 10 km teils auf recht holpriger Piste), eine der schönsten Badebuchten im Norden Mallorcas: Ein heller Sandstrand gerahmt von Felsen, kristallklares Wasser und eine im Sommer geöffnete Strandbar mit ambitionierter Speisekarte lassen die Herzen höher schlagen.

Von Kiefern beschirmt – Wandern im Parc Natural de la Península de Llevant

Praktische Hinweise

Information

OIT, Avinguda Costa i Llobera, s/n, Tel. 971 83 69 81, www.artamallorca.travel. Informationszentrum im ehem. Bahnhof, im Erdgeschoss Wechselausstellungen regionaler Kunst (Mo–Fr 10–14 Uhr).

Officina del Parc Natural de la Península de Llevant, Carrer d'Estel, 2, Artà, Tel. 971 83 68 28. Karten zu Touren im Park, Mo–Fr 8–15 Uhr, Sa vormittags geführte Touren auf Katalanisch und Spanisch.

Hotel

Casal d'Artà, Carrer Rafael Blanes, 19, Artà, Tel. 971 82 91 63, www.casaldarta.de. Zentral gelegenes Stadthaus mit 8 z.T. mit Antiquitäten ausgestatteten Gästezimmern, Sonnenterrasse und gemütlichem Aufenthaltsraum.

Restaurants

TOP TIPP **Restaurant-Bar Parisien**, Carrer Ciutat, 18, Artà, Tel. 971 83 54 40. Das gemütliche Bistro bietet mediterrane Gerichte sowie ein Kulturprogramm mit temporären Kunstausstellungen und Konzerten.

Ca'n Sion, Carrer Alosa, 5, Artà, Tel. 971 82 92 48, www.restaurante-cansion.com. Internationale und vegetarische Gerichte in freundlichem Ambiente (Mo geschl.).

44 Capdepera

Von der riesigen mittelalterlichen Burganlage hat man einen fulminanten Blick über die Häuser des Städtchens und die Ostküste.

Capdeperas (3100 Einw.) Hauptattraktion ist zweifelsohne die weithin sichtbare, mächtige Burganlage des **Castell de Capdepera** (ausgeschilderter Parkplatz an der Festungsmauer, Tel. 971 81 87 46, tgl. 10–20, im Winter bis 17 Uhr), die sich auf einem Hügel oberhalb des Ortes ausbreitet. Wie archäologische Funde und die strategisch günstige Lage der Anhöhe nahelegen, wurde das Areal wohl schon

Bekrönt von trutzigen Burgmauern und der Capilla de la Esperança – Capdepera

von Siedlern der Talaiot-Kultur genutzt, die Römer verzeichneten den Ort als *Caput Petrae* (steinerner Kopf) in ihren Navigationskarten. Zeugnisse einer Bebauung datieren aber erst in die Zeit der Mauren, die hier eine nahezu uneinnehmbare Festung errichteten. Erst nach langer Belagerung konnte sie Jaume I. 1231 bezwingen. Ab 1300 ließ Jaume II. die Anlage weiter ausbauen und befahl, dass alle verstreut lebenden Siedler der Gegend sich innerhalb der schützenden Burgmauern niederlassen sollten. So entstand ein Wehrdorf, das den Überfällen von Piraten tapfer standhielt. Als die Gefahr durch Seeräuber ab dem 18. Jh. nachließ, bauten viele Bewohner Capdeperas neue Häuser zu Füßen des Burghügels, und das Wehrdorf wurde zur Kaserne umfunktioniert.

Heute sind innerhalb des imposanten intakten Mauerrings mit aussichtsreichem **Wehrgang** nur noch wenige Gebäude erhalten: An höchster Stelle befindet sich die gotische **Capilla da la Esperança**, in der die zierliche Muttergottesstatue der ›Hoffnungsvollen‹ aufbewahrt wird. Der Legende zufolge soll sie während eines Piratenüberfalls im 14. Jh. die Gegend in so dichten Nebel gehüllt haben, dass die Plünderer unverrichteter Dinge abziehen mussten. Etwas unterhalb beherbergt die **Casa del Gobernador** (18. Jh.), das ehem. Gouverneurshaus, eine Ausstellung zur Palmflechterei, der ab dem 19. Jh. nahezu alle Bewohner Capdeperas nachgingen. In ein buntes, trubeliges Schauspiel verwandelt sich das Kastell im Mai, wenn in seinen Mauern der **Mittelaltermarkt** (Infos beim OIT, s. u.) abgehalten wird.

Ausflug

Zu einem traumhaften Tag am Meer verlockt 6 km nördlich von Capdepera die von hohen Dünen gesäumte **Cala Mesquida** (ausgeschildert). Ein einfaches Restaurant und eine Strandbar sorgen im Sommer für das leibliche Wohl. Über einen schönen Pfad kann man man in rund 45 Minuten (festes Schuhwerk!) über den Bergkamm zur benachbarten Badebucht Cala Agulla [s. S. 110] wandern.

i Praktische Hinweise

Information

OIT, Carrer Ciutat, 22, Capdepera, Tel. 971 55 64 79, www.ajcapdepera.net

45 Cala Rajada

Der beliebte Ferienort begeistert durch seine schöne Küstenzone.

Wunderschöne Strände, gute Freizeitangebote und ein lebhafter Hafen machen Cala Rajada zu einem gut besuchten Touristenzentrum. Seine Ursprünge reichen zurück ins 17. Jh., als sich die Bewohner des nahen Capdepera [Nr. 44] hier ei-

Verführerisch – die malerische Bucht Cala Agulla im Norden von Cala Rajada

nen Zugang zum Meer ausbauten. Dass Cala Rajada (5800 Einw.) auch heute noch über eine beachtliche Fangflotte verfügt, zeigt ein Blick über den **Hafen**, in dem neben Ausflugsbooten und Jachten modernste Fischerboote ankern. Ergänzt wird dieses Bild von einer ansprechenden Uferpromenade, an der zahlreiche Restaurants und Cafés zum Verweilen einladen. Eingeteilt in *Avinguda America* und *Avinguda Colon* führt sie am Wasser entlang westwärts zum beliebten Ortsstrand **Platja Son Moll**.

Parallel zur Küste verläuft der **Carrer d'Elionor Servera**, der mit seiner großen Auswahl an Geschäften eine attraktive Shoppingmeile ist. Frische Lebensmittel und regionale Produkte werden samstags auf dem Wochenmarkt im Ortskern auf der **Plaça dels Pins** feilgeboten. Rund um den Platz liegen kleine Pensionen, aber auch Diskotheken und Bars, sodass es hier abends auch lauter zugehen kann.

Blickfang auf einem Hügel östlich des Hafens ist der von einem weitläufigen Park umgebene, 1911 errichtete **Palau Juan March** (Privatbesitz), der zuweilen auch *Sa Torre Cega* (blinder Turm) genannt wird. Dieser Name geht zurück auf den fensterlosen Verteidigungsbau des 16. Jh., der einst hier stand. Inzwischen ist der **Park**, der 2001 von einem Sturm stark verwüstet worden war, wieder zugänglich (nur im Rahmen von Führungen mit Voranmeldung unter Tel. 971819467 oder beim OIT Cala Rajada). In der zweiten Hälfte des 20. Jh. hatte der Landschaftsarchitekt Russell Page die Gartenanlage gestaltet, als Rahmen für eine außergewöhnliche Skulpturensammlung mit Werken berühmter Künstler des 20. Jh. wie Auguste Rodin, Eusebio Sempere oder Pablo Serrano.

Am Fuß der Anhöhe lohnt ein Spaziergang auf der *Pas de Amfores* ostwärts zur winzigen **Cala Gat**, die mit türkisblauem Wasser, weißem Sandstrand und grünem Kiefernbestand aufwartet. In etwa 15 Min. gelangt man von hier aus über den Carrer Cala Gat landeinwärts und an seinem Ende rechts hinauf zum **Cabo de Capdepera**, das ein strahlend weißer *Leuchtturm* bekrönt. Von den Klippen kann man an klaren Tagen bis hinüber nach Menorca blicken!

Auf der nördlichen Uferseite der Landzunge konzentrieren sich größere Hotelanlagen, die vor allem mit ihrer Nähe zur TOP TIPP wohl schönsten Badebucht Cala Rajadas, der **Cala Agulla**, werben. Diese verfügt über einen 600 m langen Sandstrand und wird gerahmt von einem mit Kiefern bewachsenen Dünengürtel, der unter Naturschutz steht und daher den unverbauten Zustand dieses paradiesischen Küstenstreifens garantiert. Im Sommer haben Strandbars geöffnet, Sonnenschirme und Liegen können gemietet werden.

i Praktische Hinweise

Information

OIT, Av. Cala Agulla, 50, Cala Rajada, Tel. 971 56 30 33, www.ajcapdepera.net. Das überaus engagierte OIT organisiert u.a. Wanderungen und Radtouren in die Umgebung sowie die klassische Konzertreihe Serenades Estiu [s. S. 131].

Bootsausflüge und Fähren

Illa Balear, Port de Cala Rajada, Tel. 971 81 06 00, www.illabalear.com. Ausflüge mit dem Glasboden-Boot entlang der Ostküste.

Fahrradverleih

Ronnys Zweiradvermietung, Carrer Mendez Nuñez, 51, Cala Rajada, Mobil-Tel. 606 56 28 20, www.ronnys-zweirad vermietung.com. Fahrräder, Motorroller und Zubehör sowie geführte Radtouren.

Reiten

Rancho Bonanza, Carrer Ca'n Patilla, s/n, Cala Rajada, Mobil-Tel. 619 68 06 88, www.ranchobonanza.com. Ausritte für Anfänger und Könner, auch Unterricht.

Tauchen

Mero Diving, Avinguda de Na Lliteras, s/n, Cala Rajada, Tel. 971 56 54 67, www.mero-diving.com. Tauchbasis mit Schule und hübschem Café, Schnorchelausflüge.

Hotels

******S'Entrador Playa,** Avinguda Cala Agulla, 123, Cala Rajada, Tel. 971 56 43 12, www.serranohotels.com. Ein Hauch von Luxus für Pauschalreisende an einer der schönsten Buchten des Ortes. Abwechslungsreiche Küche und guter Service. Meerblick buchen!

TOP TIPP **The Sea Club,** Avenida America 27, Cala Rajada, Tel. 971 56 33 10, www.the-seaclub.com. Charmantes, familiengeführtes Bed & Breakfast, das in einer Residenz im Kolonialstil untergebracht ist. 16 liebevoll eingerichtete Zimmer – direkt am ruhigen Abschnitt der Hafenpromenade gelegen.

Restaurants

Ca'n Maya, Carrer d'Elionor Servera, 80, Cala Rajada, Tel. 971 56 40 35. Frisches Meeresgetier in rustikalem Ambiente direkt am Hafen (Mo geschl.).

Locanda Paraiso da Massimo, Avinguda Arquitecto Alomar, 20, Cala Rajada, Tel. 971 56 30 45. Nicht ganz billige, aber exzellente italienische Fleisch-, Fisch- und Pasta-Spezialitäten (Mi geschl.).

Nachtleben

Bolero, Carrer d'Elionor Servera, 36, Cala Rajada, Tel. 971 56 34 90 www.bolero-angels.com. Klimatisierte Kult-Disco mit neuer Dachterrasse. Der gute Mix aus House, Rock und Live-Musik spricht alle Altersgruppen an.

Noah's Café & Restaurant, Avinguda America 1–2, Cala Rajada, Tel. 971 81 81 25, www.cafenoahs.com. Die Bar vereint entspannte Lounge-Atmosphäre mit guten Cocktails und weitem Blick auf Hafen und Meer. Auch beliebt zum Frühstücken.

Hoch zu Ross durch Dünen und Kiefernwald: Cala Rajada ist Reitfreunden ein Begriff

Einen Abstecher wert sind der imposante Torre de Canyamel und sein Restaurant

46 Platja de Canyamel

Ausgangspunkt für einen faszinierenden Ausflug in die Unterwelt.

Platja de Canyamel ist ein ruhiger, überschaubarer Ferienort, der neben einem *Sandstrand* auch einen gepflegten *Golfplatz* (Tel. 971841313, www.canyamelgolf.com) zu bieten hat. Seine größte Attraktion sind die **Coves d'Artà** (Carretera de ses Coves, s/n, Tel. 971841293, www.cuevasdearta.com, Mai–Okt. tgl. 10–18, Nov.–April tgl. 10–17 Uhr), ein riesiges Höhlensystem voll bizarrer Tropfsteine, dessen Zugang sich an einem Hügel im Norden der Badebucht befindet. Während einer ca. 30-minütigen Führung durchquert man zauberhafte Wälder aus Stein, entdeckt den mit 22 m höchsten Stalagmiten Europas, lauscht dem Klang der sog. Glocken-Stalaktiten und bekommt eine Gänsehaut, wenn im ›Infierno‹ genannten Höhlensaal ein dramatisches Musik- und Farbspektakel seinen Lauf nimmt.

An der Straße Richtung Artà lohnt ein Stopp am trutzigen **Torre de Canyamel** (Carretera Artà–Canyamel, km 5, Tel. 971841134, www.torredecanyamel.com, Di–Sa 10–15 und 17–20, So 10–15 Uhr). Der zinnenbekrönte, rechteckige Wehrturm aus dem 13. Jh. bot einst den Bewohnern des hiesigen Landguts, auf dem vor allem *Canyamel*, Zuckerrohr, angebaut wurde, Schutz vor Piratenangriffen. Im Inneren dokumentiert eine Ausstellung mit historischen Waffen und Werkzeugen die Geschichte des gotischen Gemäuers. Daneben lässt man sich im urigen Restaurant Porxada de Sa Torre (s. u.) deftige mallorquinische Gerichte schmecken.

Höhlen- und Höllenzauber im Tropfsteintempel – Coves d'Artà in Platja de Canyamel

Entspannte Ferienvergnüglichkeit heißt die Losung an der Strandmeile von Sa Coma

Praktische Hinweise

Hotel

****Can Simoneta, Carretera Artà–Canyamel, km 8, Tel. 971 81 61 10, www.cansimoneta.com. Das exklusive Landhotel hoch über der Platja de Canyamel bietet modern eingerichtete Zimmer, schöne Salons sowie eine traumhafte Parkanlage mit Pool und Jacuzzi mit Meerblick. Im feinen Restaurant werden raffiniert zubereitete mediterrane Speisen serviert.

Restaurant

TOP TIPP **Porxada de Sa Torre**, Carretera Artà–Canyamel, km 5, Tel. 971 84 13 10, www.restauranteporxadadesatorre.com. Das urige Lokal neben dem Torre de Canyamel ist für sein Spanferkel inselweit bekannt (Mitte Dez.–Jan. sowie Mo geschl.).

47 Cala Millor, Sa Coma und S'Illot

Herrliche Sandstrände, einladende Uferpromenaden und gute Einkaufsmöglichkeiten.

Cala Millor, Sa Coma und S'Illot bilden gemeinsam ein riesiges Ferienzentrum, das sich über knapp 10 km entlang weißsandiger, sanft ins Meer abfallender Strände erstreckt. Diese sind ideal für Familien, für die große Hotelanlagen mit meist großzügigen Poollandschaften als Quartier bereit stehen. Party ist nur in einer Handvoll Discos angesagt, ansonsten gibt man sich abends in den Cafés, Bars und Pubs entlang der **Strandpromenaden** ein Stelldichein. Shoppingfans treffen sich in der Fußgängerzone Passeig Cristòfol Colom in Cala Millor sowie den Avingudas de ses Savines und las Palmeras in Sa Coma, wo sie sich den Verlockungen zahlreicher Modeboutiquen, Parfümerien, Schuh- und Juweliergeschäfte hingeben können.

Naturfreunde sind bei einem Spaziergang auf der Landzunge **Punta de n'Amer** zwischen Cala Millor und Sa Coma in ihrem Element: Das 2 ha große private Naturschutzgebiet bietet eine abwechslungsreiche Szenerie aus Dünen, Strauch- und Felsheide. Fotogenes Ziel an der Spitze des Kaps ist der gedrungene Wehrturm *Es Castell*, der 1696 als Teil des inselweiten Verteidigungssystems gegen Piratenangriffe [s. S. 79] entstand. Daneben lädt ein beliebtes Ausflugslokal (Mobil-Tel. 637 52 46 47) zur Rast. Nahebei wurden die spärlichen Überreste des prähistorischen *Talaiot de Tancat de sa Torre* ausgegraben. Darüber hinaus kann man im südlichen Uferbereich Steinbrüche für den zum Bau verwendeten Marés-Stein sowie Bunkeranlagen aus dem Spanischen Bürgerkrieg ausmachen.

Ausflug

Eine Fahrt in das von Mandel- und Feigenplantagen umgebene Landstädtchen **Son Servera** lohnt sich vor allem freitags zum Markttag, der auf der zentralen *Plaça de Sant Joan* abgehalten wird. Den von Cafés und Restaurants gesäumten Platz dominiert die trutzige Pfarrkirche *Sant Joan Bautista*, die im 18. Jh. aus hellem Marés-Stein errichtet wurde. Nur ein paar Schritte entfernt erhebt sich der neogotische Fassadentorso der *Església Nova*, die als neuer Versammlungsort der Gläubigen geplant war. Mit dieser Aufgabe betraut wurde 1905 der Gaudí-Schüler Joan Rubió i Bellver, doch 25 Jahre später ging der Gemeinde das Geld aus. Fenster und Dach fehlen zwar noch immer, die Gemäuer des unvollendeten Gotteshauses bilden heute jedoch einen feierlichen Rahmen für zahlreiche Openair-Veranstaltungen, darunter die beliebte, kostenlose Folkloreshow *Sa Revelta* (Juli–Mitte Sept. Fr 22 Uhr).

i Praktische Hinweise

Information

OIT, Parc de la mar, 2, Sant Llorenç, Tel. 971585409, www.visitsantllorenc.com

OIT, Passeig Marítim, s/n, Cala Millor, Tel. 971585864

OIT, Avinguda de ses Palmeres, s/n, Sa Coma, Tel. 971810892

OIT, Carrer Llevant, 15, S'Illot, Tel. 971810699, www.visitsantllorenc.com

Bootsausflüge

Illa Balear, am Landungssteg in Cala Millor, Tel. 971810600, www.illabalear.com. Ausflüge mit dem Glasboden-Boot entlang der Ostküste.

Wellness

Biomar Spa, Carrer Teixos, s/n, Sa Coma, Tel. 971812210, www.proturbiomarspa.com. Riesiges Wellnesszentrum mit Thermalbad, Saunen, Fitnesscenter und großem Therapieangebot.

Hotels

******Sa Coma Playa**, Carrer Abedules, s/n, Sa Coma, Tel. 971810159, www.proturhotels.com. Das große Haus in ruhiger Lage nahe der Punta de n'Amer verfügt über eine schöne Poollandschaft, viele Sportmöglichkeiten sowie einen Spa-Bereich und gute Restaurants.

*****Hipotel Don Juan**, Passeig Juan Llinàs, s/n, Cala Millor, Tel. 971585763, www.hipotels.com. Direkt an der Strandpromenade gelegenes Hotel mit 126 Zimmern, Pool und Fahrradverleih.

Restaurants

Bellavista, Camí de Penyal, s/n, Cala Millor, Tel. 971813519. Etwas außerhalb gelegenes Ausflugslokal mit Tennisplatz und Pool. Auf den Tisch kommen leckere Tapas, Fleisch und Fisch vom Grill.

La Siesta, Carrer Alosa, 5, Cala Millor, Tel. 971813947, www.lasiesta-es.com. Täglich wechselnde, frisch zubereitete mallorquinische Küche. Sa/So gibt es fangfrischen Fisch (Do geschl.).

Nachtleben

Karussell, Passeig de la Mar, 14, Cala Millor, Tel. 971813191, www.disco-karussell.info. Die Disco ist Treffpunkt der Tanzwütigen, mit heißen Rhythmen, Shows und Live-Musik.

48 Porto Cristo

Hübscher Hafenort mit faszinierenden Höhlen.

Wahrzeichen von Porto Cristo (6500 Einw.) ist seine S-förmige Hafenbucht, die bereits die Römer als Ankerplatz zu schätzen wussten. Im Mittelalter wurde sie von den Fischern des landeinwärts gelegenen Manacor befestigt, heute dümpeln in ihrem stillen Wasser vor allem Jachten. Zeugnis einstiger Besiedlung sind die natürlichen Höhlen **Coves Blanques**, die Spuren einer menschlichen Bearbeitung aus der Zeit der Talaiot-Kultur aufweisen. Beleg frühchristlicher Bewohner ist ein kreuzförmiges Taufbecken östlich des Hafens in der Avinguda Joan Amer bei Haus Nr. 42, das als einziges Fragment von der **Basílica Paleocristiana Sa Carrotja** aus dem 5. Jh. erhalten ist.

Das heutige Leben des Ferienortes konzentriert sich auf den 300 m breiten, im Sommer stets gut gefüllten **Stadtstrand**, die Hafenpromenade **Carrer del Veri** und die Flaniermeile **Passeig de la Sirena** mit zahlreichen Restaurants und Souvenirshops.

Attraktiv seit der Römerzeit – die geschützte Hafenbucht von Portocristo

Hauptattraktion sind die beiden grandiosen Tropfsteinhöhlen, die im Sommer allerdings ziemlich überlaufen sind. Den größten Besucheransturm haben 1,5 km südwestlich von Porto Cristo die TOP TIPP 1896 entdeckten **Coves del Drac/ Cuevas de Drach** (Carretera Coves, s/n, Porto Cristo, Tel. 971820753, www.cuevasdeldrach.com, Führungen Mitte März–Okt. tgl. 10–12 und 14–17 Uhr zur vollen Std., Nov.–Mitte März tgl. 10.45, 12, 14 und 15.30 Uhr). Während eines etwa einstündigen Rundgangs durchschreitet man herrliche Tropfsteinsäle, passiert kristallklare Wasserläufe und erreicht am tiefsten Punkt der Drachenhöhle den Martelsee, mit 177 m Länge und 30 m Breite einer der größten unterirdischen Seen der Welt. Dort geben Musiker in lautlos auf dem Wasser dahingleitenden Barken ein kurzes klassisches Konzert, bevor man sich zum Abschluss die wenigen Meter bis zum Ausgang rudern lassen kann.

Etwas kleiner ist das 1905 etwa 1 km nördlich von Porto Cristo von dem Edelsteinsucher Lorenzo Caldentey entdeck-

Verwunschen und bizarr muten die Tropfsteinhöhlen Coves del Drac von Porto Cristo an

Umschmeichelt von sommerlicher Morgensonne – Hafen und Altstadt von Portocolom

te Höhlensystem der **Coves dels Hams** (Carretera Manacor–Porto Cristo, km 11,5, Tel. 971 82 09 88, www.cuevas-hams.com, Juni–Sept. tgl. 10–13.30 und 14–17.30, Okt.–Mai tgl. 11–13.30 und 14–16.30 Uhr), dessen Besonderheit schmale, wie Angelhaken (kat. hams) geformte Tropfsteine sind. Gegen einen Aufpreis kann man vor dem Höhlenrundgang einer multimedialen Show beiwohnen, die den Schriftsteller Jules Verne und seine fantastischen Werke zum Thema hat. Begleitet von Klang- und Lichteffekten durchquert man anschließend zahlreiche Säle voll bizarrer Tropfsteine, Mozart-Arien ertönen am ›Venezianischen Meer‹, dem größten See in der Höhle.

Beliebte Badeziele sind eine Reihe schmaler Buchten, die 2 km südlich des alten Stadtkerns von Porto Cristo zur Feriensiedlung **Porto Cristo Novo** gehören. Im Sommer ebenfalls meist recht voll sind weitere 8 km südlich die **Calas de Mallorca**. Die sehr schönen, tief in die Steilküste eingeschnittenen Buchten wurden in den 1970er-Jahren massiv bebaut. Da der Platz begrenzt war, entstanden viele Hotelkomplexe relativ weit im Hinterland, sodass lange Wege zum Meer in Kauf genommen werden müssen.

Eine Alternative zum Strandleben bietet der nahe **Jumaica Tropical Park** (Carretera Portocolom–Porto Cristo, km 4,5, Tel. 971 83 33 55, Juni–Sept. tgl. 9–18, Okt.–Mai tgl. 10–16.30 Uhr), in dem man dank einer ergiebigen Wasserader einen dichten Pflanzendschungel sowie eine Bananenplantage durchstreifen kann. Ziegen, schwarze Schweine, Pfaue und tropische Vögel beleben den Park, in dem auch ein gutes Restaurant zu finden ist (s. u.).

i Praktische Hinweise

Information

OIT, Moll, s/n, Porto Cristo, Tel. 971 81 51 03

OIT, Passeig de Manacor, s/n, Calas de Mallorca, Tel. 971 83 41 44, www.visitmanacor.com

Hotels

*****Riu Club Romántica**, S'Estany D'en Mas, Porto Cristo Novo, Tel. 971 55 84 17, www.riu.com. Direkt am Sandstrand der Cala Romàntica gelegene kinderfreundliche Bungalowanlage mit mehreren Pools und Animation.

Es Rafal Podent, Carretera Manacor–Calas de Mallorca, km 6, Tel. 971 72 15 08, www.topfincas.com. Die Finca bietet fünf gemütliche Apartments mit Küche und Terrasse auf einem teilweise noch bewirtschafteten Landsitz aus dem 15. Jh. Pool mit Kinderbecken. 3 km zum Meer.

Restaurant

Sa Sal, Carrer de la Tramuntana 11, Porto Cristo, Tel. 971 82 20 49, www.restaurantesasal.com. Etwas versteckt abseits der Promenade. Feine kreative Küche mit empfehlenswertem Fünf-Gänge-Menü (nur abends, Mo geschl.).

49 Portocolom

Hafenort mit charmanter Altstadt.

Wie Felanitx [Nr. 41] beansprucht der beschauliche Fischerort für sich, die Geburtsstätte von Christoph Kolumbus (1451–1506) zu sein. Die Bewohner von Portocolom erklären so den Ortsnamen. Doch gibt es hierfür ebenso wenig einen historischen Beleg wie für Felanitx oder die italienische Hafenstadt Genua, die gleichermaßen die Wiege des Entdeckers für sich reklamieren. Erwiesen ist allerdings bereits im 13. Jh. die Bedeutung der Bucht von Portocolom (4400 Einw.) als Handelshafen von Felanitx. An diese Zeit erinnert die einheitliche Bebauung der **Altstadt** mit ihren verwinkelten Gassen und romantischen kleinen Plätzen am Nordende der Bucht. Dort spiegeln sich liebevoll restaurierte schmale Fischerhäuser und Bootsschuppen mit bunt bemalten Türen im ruhigen Wasser. Im Hintergrund ragen die spitzen Türme der bruchsteingemauerten mittelalterlichen Wehrkirche **Nostra Senyora del Carmen** malerisch in den Himmel.

Separat an der Westseite des Hafens entwickelte sich die **Neustadt** mit hübscher Uferpromenade, zahlreichen Geschäften, Restaurants, Bars und Hotels.

Vis-à-vis auf der östlich gelegenen Landzunge mit Leuchtturm hat sich das Villenviertel **Sa Punta** mit öffentlich zugänglichem Strand gut in die Landschaft eingepasst, auch der Hotelbereich rund um den schmalen, aber tiefen Sandstrand der **Cala Marçal** im Süden Portocoloms stört das hübsche Gesamtbild nicht.

Zwischen Portocolom und Cala d'Or finden sich zahlreiche unverbaute Buchten. Eine wahre Bilderbuchschönheit mit kiefernbestandenen Felsen, türkisblauem Wasser und weißem Sand ist die **Cala Sa Nau** (auch Sanau). Sie ist am besten zu erreichen mit dem Auto (8 km bis S'Horta, dann Richtung Cala Ferrara, nach 2,5 km links ausgeschildert). Im Sommer hat eine Bar mit Liegestuhlverleih geöffnet.

i Praktische Hinweise

Information

OIT, Avinguda Cala Marçal, 15, Portocolom, Tel. 971 82 60 84

Hotel

Hostal Portocolom, Carrer Cristòfol Colom, 5, Portocolom, Tel. 971 82 53 23, www.hostalportocolom.com. Direkt am Hafen gelegenes Haus mit modern eingerichteten Zimmern mit Balkon. Ans Hotel angeschlossen sind ein freundlich gestyltes Restaurant, in dem zu späterer Stunde ein DJ am Mischpult steht, sowie eine gut sortierte Weinhandlung.

Restaurant

Sa Llotja, Carrer Pescadores, s/n, Portocolom, Tel. 971 82 51 65, www.restaurantsallotjaportocolom.com. Modern eingerichtetes Restaurant mit toller Terrasse auf dem Dach der alten Hafenmeisterei. Serviert wird Mediterranes, insbesondere exquisiter Fisch (Mo geschl.).

Leuchtturmblick inklusive – Portocoloms Sandstrand Cala Marçal auf Sa Punta

Der Südosten – malerische Buchten und eindrucksvolle Talaiots

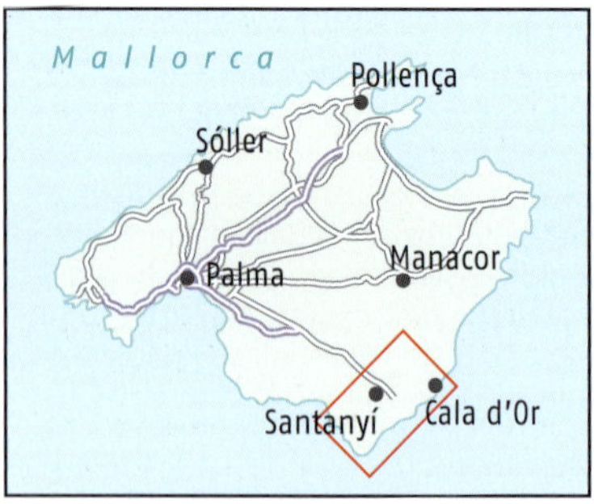

Strandidylle heißt der Lockruf an Mallorcas Südostküste mit dem kilometerlangen Dünenstrand **Platja d'es Trenc** und ihren tief ins Land eingeschnittenen Badebuchten: schmuck herausgeputzt mit weißen Bauten im Ibiza-Stil wie das Ferienzentrum **Cala d'Or** oder felsgerahmt und scheinbar unberührt wie die romantische **Cala Pi**. Reizvolle Akzente setzen Fischerorte wie **Cala Figuera** oder **Portopetro** sowie der **Parc Natural de Mondragó** mit weiteren Traumstränden und orchideenreichem Hinterland. Pilgerziele für Naturliebhaber sind Europas größter Kakteengarten **Botanicactus** bei Ses Salines und der **Archipiélago de Cabrera**, in dessen Gewässern sich sogar Delfine tummeln. Ein Höhepunkt mallorquinischer Talaiot-Kultur erwartet Besucher bei der Grabungsstätte von **Capocorb Vell**, wo mächtige Wachtürme von der Baukunst der frühen Inselbewohner künden.

50 Cala d'Or

Fjordähnliche Buchten und malerische weiße Häuser machen den Reiz dieses Ferienortes aus.

Hinter der in Reisekatalogen genannten Bezeichnung Cala d'Or (4000 Einw.), goldene Bucht, verbirgt sich eines der größten Tourismuszentren der Südostküste, das sich entlang eines Dutzends wunderschöner, tief ins Land eingeschnittener Buchten erstreckt. Diese werden landschaftlich gerne mit den norwegischen Fjorden verglichen – mit deren Einsamkeit können sie allerdings nicht punkten. Das herrlich klare Meerwasser und die feinsandigen **Strände** locken im Sommer zahlreiche Badeurlauber an, und auf den meist schmalen Sandzonen muss dann eng zusammengerückt werden.

Recht belebt präsentiert sich auch der **Ortskern**, der mit seinen strahlend weißen Häusern im Ibiza-Stil, blumenumrankten Balkonen und Gärten, kleinen lauschigen Plätzen und einer von Boutiquen, Cafés und Restaurants gesäumten Fußgängerzone zum Verweilen einlädt.

Reizvoll zum Flanieren und Dinieren ist der schicke Jachthafen **Port Petit** in der Cala Llonga. Auf ausgeschildertem Pfad spaziert man in ca. 20 Min. von hier aus zum gedrungenen **Es Fortí**, einer kleinen

Paradies in Türkisblau, Sandweiß und Kieferngrün – die Buchten von Cala d'Or

Festungsanlage des 19.Jh. auf der südlichen Landzunge, von der man einen schönen Blick über die Bucht und das Meer genießt.

Wer sich lieber ausgeruhten Fußes fortbewegen möchte, kann einen der *Mini-Züge* besteigen, die im Sommer sämtliche Hotels und touristische Attraktionen ansteuern. Eines ihrer Ziele ist der Fischerort **Portopetro** (600 Einw.), den nur wenige Hundert Meter Brachland von den letzten Häusern der Cala d'Or trennen. Rund um das Hafenbecken haben sich mehrere nette Restaurants etabliert, die sich als Adresse für ein gemütliches Abendessen anbieten.

Bequem mit dem Bähnchen erreichbar ist auch der 1992 gegründete TOP TIPP **Parc Natural de Mondragó**, der das Gebiet rund um die Doppelbucht Cala Mondragó umfasst, bestehend aus den Calas *Ses Fonts de n'Alis* und *S'Amarador*. Unter dem Schild des Naturschutzes blieb die Küste von weiterer Bebauung verschont – nur zwei Hotels und zwei Strandbars gibt es hier. Diese Atmosphäre der Ursprünglichkeit lockt im Sommer zahlreiche Tagesausflügler an, die sich im türkisblauen Wasser und entlang der beiden weißsandigen *Strände* tummeln oder die orchideenreichen Steineichen- und Aleppokieferwäldchen sowie die kleinen *Sumpfgebiete* durchstreifen, in denen mehr als 70 Vogelarten heimisch sind. Im Informationszentrum (s. u.) kann man sich vorab über die Fauna und Flora sowie ausgewiesene Wege im Naturpark kundig machen.

i Praktische Hinweise

Information

OIT, Carrer Perico Pomar, 10, Cala d'Or, Tel. 971 65 74 63, www.mallorca-calador.com

Informació del Parc Natural de Mondragó, am Parkplatz Ses Fonts de n'Alis, Tel. 971 18 10 22, tgl. 9–16 Uhr

Bootsfahrten

Starfish, diverse Anlegestellen in Cala d'Or, Tel. 971 65 98 25. Mit dem Glasboden-Boot entlang idyllischer Buchten und Häfen, Badestopp inklusive.

Fahrradverleih

Moto Sprint, Carrer Perico Pomar, 5, Cala d'Or, Tel. 971 65 90 07, www.moto-sprint.com. Fahrräder und Tipps für Touren.

Reiten

Rancho Jaume, Carretera Portopetro–Cala, Mondragó, dort ausgeschildert, Mobil-Tel. 629 62 70 63, www.reiterferien-mallorca.com. Ausritte für Anfänger und Könner, z.B. in den Naturpark Mondragó.

Segeln und Tauchen

Michael's Diving School, Avinguda de s'Horta, s/n, Cala Serena, Cala d'Or, Tel. 971 64 37 15, http://mds-mallorca.de. Tauchgänge entlang der Südostküste, auch Trips nach Cabrera und Dragonera sowie mehrtägige Segeltörns.

Hotels

****__Robinson Club Cala Serena__, Cala Serena, Cala d'Or, Tel. 971 16 90 00, www.robinson.com. Tolle Klubanlage mit komfortabel eingerichteten Zimmern, einem riesigen Sportangebot, Animation und Malkursen.

***__Rocador__, Carrer Marques de Comillas, 3, Cala d'Or, Tel. 971 65 70 75, www.nordotel.com. Haus in schöner Lage direkt am Strand mit einfachen Zimmern, Innen- und Außenpool sowie gelegentlich Animation. Gutes Preis-Leistungs-Verhältnis.

Na Martina, Carretera Portopetro – Cala Mondragó, s/n, Tel. 971 64 82 50, www.namartina.com. Liebevoll restaurierte Finca mit Pool nicht weit vom Parc Natural de Mondragó. An mehreren Abenden in der Woche serviert die Dame des Hauses leckere Menüs mit Zutaten aus dem eigenen Gemüsegarten.

Restaurants

Botavara, Cala Llonga s/n, Cala d'Or, Tel. 971 65 80 35, www.restaurantebotavara.es. Gehoben Speisen im Hafen: Frischer Fisch, freundlicher Service und Blick auf die Luxusyachten im Hafenbecken.

Maritimo, Calo d'en Moix s/n, Portopetro, Tel. 971 65 80 50. Freundlicher Service, exzellente Tapas, Fisch und Meeresfrüchte sind vorzüglich und nicht überteuert.

Rafael y Flora, Carrer Far, 12, Portopetro, Tel. 971 65 78 09. Fischgerichte, Paellas und gute Tapas in großer Auswahl. Von der Terrasse hat man einen schönen Blick über den Jachthafen. (Reservieren!)

Nachtleben

Kalypso, Avinguda Belgica, 28, Cala d'Or, Mobil-Tel. 662 43 94 65. Opulent dekorierte Cocktails in karibischem Ambiente.

51 Santanyí

Kleine Geschäfte, Cafés und Galerien und dazu traumhafte Badebuchten an der Küste.

Santanyí (3400 Einw.) ist bekannt für seine Steinbrüche, in denen der goldfarbene und besonders harte Marés-Stein gebrochen wird – ein begehrtes Baumaterial, aus dem z. B. die Kathedrale von Palma errichtet wurde. Im Mittelalter litt das bereits von den Römern gegründete Landstädtchen unter häufigen Piratenüberfällen, vor welchen eine im 14. Jh. begonnene und 1571 fertiggestellte Stadtmauer Schutz bieten sollte. Erhaltenes Zeugnis dieser Befestigung ist die schmucklose **Porta Murada** an der Straße Richtung Palma. Nur wenige Schritte südlich des Tores öffnet sich die zentrale *Plaça Major*, an der sich die Pfarrkirche **Sant Andreu Apòstol** erhebt. Ihr heutiges Erscheinungsbild verdankt sie einem klassizistischen Neubau im 18. Jh., in welchen die kleine gotische Vorgängerkirche des 14. Jh. als *Capella del Rosario* integriert wurde. Diese Kombination kreuzrippengewölbter Strenge und tempelhafter Erhabenheit verleiht dem Innenraum einen besonderen Reiz. Prunkstück der Kirche ist die 1762 entstandene *Barockorgel* des berühmten mallorquinischen Orgelbauers Jordí Bosch. Sie besticht durch ihren reich geschmückten Prospekt und die fächerartig gespreizten Pfeifenreihen der Trompeteria, deren Klang alle Winkel des Gotteshauses erreicht. Kostproben ihrer musikalischen Wirkungskraft bieten regelmäßig *Konzerte* (Info OIT, Cala d'Or).

Neben der Kirche lohnt ein Blick in den zauberhaften, von einer hohen Palme beschatteten Innenhof des Pfarrhauses, **Casa Rectoral** (16. Jh.), bevor die Altstadtgassen mit ihren Cafés, Boutiquen und Galerien zu einem Bummel einladen.

Etwa 2 km entfernt schmiegen sich kleine Häuser und Bootsschuppen an die grünen Hänge entlang der tief eingeschnittenen Y-förmigen Hafenbucht des Fischerdorfes **Cala Figuera** (700 Einw.). Zahlreiche Cafés und Restaurants im Ort bieten von ihren Terrassen einen schönen Blick auf die Postkartenidylle.

Gute Adressen zum Baden sind die von Felsen gerahmten Sandstrände der Feriensiedlungen **Cala Santanyí** (370 Einw.) und **Cala Llombards** (400 Einw.).

Einen eleganten Bogen formt der Felsen Es Pontas vor der Küste von Cala Santanyí

Beide verfügen über Strandbars, Liegestuhlverleih und Duschen. Cala Santanyí ist zudem beliebter Treffpunkt für Beachvolleyballer. Eine Attraktion für Schnorchler und Freeclimber gleichermaßen ist die Felsbrücke **Es Pontas** (ab Strandparkplatz ausgeschildert), die sich fotogen aus dem Blau des Meeres erhebt.

Berühmte Traumbuchten sind etwas weiter südlich die **Cala S'Almonia** und die **Cala de Sa Comuna**. Sie bieten allerdings keine touristische Infrastruktur und sind nicht ausgeschildert. Man zweigt kurz vor dem Ortseingang von Cala Llombards rechts ab, hält sich dann immer links, bis die Straße eine starke Rechtskurve aufweist, wo man am Straßenrand parken kann. Auf steiler Treppe geht es von hier hinab zur Cala S'Almonia mit einer Handvoll pittoresker Fischerhäuschen, einem winzigen Strand und einem großen Loch in den schroffen Felsen, durch das Wagemutige ins Meer springen. Ein Trampelpfad führt weiter entlang der Küste nach links und gibt nach wenigen Hundert Metern den Blick frei auf die malerische Cala de Sa Comuna (auch Caló des Moro), die sich am Fuße hoher Felsen zum klaren, ruhigen Wasser hin öffnet. Aufgrund seiner landschaftlichen Schönheit ziehen das Fleckchen Sand und die schattigen Felshöhlen im Sommer trotz des etwas beschwerlichen Zugangs reichlich Tagesausflügler an.

i Praktische Hinweise

Einkaufen

La Sal de la Vida, Carrer Asprer, s/n, Santanyí, Tel. 971 65 37 61, www.flordesaldestrenc.com. Delikatessen und alle Variationen des Flor de Sal aus Ses Salines (s. u.).

Hotel

******Cala Santanyí**, Carrer Sa Costa dets Etics, s/n, Cala Santanyí, Tel. 971 16 55 05, www.hotelcalasantanyi.com. Die Anlage direkt am Strand der Cala Santanyí umfasst komfortable Gästezimmer und Apartments, zwei kleine Pools, ein Restaurant sowie einen Spa-Bereich.

Restaurants

Es Port, Carrer Virgen del Carmen, 88, Cala Figuera, Tel. 971 16 51 40. Hier genießt man mit schönem Blick über den Hafen mediterrane Küche und Pizza.

Pura Vida, Carrer Tomarinar, 25, Cala Figuera, Tel. 971 16 55 71, www.pura-vida-mallorca.com. Das Restaurant mit Pool und spektakulärem Meerblick serviert feinste Mittelmeerküche.

Café

Sa Botiga, P/ de la constitució, 2, Santanyí, Tel. 971 64 22 14, www.sabotiga-santanyi.com. Das freundliche Café serviert hausgemachten Kuchen und abends mediterrane Küche im Hotel Santanyi.

52 Ses Salines

Dörfliche Beschaulichkeit, Salzberge und Europas größter Kakteengarten.

Ses Salines (2300 Einw.) ist ein eher unscheinbares Städtchen, dessen Umland von der jahrhundertealten Tradition der Meersalzgewinnung geprägt ist. Zentraler Platz ist die **Plaça Major**, die von hellen Marés-Stein-Fassaden gerahmt wird. Blickfang ist der schlanke Turm der Pfarrkirche **Sant Bartomeu**, die 1876 von Pere d'Acantara Penya errichtet wurde. An die Zeit der Piratenüberfälle erinnert gegenüber der gotische **Torre de Can Bárbara**, einziger Rest der unter Jaume I. im 13. Jh. entstandenen Festung.

Südwärts zur Küste hin erstrecken sich die großen **Salinen**, die dem Ort seinen Namen gaben. Mit ihrer charakteristischen Flora aus Sukkulenten, spanischem Rohr und zerzaust wirkenden Salzsträuchern besitzt diese Landschaft einen ganz eigenen Reiz. Weite Teile dieses Areals zählen zu dem in Privatbesitz befindlichen Landgut Sa Vall und sind nicht zugänglich. Es wird durchquert von der Ma-611, die hinunterführt zum Leuchtturm am **Cap de Ses Salines**, dem südlichsten Punkt der Insel und Ausgangspunkt für eine schöne Küstenwanderung [s. S. 123].

An der Ma-620 zwischen Ses Salines und Es Llombarts hat **Botanicactus** (Tel. 971 64 94 94, www.botanicactus.com, tgl. 9–18 Uhr), der größte Kakteengarten Europas, seine Tore für Besucher geöffnet, der nicht nur für Kakteenliebhaber ein lohnendes Ziel ist. Neben der Wüstenzone mit über 10 000 Kakteen, die im Frühjahr ihre ganze Blütenpracht entfalten, wurde auch ein mallorquinischer Garten angelegt. Hier kann man zwischen Aleppokiefern, Steineichen, Mandel- und Johannisbrotbäumen wandeln, Granatäpfel und Orangen wachsen sehen und die Flora der Insel in konzentrierter Form kennenlernen. Ferner gibt es einen tropischen Bereich mit einem künstlichen See und üppigem Palmen- und Bambusbewuchs.

Voll Anmut zeigen sich stachelige Naturschönheiten im Botanicactus von Ses Salines

i Praktische Hinweise

Restaurant

TOP TIPP **Casa Manolo**, Plaça Sant Bartomeu 2, Ses Salines, Tel. 971 64 91 30, www.bodegabarahona.com. Das urige Restaurant mit köstlichen Fischgerichten und Tapas ist kein Geheimtipp mehr, darum unbedingt reservieren (Mo geschl.).

Bootsausflüge

Excursions a Cabrera, Carrer Miquel Serra Clar, 4, Ses Salines, Tel. 971 64 90 34, www.excursionsacabrera.es. Tagesausflüge nach Cabrera (März–Okt. tgl. 10 Uhr, zurück ca. 17 Uhr) und Fahrten mit dem Glasboden-Boot zum Platja d'es Trenc.

53 Colònia de Sant Jordi

Superbe Strände, salzige Seen und das Inselparadies Cabrera vor der Tür.

Das einstige Fischerdorf Colònia de Sant Jordi (2900 Einw.) hat sich zu einem auch bei Mallorquinern beliebten Ferienort entwickelt. Traumhafte, nahezu unverbaute und auch in der Hochsaison nicht überfüllte Sandstrände mit toller Wasserqualität machen ihn zum Dorado für Sonnenanbeter und Wasserratten, die auf historische Highlights und ausschweifende Partys in unmittelbarer Nähe verzichten können. Eine nette Küstenpromenade mit Restaurants und Cafés, ein munterer Hafen, von dem Boote zum Archipiélago de Cabrera starten, und zahlreiche Sportmöglichkeiten lassen ohnehin keine Langeweile aufkommen.

Surfen und Segeln, Wasserski- und Tretbootfahren sind an der **Platja Estanys** angesagt, die sich nordöstlich des Ortes erstreckt. Ruhiger sind die südlich gelegenen Strände **Platja des Port** und

Platja des Dolç. Das flache Hinterland von Colònia de Sant Jordi mit den bereits im 4. Jh. v. Chr. angelegten **Salines S'Avall** und seinen von zahlreichen Windmühlen entwässerten Feldern erkundet man am schönsten mit dem Fahrrad. Routenvorschläge und Karten erhält man in der Touristinformation (s. u.).

Über Fauna und Flora auf dem Archipiélago de Cabrera [Nr. 54] und in der umliegenden Unterwasserwelt informiert das **Centre d'Interpretació de Cabrera** (Carrer Gabriel Roca, s/n, Tel. 971 65 62 82, tgl. 10–14.30 und 15.30–18 Uhr) mit Meerwasseraquarium und Filmvorführungen.

Ausflüge

Zwischen der Platja Estanys und der Feriensiedlung *Sa Ràpita*, von beiden Orten gut zu Fuß zu erreichen, erstreckt sich die **Platja d'es Trenc**. Mit 5 km Länge, feinem Sand, der sanft ins kristallblaue Wasser abfällt, und angrenzender unverbauter Dünenlandschaft ist sie wahrlich einer der Traumstrände Mallorcas. Ein paar Strandbars sorgen für das leibliche Wohl der im Sommer zahlreichen Badegäste. Die *Anfahrt* mit dem Auto erfolgt über ein ausgeschildertes Zufahrtssträßchen, auf dem es in der Hochsaison ziemlich eng werden kann. Es zweigt von der Ma-6040 zwischen Colònia de Sant Jordi und Campos in westliche Richtung ab und führt zu einem 100 m vom Meer entfernten großen, gebührenpflichtigen Parkplatz.

TOP TIPP

Während der Fahrt passiert man den nicht zugänglichen **Parc Natural de Salobar** mit den Salzgärten *Salines de Llevant*, die seit dem Mittelalter betrieben werden. Eine Landschaft schneeweißer aufgehäufter Salzberge lässt erahnen, dass dem Meer hier jedes Jahr ca. 7000 t Ertrag abgewonnen werden. Die aufgegebenen Salzseen mit ihrem brackigen, von Algen z. T. rötlich gefärbten Wasser sind heute ein naturgeschütztes Vogelparadies.

Schon die Römer wussten das 38 °C warme, leicht radioaktive und natriumchloridhaltige Thermalwasser zu schätzen, das noch heute im **Spa Sant Joan de la Font Santa** (Carretera Campos–Colònia de Sant Jordi, km 8,2, Tel. 971 65 50 16, www.balneariofontsanta.com, April–Okt. tgl. 9–18 Uhr) gegen Rheuma, Arthritis und Hautkrankheiten angewendet wird. 1845 entstand die Badeanlage mit angeschlossenem Hotel, die modernisiert wurde, dank Denkmalschutz aber noch immer nostalgischen Charme versprüht.

i Praktische Hinweise

Information

OIT, Carrer Gabriel Roca, s/n, Nähe Hafen, Colònia de Sant Jordi, Tel. 971 65 60 73, www.mallorcainfo.com

Bootsausflüge

Marcabrera, Carrer Gabriel Roca, 20, Colònia de Sant Jordi, Tel. 971 65 64 03, Mobil-Tel. 622 57 48 06, www.marcabrera.com. Speedboot-Rundfahrt um die Hauptinsel des Archipiélago de Cabrera mit Badestopps.

Fahrradverleih

Team Double J, Avinguda Primavera, 9 A, Colònia de Sant Jordi, Tel. 971 65 57 65, www.teamdoublej.com.

Segeln

Boat Service, an der Platja des Port, Colònia de Sant Jordi , Mobil-Tel. 659 98 06 59 und der Platja Estanys, Mobil-Tel. 625 92 50 15, Colònia de Sant Jordi, www.excursionboat.es. Verleih von kleinen Segel- und Motorbooten, Segelschule.

Badewanderung an Mallorcas Südspitze

Wie Perlen an einer Schnur reihen sich reizvolle Buchten an Mallorcas unverbautem südlichstem Küstenabschnitt. Sie sind lohnende Etappenziele einer Wanderung auf flachem, teils steinigen Küstenpfad vom **Cap des Ses Salines** nach Colònia de Sant Jordi. Ausgangspunkt der Tour (10 km), gerüstet mit Proviant, Sonnenschutz und natürlich Badesachen, ist der aus dem 19. Jh. stammende Leuchtturm am Kap. Zur ersten erfrischenden Rast verlockt nach 2 km die **Platja de Caragol** mit Sandstrand und türkisblauem Wasser. Zwischen Meer und Kiefernwäldern geht es dann 3 km weiter zur schönen, naturbelassenen **Cala en Tugores** und an dem Herrenhaus *Sa Vall* vorbei zu den herrlichen, im Sommer gut besuchten Sandstränden **Platja de Ses Roquetes**, **Platja des Carbó** und **Platja des Dolç**. Nach insgesamt etwa 3 Std. reiner Gehzeit ist der Ferienort **Colònia de Sant Jordi** erreicht, von dem aus man ein Taxi (Mobil-Tel. 606 18 14 90) zurück zum Ausgangspunkt nehmen kann.

Hotels

****Villa Chiquita, Carrer Esmeralda, 14, Colònia de Sant Jordi, Tel. 971 65 51 21, www.hotelvillachiquita.com. Sehr ruhiges kleines Hotel nur 5 Minuten vom Traumstrand Platja d'es Trenc entfernt. Schöne Gartenanlage und Spa-Bereich.

S'Hort des Turó, Carretera Ses Salines–Colònia de Sant Jordi, km 11, Mobil-Tel. 697 17 99 70, www.shortdesturo.com. Finca mit fünf Apartments in ruhig gelegenem Bauernhof mit Pool im Garten.

Restaurants

Restaurant Antonio, C/ Alexandre Farnese, 5, Colònia de Sant Jordi, Tel. 971 65 54 05. Paella, Fisch und Meeresfrüchte genießt man hier am besten auf der Terrasse mit Blick aufs Meer.

Sal de Cocó, Carrer Es Carreró, 47, Colònia de Sant Jordi, Tel. 971 65 52 25, www.restaurantsaldecoco.com. Familienbetrieb mit leichten mediterranen Kreationen. Sehr lecker ist der Fisch in Salzkruste (Mo/Di und im Winter geschl.).

54 Archipiélago de Cabrera

Inseltour mit Naturerlebnis, Badespaß und Piratenburg.

Etwa 10 km vor der Südküste Mallorcas liegt der naturgeschützte Archipiélago de Cabrera, der 19 felsig-karge Inselchen umfasst und ein Paradies für Seevögel ist, darunter die seltenen Seeadler und Korallenmöwen. Die größte unter ihnen, die *Ziegeninsel*, die dem Archipel den Namen gab, ist von März bis Oktober Ziel von Bootsausflügen [s. S. 122/123]. Da die Anzahl der Besucher auf 200 pro Tag beschränkt ist, empfiehlt sich eine Reservierung. Mit Proviant, Sonnenschutz und Badesachen ausgestattet, erreicht man nach einer einstündigen Überfahrt den Hafen **Es Port**, wo ein Informationsbüro (s. u.) geöffnet hat. Hier kann man sich für geführte Wanderungen anmelden, denn nur ein winziger Teil der Wege auf der Insel ist ohne Spezialerlaubnis begehbar.

Eine kleine Wanderung führt zum historisch-ethnografischen Museum **Es Celler** mit Exponaten zur Geschichte der Insel, die bereits in talaiotischer Zeit besiedelt war. Es dokumentiert auch die Zeit des Spanischen Unabhängigkeitskriegs 1808–14, als die Mallorquiner Cabrera als Internierungslager für ca. 9000 französische Gefangene nutzten, von denen ein Großteil verhungerte, verdurstete oder an Krankheiten starb. Zum Gedenken an die Toten wurde gegenüber dem Museum das **Monumento a los Franceses** errichtet. An die Rolle Cabreras als Piratennest im Mittelalter erinnert im Norden des Eilands das im 14. Jh. errichtete **Castell** (30 Min. von Es Port), das dem seeräuberischen Unwesen ein Ende bereitete.

In Hafennähe laden schöne **Strände** zum Sonnen und Schwimmen ein, zudem locken die küstennahen Gewässer mit ihrer fantastischen Unterwasserfauna Schnorchelfans und Taucher an. Ein Badestopp an der **Cova Blava**, der Blauen Grotte, auf der Rückfahrt des Bootsausflugs ist reizvoller Standard.

i Praktische Hinweise

Information

Informació de Cabrera, Es Port, Illa Cabrera, Mobil-Tel. 630 98 23 63, www.magrama.gob.es/es/red-parques-nacionales

55 Cala Pi und Capocorb Vell

Eine malerische Badebucht und steinerne Zeugnisse der Vergangenheit.

Die langgezogene Ferienurbanisation **Cala Pi** besitzt eine der idyllischsten Badebuchten an Mallorcas Südküste: einen 100 m tief in die kiefernbewachsenen Felsen geschnittenen Meeresarm mit türkisblauem Wasser. Gerne ankern Jachten in den windgeschützten Gewässern, deren einziger Zugang über Land eine lange, steile Treppe ist. Dennoch tummeln sich in der Hochsaison die Sonnenanbeter an dem nur 50 m breiten Sandstrand. Oberhalb gibt es ein paar Restaurants, und im Osten überragt ein Piratenwachturm des 17. Jh. die Bucht.

TOP TIPP 4 km nordwestlich von Cala Pi finden sich mit **Capocorb Vell** (Carretera Llucmajor–Cap Blanc, Tel. 971 18 01 55, www.talaiotscapocorbvell.com, Fr–Mi 10–17 Uhr) die Überreste einer der bedeutendsten und ältesten Talaiot-Siedlungen [s. S. 98] auf Mallorca. Archäologen schätzen, dass die Ursprünge des Dorfes, in dem ca. 500 Menschen lebten, bis ins 12. Jh. v. Chr. zurückreichen. Highlights der Ausgrabungsstätte sind fünf noch heute bis zu 6 m aufragende Talaio-

Märchenhafte Mandelblüte

Das bezaubernde Frühlingsphänomen der mallorquinischen Mandelblüte lässt die Herzen romantischer Gemüter höher schlagen. Sentimentale Ergänzung für die visuelle Sinnenfreude liefert die **poetische Geschichte** ihres Ursprungs:

Es war einmal ein arabischer Prinz, der liebte eine Prinzessin aus dem hohen Norden so sehr, dass er sie in sein Reich, die Insel Mallorca, bringen ließ und heiratete. Zunächst lebte das Paar auch glücklich und zufrieden, doch nach einem Jahr wurde die Prinzessin ganz schwermütig und verschlossen, und niemand wusste ihr zu helfen. Erst als sie eines Wintertages mit ihrem Gemahl über die Insel reiste, konnte sie ihren Kummer in Worte fassen: ›Ich vermisse den Schnee in meiner Heimat so sehr.‹ Um die Sehnsucht seiner geliebten Gemahlin zu stillen und sie endlich wieder vergnügt zu sehen, fand der kluge Prinz einen hinreißenden Weg: Er ließ sogleich 7000 Mandelbäumchen aus dem Königreich seines Vaters auf Mallorca pflanzen, die fortan die Insel jeden Winter mit einem schneeweißen Blütenteppich bedeckten und die Prinzessin ihr Heimweh vergessen ließen.

Soweit die gefühlvolle Mär – tatsächlich waren es vermutlich schon die Römer, die Mandelbäume auf Mallorca kultivierten. Heute gedeihen rund 7 Mio. Exemplare des **Prunus dulcis** auf der Insel, rund 50 verschiedene Arten liefern die Basis für aromatisches Öl, süße Leckereien wie Nougat, Plätzchen oder Likör, ihre Schalen dienen den Mallorquinern als Brennstoff. Ihre **Blütezeit** liegt zwischen Anfang Januar und Ende März, je nach Sorte, Standort und Wetterbedingungen. In diesem Zeitraum berichtet die Lokalpresse regelmäßig, wo gerade das schönste zartweiß- bis rosafarbene Blütenmeer auf der Insel zu entdecken ist – ein zuverlässiger Indikator für eine unvergessliche Landpartie.

ten. Ihren guten Erhaltungszustand verdanken diese imponierenden Wachtürme vor allem der Dicke ihres Mauerwerks von bis zu 2 m und der witterungsresistenten Bauweise aus trocken verfugten Bruchsteinen. Von der Schutzmauer, die einst die Siedlung umschloss, haben jedoch nur noch wenige Reste überdauert, denn die mächtigen Steinquader wurden im Mittelalter u.a. zum Bau der Kathedrale nach Palma abtransportiert.

Ausflug

Von Capocorb Vell aus sind es noch 6 km durch militärisches Sperrgebiet bis zum **Cap Blanc**, auf dem ein Leuchtturm 90 m über dem Meer thront. Bademöglichkeiten gibt es keine, dafür einen grandiosen Blick über die Steilküste, die sich, nur unterbrochen von ein paar Urbanisationen und einer verlassenen Festung (18. Jh.) am Cap Enderrocat, bis zu den Ferienzentren an der Badía de Palma hinzieht.

Mallorca aktuell A bis Z

Vor Reiseantritt

ADAC Info-Service:
Tel. 0800 5 10 11 12 (gebührenfrei)

Unter dieser Telefonnummer oder bei den ADAC Geschäftsstellen können ADAC Mitglieder kostenloses Informations- und Kartenmaterial anfordern. Im Handel erhältlich sind außerdem das ADAC Reisemagazin *Mallorca* sowie der ADAC Wanderführer *Mallorca*.

ADAC im Internet:
www.adac.de,
www.adac.de/reisefuehrer

Mallorca im Internet:
www.illesbalears.es,
www.infomallorca.net

Informationen erteilt das **Spanische Fremdenverkehrsamt:**
www.spain.info

Deutschland

Litzenburgerstr. 99, 5. OG, 10707 Berlin, Tel. 030/882 65 43, berlin@tourspain.es

Myliusstraße 14, 60323 Frankfurt/Main, Tel. 069/72 50 33, frankfurt@tourspain.es

Postfach 151940, 80051 München, Tel. 089/53 07 46 11, munich@tourspain.es

Prospektbestellung in Deutschland: Über www.spain.info kann Infomaterial bestellt werden.

Österreich

Walfischgasse 8/14, 1010 Wien 1, Tel. 01/512 95 80-11, viena@tourspain.es

Schweiz

Seefeldstraße 19, 8008 Zürich, Tel. 044 253 60 50, zurich@tourspain.es

Allgemeine Informationen

Reisedokumente

Personalausweis oder Reisepass; Kindereinträge im Reisepass eines Elternteils sind seit dem 26. Juni 2012 nicht mehr gültig. Jedes Kind benötigt ein eigenes Ausweisdokument.

Kfz-Papiere

Führerschein und Zulassungsbescheinigung Teil 1 (vormals Fahrzeugschein). Die Mitnahme der Internationalen Grünen Versicherungskarte wird empfohlen.

Krankenversicherung

Die in die gesetzliche Versicherungskarte integrierte *Europäische Krankenversicherungskarte* wird in ganz EU-Europa anerkannt und garantiert die medizinische Versorgung. Sicherheitshalber empfiehlt sich der Abschluss einer zusätzlichen *Reisekranken-* und *Rückholversicherung*.

Hund und Katze

Im vorgeschriebenen *EU-Heimtierausweis* müssen die Kennzeichnung des Tieres durch Mikrochip und eine gültige Tollwutimpfung (Erstimpfung mind. 21 Tage vor Grenzübertritt) eingetragen sein. Für in Spanien als potenziell gefährlich geltende Hunde (z.B. Pittbull) besteht Maulkorbpflicht und Leinenzwang.

Zollbestimmungen

Innerhalb der EU dürfen Waren zum eigenen Verbrauch unbegrenzt mitgeführt werden. Zur Abgrenzung von privater und gewerblicher Verwendung gelten folgende Richtmengen: 800 Zigaretten, 400 Zigarillos, 200 Zigarren, 1 kg Rauchtabak, 10 l Spirituosen, 10 l alkoholische Süßgetränke (Alkopops), 20 l Zwischenerzeugnisse, 90 l Wein (davon max. 60 l Schaumwein) und 110 l Bier.

Für Reisende aus Nicht-EU-Ländern (Schweiz) gelten folgende Obergrenzen: 200 Zigaretten oder 100 Zigarillos oder 50 Zigarren, 1 l Spirituosen mit einem Alkoholgehalt von mehr als 22 % oder 2 l Alkohol mit bis zu 22 % Alkoholgehalt.

Zoll-Information: Deutschland: www.zoll.de, Österreich: www.bmf.gv.at/zoll, Schweiz: www.ezv.admin.ch

Geld

Gängige Kreditkarten werden in Banken, Hotels und Geschäften akzeptiert. An Geldautomaten kann man rund um die Uhr Geld abheben.

Tourismusämter im Land

Die Touristeninformationen OIT (Oficines d'Informació Turística) vor Ort sind im Haupttext unter ›Praktische Hinweise‹ angegeben. Allgemeine Informationen erhält man im zentralen Büro in Palma:

OIT de Mallorca, Plaça de la Reina, 2, Palma, Tel. 971 17 39 90, www.infomallorca.net

Service und Notruf

Einheitlicher Notruf: Tel. 112 (EU-weit, auch mobil: Polizei, Unfallrettung, Feuerwehr; Notarzt auch: 061)

Pannenhilfe des Real Automóvil Club de España (RACE): Tel. 915 93 33 33 oder Tel. 900 11 22 22 (Hilfe ist kostenpflichtig)

ADAC Notrufstation Barcelona: Tel. 935 08 28 28 (ganzjährig)

ADAC Notruf aus dem Ausland: Tel. +49/89/22 22 22

ADAC Ambulanzdienst München: Tel. +49/89/76 76 76

ÖAMTC Schutzbrief Nothilfe: Tel. +43/1/251 20 00

Einsatzzentrale TCS-ETI-Schutzbrief: Tel. +41/58/827 22 20

Ein Polizeiprotokoll ist bei Unfällen für die Schadensregulierung unbedingt notwendig, vor allem bei Personenschäden. Wer kein Katalan oder Spanisch spricht, braucht einen Dolmetscher und evtl. konsularische Hilfe.

Diplomatische Vertretungen

Konsulat der Bundesrepublik Deutschland, Calle Porto Pi 8, 3° D, Edificio Reina Constanza, 07015 Palma de Mallorca, Tel. 971 70 77 37, Notfall-Tel. 659 01 10 17, www.palma.diplo.de

Honorarkonsulat Österreich, Avenida Jaume III, 29 Entresuelo, 07012 Palma de Mallorca, Tel. 971 42 51 46, consuladoaustriapalma@mmmm.es

Schweizerisches Konsulat, Carrer Antonia Martinez Fiol, 6, 07010 Palma de Mallorca, Tel. 971 76 88 36, palmamallorca@honrep.ch

Besondere Verkehrsbestimmungen

Tempolimits (in km/h): Für Pkw, Motorräder und Wohnmobile bis 3,5 t gilt innerorts 50. Für Pkw und Motorräder gilt außerorts 90, auf Straßen mit mehr als einer Autofahrspur in jeder Richtung und auf Schnellstraßen 100, auf Autobahnen wieder 120. Für Pkw mit Anhänger gilt außerorts 70, auf Schnellstraßen und Autobahnen 80. Wohnmobile bis 3,5 t dürfen außerorts max. 70 fahren, auf Schnellstraßen 80 und auf Autobahnen 90.

Die **Promillegrenze** liegt bei 0,5. Für Personen, die den Führerschein noch keine zwei Jahre besitzen, bei 0,3 Promille.

Überholverbot besteht 100 m vor Kuppen sowie auf Straßen, die nicht mindestens 200 m zu überblicken sind. **Telefonieren** während der Fahrt ist nur mit einer Freisprecheinrichtung erlaubt. **Abschleppen** durch Privatfahrzeuge ist verboten. Beim Verlassen des Fahrzeugs im Falle einer Panne oder eines Unfalls muss außerhalb geschlossener Ortschaften eine reflektierende **Warnweste** getragen werden. **Park- und Halteverbote**: gelbe Linien am Straßenrand bedeutet Parkverbot, blaue Linie eingeschränkte Parkmöglichkeit.

Anreise

Flugzeug

Der Flughafen von Palma *Son Sant Joan* wird von allen großen europäischen Flughäfen aus angeflogen. Die EMT-Buslinie 1 Aeroport – Ciutat – Port pendelt zwischen Flughafen, Innenstadt und Hafen. Leihwagen vieler nationaler und internationaler Firmen stehen am Flughafen zur Verfügung.

Aeroport Son Sant Joan (PMI), 8 km nordöstlich des Stadtzentrums von Palma, Tel. 902 40 47 04, www.aena.es

Schiff

Zwischen dem spanischen Festland und Mallorca sowie zwischen den Baleareninseln verkehren regelmäßig (Auto-)Fähren:

Acciona Trasmediterranea, Tel. 902 45 46 45, www.trasmediterranea.es. Barcelona, Valencia, Ibiza, Mahon–Palma.

Balearia, Tel. 902 16 01 80, www.balearia.com. Barcelona, Dénia, Valencia – Palma; Ciutadella – Port d'Alcúdia.

Iscomar, Tel. 902 11 91 28, www.iscomar.com. Barcelona, Valencia, Ibiza–Palma; Ciutadella–Port d'Alcúdia.

Bank, Post, Telefon

Bank

Öffnungszeiten: In der Regel Mo–Fr 8.30/ 9–13.30/14 Uhr.

Post

Abgesehen vom Hauptpostamt (*Correu*) in Palma, Carrer de la Constitució, sind Postämter nur vormittags geöffnet, Briefmarken (Segells) erhält man aber auch in Tabakläden (Estancs).

Telefon

Internationale Vorwahlen
Spanien 00 34
Deutschland 00 49
Österreich 00 43
Schweiz 00 41

Alle mallorquinischen Telefonnummern sind neunstellig und beginnen mit der einstigen Inselvorwahl 971, Handynummern beginnen stets mit einer 6.

Die Benutzung handelsüblicher Mobiltelefone ist auf Mallorca möglich. Von den meisten Telefonzellen (*Cabinas telefónicas*) kann man mit Telefonkarte, Kreditkarte oder Münzen telefonieren. Telefonkarten (*Targetas prepagos*) kauft man bei der Telefongesellschaft Telefónica oder in autorisierten Geschäften.

Einkaufen

Öffnungszeiten: Kleinere Geschäfte sind in der Regel Mo–Sa 9–13.30/14 und 16.30/ 17–20 Uhr geöffnet. In den Urlaubszentren sowie größeren Kaufhäusern entfällt die Siesta meist.

Unter den Praktischen Hinweisen finden sich zahlreiche Einkaufstipps.

Ein Erlebnis ist der Besuch von **Wochenmärkten**. Neben Lebensmitteln und Haushaltswaren werden oft auch Kunsthandwerk, Ledererzeugnisse und allerlei Schnickschnack angeboten. Eine Auswahl:

Montag: Caimari, Manacor, Montuïri

Dienstag: Alcúdia, Artà, Campanet, Porreres

Mittwoch: Andratx, Capdepera, Colònia de Sant Jordi, Llucmajor, Petra, Port de Pollença, Santanyí, Sineu

Donnerstag: Campos, Consell, Inca, Ses Salines

Freitag: Algaida, Binissalem, Inca, Llucmajor, Son Servera

Samstag: Alaró, Bunyola, Cala Rajada, Campos, Manacor, Portocolom, Santanyí, Sóller

Sonntag: Alcúdia, Felanitx, Llucmajor, Muro, Sa Pobla, Portocristo, Santa Maria del Camí, Valldemossa

Typische Mitbringsel von der Insel sind **Stickereien** (*Bordados*) und **Textilien** mit dem traditionellen Zungenmuster (*Roba de llengües*), ferner **Töpferwaren**, darunter die Tonpfeifen Siurells [s. S. 91], sowie **Lederwaren**. In großer Auswahl findet man Schnitzereien aus Olivenholz, Korbwaren und mundgeblasenes Glas. Beliebt ist **Schmuck** aus den berühmten Kunstperlen von *Majòrica* oder *Orquídea*.

Landwirtschaftliche Produkte wie eingelegte Oliven, Olivenöl und Wein, die würzige Schweinewurst *Sobrassada* und delikater *Schinken* vom schwarzen mallorquinischen Schwein wecken kulinarische Urlaubserinnerungen.

Essen und Trinken

Ob japanisches Sushi oder indisches Curry, Wiener Schnitzel oder italienische Pizza – Mallorca isst international. Auch was die Qualität der Speisen angeht, ist das Spektrum riesig – vom Burger auf die Hand bis zum 5-Gänge-Menü im Luxusrestaurant – für jeden Geschmack und jedes Budget findet sich die richtige Einkehrmöglichkeit. Dennoch sollen im Folgenden ausschließlich typisch mallorquinische Essgewohnheiten und Gerichte vorgestellt werden:

Der Tag beginnt mit dem ersten Kaffee in einer Bar, *Cafè solo* (schwarz), *Cafè tallat* (mit etwas Milch) oder *Cafè amb llet* (Milchkaffee) stehen zur Auswahl, auch frisch gepresster Orangensaft wird häufig angeboten. Wer etwas essen möchte, bestellt sich *Entrepà* (belegtes Brötchen) oder etwas Süßes, z. B. eine *Ensaïmada*, das typisch mallorquinische Hefegebäck in Schneckenform.

Als Snack zwischendurch schmeckt *Coca*, ein deftiger, mit verschiedenen Gemüsesorten belegter Blechkuchen. Typisch ist auch *Pa amb oli*: Bauernbrot wird mit Öl beträufelt und mit einer aufgeschnittenen Tomate eingerieben. Als Belag kommen Käse, Wurst oder Schinken hinzu, und meist finden sich auch noch einige eingelegte Oliven, Peperoni oder Gurken auf dem Teller.

Mittags zwischen 13 und 14 Uhr und/oder abends ab 21 Uhr steht Schlemmen auf dem Programm: **Mittagsmenüs** (Menú del dia) seien all jenen empfohlen, die lecker essen, aber ihre Urlaubskasse schonen wollen: Schon für 10–15 Euro bekommt man in vielen Lokalen drei Gänge inklusive Wasser oder Wein serviert. Das ist wesentlich günstiger als ein vergleichbares **abendliches Dinner**, allerdings auch weniger stimmungsvoll.

In der Regel wartet man nach Betreten eines Restaurants, bis man einen Platz zugewiesen bekommt. Während man die Speisekarte studiert, platziert der Kellner vorab Oliven, Brot und vielleicht auch *Allioli* (Knoblauchmayonnaise) auf dem Tisch. Als Aperitif wird gerne ein *Palo*, ein süßer dunkler Kräuterlikör, getrunken. Dann heißt es aus der Vielfalt der deftigen Landküche Mallorcas zu wählen: Typische **Vorspeisen** (*Entremès*) sind *Sopes mallorquines*, ein Gemüseeintopf aus Brot, Kohl, Zwiebeln und Fleischstückchen, *Frit mallorquí*, gebratene Innereien mit Kartoffeln und Gemüse oder *Arròs brut*, eine Reissuppe mit Fleisch und Gemüse. Als **Hauptgerichte** (*Segon*) werden *Garrí* (Spanferkel), *Espalata de xot* (geschmorte Lammschulter) oder *Escaldums* (Geflügel mit Gemüse) gerne gegessen. Auch *Cargols* (Schnecken) sind sehr beliebt. Natürlich kommen auch Fischliebhaber mit *Paella de marisc* (Reispfanne mit Meeresfrüchten), *Sopes de peix* (würziger Fischeintopf) oder *Peix a la sal* (Fisch in Salzkruste) auf ihre Kosten, obwohl die Meeresbewohner meist nicht aus den fischarmen inselnahen Gewässern stammen, sondern importiert werden. Schwerer haben es Vegetarier, die ihre Mahlzeiten oft aus den Beilagen zusammen suchen müssen, in Frage kommen z. B. *Trempó* (Tomaten-, Paprika-, Zwiebelsalat), *Tumbet* (Gemüseeintopf) oder *Truita* (Eierspeise). Doch beim **Nachtisch** (*Postres*) herrscht bei *Flam* (Karamellpudding) oder *Gató d'ametllas* (Mandelkuchen) wieder Chancengleichheit.

Gerne trinkt man zum Essen einen mallorquinischen Wein, gut und günstig ist meist der *Vi de casa* (Hauswein), sowie *Aigua* (Mineralwasser), danach fördert ein *Herbes de Mallorca* (grüner Likör aus Kräutern und Anis) die Verdauung.

Der Ruf ›*El compte, si us plau!*‹ ordert die Rechnung, die in der Regel für alle Gäste am Tisch zusammen ausgestellt wird. Das Trinkgeld, etwa 10 %, lässt man beim Verlassen des Restaurants auf dem Tisch oder dem Geldtellerchen liegen.

Seit Januar 2011 ist in Spanien eines der strengsten **Antitabak-Gesetze** der Welt in Kraft. Rauchen ist seitdem in Restaurants, Bars und Diskotheken grundsätzlich verboten. Zudem herrscht Rauchverbot auch an vielen öffentlichen Stellen im Freien, wie vor Krankenhäusern und auf Kinderspielplätzen.

Feiertage

1. Januar (Neujahr/Cap d'any), 6. Januar (Heilige Drei Könige/Festa del Reis), 1. März (Regionalfeiertag der Balearen/Dia de les Illes Balears), März/April (Gründonnerstag, Karfreitag/Dijous Sant, Divendres Sant), 1. Mai (Tag der Arbeit/Dia del Treball), 15. August (Mariä Himmelfahrt/L'Assumpció), 12. Oktober (Nationalfeiertag/Festa Nacional), 1. November (Allerheiligen/Tots Sants), 6. Dezember (Tag der Verfassung/Dia de la Constitució), 8. Dezember (Mariä Empfängnis/Immaculada Concepció), 25./26. Dezember (Weihnachten/Nadal, Segona Feste de Nadal)

Festivals und Events

Januar

Palma, *Festa del Reis* (5.1.): Riesenspektakel, wenn am Vorabend des Dreikönigstages die Könige im Hafen ankommen und dann mit ihrem Gefolge (und Bonbons) durch die Straßen ziehen.

Palma, *Festival de Música Clàssica d'Hivern* (Jan.–April): Klassische Konzerte im Auditorium.

Sa Pobla u.v.m., *Revetla de Sant Antoni* (16./17.): Nach Einbruch der Dunkelheit ziehen maskierte Teufel durch die Gassen. Sant Antoni kämpft mit dem Kreuz gegen das Böse, zum Zeichen seines Sieges werden Teufelspuppen verbrannt.

Palma, Patronatsfest *Dia de Sant Sebastiá* (20.1.): Die Inselkapitale feiert eine Woche lang mit Feuerwerk und Jahrmarkt.

Februar/März

Palma, *Sa Rua:* Farbenfroher Karnevalsumzug durch die Altstadt von Palma.

März/April

Palma, Pollença u.v.m., *Semana Santa:* Karwoche mit feierlichen Prozessionen. Besonders sehenswert: Prozession der Kapuzen-Bruderschaften in Palma (Gründonnerstag abends) und Karfreitags-Prozession in Pollença.

Palma, *Festa d'Àngel* (Sonntag nach Ostern): Volksfest am Castell de Bellver.

Deià, *International Music Festival* (www.dimf.com, Ende April–Sept.): Kammermusik u.a. im Landsitz Son Marroig.

Mai

Cala d'Or, *International Jazz Festival* (Mai/Juni)

Juni

Palma, *La Ruta de los Patios de Palma* (www.balearsculturaltour.net, Fronleichnam und Herbst): Führungen durch die Innenhöfe der Altstadtpaläste.

Port d'Alcúdia, Port d'Andratx, Port de Sóller u.v.m., *Festa de Sant Pere* (29.6.): Schiffsprozessionen und Feuerwerk.

Juli

Cala Figuera, Cala d'Or, Cala Rajada, Portocristo u.v.m., *Nostra Senyora del Carmen* (15./16.7.): Schiffsprozessionen zu Ehren der Schutzheiligen der Fischer.

Cala Rajada, *Serenades Estiu* (Juli-Donnerstage): Klassische Konzerte im sonst verschlossenen Park des Palau Juan March.

Palma, *Festival de Música Castell de Bellver:* Klassische Konzerte im kreisrunden Innenhof der Burg von Bellver.

Pollença, *Festival de Pollença* (www.festivalpollenca.com, Juli/Aug.): Internationales Musikfestival mit Klassik-, Jazz-, Gospel- und Popkonzerten.

Sa Calobra, *Musica Coral:* Konzert vor der beeindruckenden Kulisse der Schlucht von Sa Calobra.

Sóller, *Sa Mostra:* Internationales Folklorefestival mit Aufführungen von Tanzgruppen aus aller Welt.

August

Pollença, *Moros i Cristians* (Anfang Aug.): Fröhlich-bunte Piratenschlacht zwischen Mauren und Christen.

Palma, *Des Güell a Lluc a peu* (www.desguellallucapeu.es, 1. Samstag): Nächtliche Wallfahrt von Palma zum Santuari Lluc (48 km) mit mehreren Tausend Teilnehmern.

Sant Elm, *Moros i Cristians* (1. Wochenende): Nachgestellte Piratenschlacht.

Valldemossa, *Festival Chopin* (www.festivalchopin.com, August-Sonntage): Klassische Konzerte in der Kartause.

September

Santa Margalida, *Festa de la Beata* (1. Sonntag): Prozession zu Ehren der hl. Catalina Thomás.

Santa Ponça, *Moros i Cristians* (Anfang Sept.): Ankunft und Schlacht der spanischen Rückeroberer um Mallorca.

Binissalem, *Festa des Veremar* (Ende Sept.): Weinfest mit Feuerwerk.

Oktober

Palma, *Palma de Mallorca Marathon* (www.palmademallorcamarathon.com): Marathon, Halbmarathon, 10 km und Nordic Walking durch Palma.

November

Caimari, *Fira de S'Oliva:* Volksfest anlässlich der Olivenernte.

Klima und Reisezeit

Je nach Interesse lohnt sich eine Reise nach Mallorca zu jeder Jahreszeit: Von Januar bis März hüllt sich die Insel in ein weiß-rosafarbenes Mandelblütengewand, und auch in den Wäldern und Wiesen blüht es bis in den Mai hinein. Landpartien, Wanderungen und Radtouren sind jetzt besonders reizvoll, allerdings muss man sich auf kühlere Temperaturen und gelegentliche Regenschauer einstellen. Ein Hotelzimmer mit Heizung ist ratsam.

Von Juni bis September steht mit warmen bis heißen Luft- und Wassertemperaturen sowie wenig Niederschlag alles im Zeichen der Badesaison.

Ab Oktober gibt es wieder vermehrt Regenschauer, erstes Grün sprießt auf den vertrockneten Feldern und macht den

Monat attraktiv für alle Art von Outdoor-Aktivitäten. Erst im November und Dezember werden die Temperaturen spätherbstlich kühl, selten schneit es in der Tramuntana.

Klimadaten Mallorca

Monat	Luft (°C) min./max.	Wasser (°C)	Sonnen-std./Tag	Regen-tage
Januar	6/14	14	5	8
Februar	7/15	13	6	6
März	8/17	14	7	8
April	10/19	15	8	6
Mai	13/22	17	10	5
Juni	17/26	21	11	3
Juli	20/29	25	12	1
August	20/29	25	11	3
September	18/27	24	9	5
Oktober	14/23	21	7	9
November	10/18	18	6	8
Dezember	8/15	15	5	9

Kultur live

Kirchen

Die meisten Kirchen, vor allem auf dem Land, können nur kurz vor oder nach der Messe besichtigt werden. Aushänge am Portal informieren über die Gottesdienstzeiten.

Konzerte, Tanz und Theater

Informationen über aktuelle kulturelle Veranstaltungen und Hinweise zum Kartenkauf gibt es in den OIT-Büros oder im Internet unter:

www.balearsculturaltour.es
www.mallorca-cultura.com

Veranstaltungsorte:

Auditori d'Alcúdia, Plaça de la Porta de Mallorca, 3, Alcúdia, Tel. 971 89 71 85, www.auditorialcudia.net

Auditòrium de Palma, Passeig Marítim, 18, Palma, Ticket Tel. 971 73 47 35, www.auditoriumpalma.com

Auditòriu Sa Màniga, Carrer de Son Galta, 4, Cala Millor, Tel. 971 58 73 73, www.samaniga.es

Teatre Principal, Carrer de Riera, 7, Palma, Tel. 971 21 96 96, www.teatreprincipal.com

Palma Arena, Avinguda Uruguai, 3, Palma

Stierkampf

Trotz der Kritik von Tierschützern finden von Juni bis Oktober auch auf Mallorca Stierkämpfe, *Corridas de toro*, statt. Arenen gibt es in Palma, Alcúdia, Inca, Manacor und Muro, über aktuelle Veranstaltungen gibt das örtliche OIT Auskunft.

Medien

Für deutschsprachige Urlauber interessant sind folgende auf der Insel produzierte Medien:

Mallorca 95.8 – Das Inselradio, FM 95.8 MHz (im Norden 96.9 MHz), www.inselradio.com. Deutschsprachige Moderation und Nachrichten, internationale Popmusik.

Mallorca Magazin, www.mallorcamagazin.net. Erscheint donnerstags.

Mallorca Zeitung, www.mallorcazeitung.es. Erscheint donnerstags.

Nachtleben

Egal, ob man auf Bierbänken tanzen oder zu Lounge-Klängen am Cocktail nippen möchte – Mallorca bietet für jeden Geschmack eine passende Ausgehmöglichkeit. Besonders pulsierend ist das Nachtleben in Palma und S´Arenal sowie in Cala Rajada. Die Bars füllen sich jedoch erst um 23 Uhr, in den Diskotheken steppt frühestens um 24 Uhr so richtig der Bär. Eine Auswahl angesagter Locations findet sich unter den Praktischen Hinweisen, in den Ferienzentren teilen Klubs oft Flyer aus.

Beliebt bei Urlaubern sind auch sogenannte Dinner-Shows mit Menü und einem Unterhaltungsprogramm, z. B.

Es Foguero, Carretera de S'Aranjassa, km 10,8, Tel. 617 70 05 16, www.esfoguero.com. Flamenco, Akrobatik und Clownerie.

Pirates, Sa Porrassa, 12, Magaluf, Tel. 971 13 06 59, www.piratesadventure.com. Humorvolle Seeräuber-Akrobatik.

Son Amar, Carretera Palma–Sóller, Km 10,8, Tel. 971 61 75 33, www.sonamar.com. Varieté mit Pferdedressur, Zauberkunst, Lasershow u.v.m. auf einem Landgut aus dem 13. Jh.

Sport

Ballonfahren

Mallorca Balloons, Carretera Palma–Manacor, Ausfahrt 44, Tel. 971 59 69 69, www.mallorcaballoons.com

Fußball

Iberostar Estadi, Camí dels Reis, s/n, Palma (Stadtteil Son Moix). Heimspiele des RCD Mallorca, www.rcdmallorca.es

Golf

Mallorca hat inzwischen 24 landschaftlich reizvoll gelegene Golfplätze, die meisten sind öffentlich zugänglich. Informationen erteilen die OIT-Büros oder die

Federación Balear de Golf, www.fbgolf.com

Nordic Walking

Nordic Walking ist praktisch überall möglich. Die Gemeinde Alcúdia hat einen Nordic-Walking-Park angelegt, mit ausgeschilderten Routen, die in der beim OIT ausliegenden Broschüre ›Nordic Walking in Mallorca‹ beschrieben werden.

Radfahren

Mallorca ist ein Radlerparadies, das Freizeitsportler und Profis gleichermaßen zu schätzen wissen. Anspruchsvolle Gebirgsstrecken finden sich in der Tramuntana, während die flache Ebene im Zentrum der Insel und die Küstenregion im Norden, Osten und Süden ganz entspannt befahren werden können.

Immer mehr Kommunen bauen Radwege, weisen wenig befahrene Straßen aus und verteilen in ihren OIT-Büros Prospekte mit Tourenvorschlägen. In fast allen Fe-rienorten gibt es einen Fahrradverleih. Auf Mallorca herrscht Helmpflicht, bei schlechtem Wetter muss reflektierende Kleidung getragen werden.

Reiten

Lange Sandstrände und unverbautes Hinterland machen die Insel zu einem Dorado für Reiter aller Könnensstufen. Unter den Praktischen Hinweisen finden sich ausgewählte Ranchos, Clubs Hípics sowie Fincas, die Reiterferien anbieten.

Schwimmen

Viele Hotels haben In- und Outdoor-Pools, zusätzlich verfügen manche Orte über ein städtisches Schwimmbad (Infos beim OIT).

Beim Baden im Meer, das eine hervorragende Wasserqualität aufweist, ist unbedingt auf die Strandbeflaggung zu achten: Die rote Fahne bedeutet höchste Gefahr und Badeverbot, die gelbe rät zu erhöhter Vorsicht.

Segeln

Auf Mallorca gibt es über 40 gut ausgestattete Sporthäfen. Ausführliche Infos: www.portsib.es

Mehr Informationen zum **Wassersport** und zu den geprüften **Marinas** finden Sie unter www.adac.de/reise_freizeit und www.marinafuehrer.adac.de

Einen Überblick über alle Charterjachten der Balearen bietet

Mallorca Nautic, Carrer Joan Miró, 20, Palma, Tel. 971 28 00 07, www.mallorcanautic.com

Surfen

An fast allen größeren Stränden kann man sich im Sommer Surfbretter ausleihen und mitunter auch Kurse buchen. Gute Windverhältnisse machen die Buchten von Pollença und Alcúdia besonders attraktiv.

Tauchen

In den meisten Küstenorten sind Tauchschulen vertreten. Als besonders schöne und fischreiche Reviere gelten die Gewässer um die Illa Sa Dragonera und der Archipel Cabrera. Die Ostküste bei Cala Rajada punktet bei erfahrenen Tauchern mit Unterwasserhöhlen.

Tennis

In der Heimat Rafael Nadals haben viele große Hotels einen Tennisplatz. Über weitere Anlagen informieren die örtlichen OITs.

Wandern

Die herrlichen Landschaften und das angenehme Klima im Frühjahr und Herbst machen Mallorca zu einem Paradies für Wanderer: Viele Routen sind inzwischen gut ausgeschildert, doch in manchen Gegenden scheinen Wegmarkierungen gänzlich unbekannt. Und so kann es immer wieder vorkommen, dass man plötzlich mitten in der Macchia oder vor einem verschlossenen Tor steht. Gute

Wanderführer und Karten können meistens Abhilfe schaffen. Wer auf Nummer sicher gehen möchte, sollte sich geführten Touren anschließen, z. B.

Grupotel Natur, Tel. 971 85 28 15, Mobil-Tel. 659 03 05 54, www.grupotelnatur.com. Gemütliche Wanderungen mit fachkundigen Erläuterungen zu Natur, Land und Leuten sowie Picknick, auch Nachtwanderungen, Canyoning und Radtouren.

Yoga

Yoga-Stunden stehen in vielen Hotels auf dem Programm, zusätzlich finden sich auf der Insel zahlreiche Yoga-Center, in denen man einzelne Stunden nehmen kann. Auch komplette Yoga-Ferien sind buchbar, z. B.

Holiday Yoga, Schernbergstraße 16, Berlin, Tel. 030/71 55 49 01, www.holidayoga.de. Einwöchige Yoga-Ferien auf einer Finca bei Estellencs.

Statistik

Lage: Mallorca ist die größte Insel der im westlichen Mittelmeer gelegenen Balearen. Zum Archipel der Illes Balears gehören auch Cabrera, Menorca, Ibiza und Formentera.

Verwaltung: Hauptstadt der Insel sowie Regierungssitz der Comunitat Autónima de les Illes Balears, der Autonomen Gemeinschaft Balearen, ist Palma. Mallorca besteht aus 53 Verwaltungsbezirken (Municipios).

Fläche: 3620 km². Die weiteste Ausdehnung erreicht Mallorca mit rund 100 km zwischen dem Strand von Sant Elm und der Cala Rajada. Am schmalsten – nur 50 km – ist die Insel zwischen Palma und der Badía d'Alcúdia. Die Küstenlinie hat eine Länge von über 550 km, höchste Erhebung des Eilands ist der Puig Major mit 1445 m.

Bevölkerung: 876 000 Einw., davon ca. 185 000 Ausländer (ca. 31 000 Deutsche).

Hauptstadt: Palma (407 000 Einwohner).

Sprache: Spanisch und Mallorquí, ein Dialekt des Katalanischen, das 1983 zur zweiten Amtssprache erhoben wurde. Seither ist Katalanisch Unterrichtssprache in den Schulen. Ungeachtet vieler Proteste von Immigranten ist ein Erstarken des Katalanischen auf Mallorca zu beobachten.

Wirtschaft: Die wichtigste Erwerbsquelle der Bevölkerung war mit 80 % des Bruttoinlandprodukts der Tourismus, daneben war das Baugewerbe bedeutend (10 %). In der Wirtschaftskrise blieben viele Touristen weg, Neubauten lagen brach. Beide Witschaftszweige erholen sich nur langsam, die Insel gehört aber nach wie vor zu den wohlhabenden Regionen Spaniens. In den Hintergrund gerückt sind Landwirtschaft, Fischerei, Lederverarbeitung und Kunsthandwerk.

Unterkunft

Mallorca bietet ein nahezu unerschöpfliches Spektrum an Übernachtungsmöglichkeiten, die Preise variieren je nach Ausstattung und Reisesaison. Die günstigsten Angebote findet man meist im Rahmen von Pauschalreisen. Individualreisende sollten zu Ostern, Pfingsten sowie im Juli/August vorab reservieren. Im Winter sind viele Hotels geschlossen.

Camping

Wildes Zelten ist auf Mallorca verboten, Ver- und Entsorgungseinrichtungen für Wohnmobile existieren nicht. Die einzigen offiziellen Campingplätze finden sich beim Kloster Lluc: Sa Font Coberta mit 300 Zeltplätzen beim Großparkplatz des Klosters sowie Es Pixarells mit 18 Zeltplätzen an der Carretera Pollença–Lluc, km 17. Information:

Área de Acampada, Lluc, Tel. 971 51 70 70, amitger@dgmambie.caib.es, Anmeldung notwendig.

Ermitas und Santuaris

Pilgerherbergen, die im einzelnen unter ›Praktische Hinweise‹ im Hauptteil aufgeführt sind, bieten auch Wanderern und Radfahrern ein Dach über dem Kopf. Man übernachtet in schlichten Bettenlagern oder Zimmern, dafür aber an landschaftlich reizvollen Orten, etwa auf dem Burgberg von Alaró oder am Fuß der Tramuntana im Kloster Lluc. Meist werden auch einfache Mahlzeiten gereicht.

Fincas

Die liebevoll restaurierten Landhäuser erfreuen sich auf Mallorca großer Beliebtheit. Es gibt sie in Kategorien von einfach bis luxuriös, mit Verpflegung oder für Selbstversorger. Ein bis vier Schlüssel geben – ähnlich wie bei den Hotelsternen – Auskunft über ihre Ausstattung. Information:

Associació Agroturisme Balear,
Carrer Parellades, 12,,
Palma, Tel. 971 72 15 08,
www.topfincas.com

Hotels und Apartments

Das spanische Tourismusministerium stuft die Hotels auf Mallorca gemäß ihrer Ausstattung in Ein- bis Fünf-Sterne-Häuser ein. In der Regel hat man die Wahl zwischen Übernachtung mit Frühstück, Halbpension oder All Inclusive, wobei in Hotels mit zwei oder drei Sternen die abendlichen Büffets zwar meist reichhaltig, oft aber wenig schmackhaft sind. Wer günstig übernachten, aber gut essen möchte, sollte daher nur Frühstück buchen und abends in Restaurants einkehren. Ideal für Selbstversorger sind mit Kochnische oder Küche ausgestattete Apartments.

Empfehlenswerte Hotels und Apartments sind im Haupttext unter ›Praktische Hinweise‹ beschrieben, einen umfassenden Überblick bietet:

Federación Hotelera Mallorca,
Carrer Aragó, 215, Palma, Tel. 971 70 60 07,
www.fehm.info

Jugendherbergen und Hostales

Auf Mallorca gibt es eine Jugendherbergen (Albergues Juveníl) des Verbands ›Hostelling International‹:

Albergue Juveníl La Victoria, Carretera Cap Pinar, Alcúdia, Tel. 971 54 53 95,
www.reaj.com

Einfache private Unterkünfte werden **Hostales** genannt. Die Zimmer besitzen meist kein eigenes Bad, Frühstück ist in der Regel im Preis inbegriffen.

Refugis

Refugis sind Berghütten, die Wanderern und Mountainbikern eine einfache Unterkunft meist in Schlafsälen bieten. Oft werden auch Mahlzeiten offeriert, eine Reservierung ist obligatorisch. Eine Auflistung aller Refugis mit umfassenden Informationen ist erhältlich über:

Consell de Mallorca,
Tel. 971 17 37 00

Verkehrsmittel im Land

Bahn

In Palma fahren die beiden Bahnlinien Palma–Inca–Sa Pobla und Palma–Sóller an zwei verschiedenen Bahnhöfen von der Plaça d'Espanya ab. Außerdem verbindet ein Zug Inca mit Manacor. Eine Erweiterung des Streckennetzes nach Alcúdia und Artà ist geplant. Infos:

Consorci Transports Mallorca,
Plaça d'Espanya, Palma, Tel. 971 17 77 77,
www.tib.org

Ferrocarril de Sóller, Tel. 971 63 01 30,
www.trendesoller.com

Bus

Busse verbinden fast alle Orte der Insel mit der Hauptstadt Palma, Querverbindungen dagegen sind rar. Gut ausgebaut ist das Liniennetz zwischen Palma und den Ferienorten an der Badía de Palma. Auch in Palma selbst kommt man mit dem Bus schnell und unkompliziert voran. Der zentrale Busbahnhof für überregionale Linien befindet sich im unterirdischen Verkehrszentrum an der Plaça d'Espanya in Palma.

Fahrscheine kann man direkt beim Fahrer erstehen, dazu sollte man genügend Kleingeld parat haben. Information:

Consorci Transports Mallorca,
Plaça d'Espanya, Palma, Tel. 971 17 77 77,
www.tib.org

Mietwagen

Etwa 35 000 Mietwagen diverser Anbieter stehen auf der Insel bereit. Ein Preisvergleich lohnt.

Insbesondere in der Hauptsaison sollte man bereits (online) von zu Hause aus reservieren, denn die örtlichen Mietwagenanbieter sind oft bis auf das letzte Fahrzeug ausgebucht.

Für Mitglieder bietet die **ADAC Autovermietung** günstige Konditionen an. Buchungen über www.adac.de/autovermietung, die ADAC Geschäftsstellen oder unter Tel. 089/76 76 20 99.

Taxi

Taxen fahren innerorts mit Taxameter, die Preise für Überlandfahrten können Tafeln an Taxiständen entnommen werden. Die Kosten variieren je nach Tag und Zeit und liegen geringfügig unter dem mitteleuropäischen Standard.

Sprachführer

Spanisch und Katalanisch für die Reise

Das Wichtigste in Kürze

	Spanisch (Kastilisch)	Katalanisch
Ja/Nein	*sí/no*	*sí/no*
Bitte/Danke	*por favor/gracias*	*si us plau/gràcies*
Entschuldigung!	*¡perdón!/¡perdone!*	*disculpi!/disculpa!*
Können Sie mir bitte helfen?	*¿Puede ayudarme, por favor?*	*Pot ajudar-me, si us pla*
Das gefällt mir (nicht).	*(No) Me gusta.*	*(No) M'agrada.*
Ich möchte …	*Quisiera …*	*Voldria …*
Haben Sie …?	*¿Tiene usted …?*	*Té …?*
Wie viel kostet das?	*¿Cuánto cuesta?*	*Quant és?*
Kann ich mit Kreditkarte bezahlen?	*¿Puedo pagar con la tarjeta de crédito?*	*Puc pagar amb targeta de crèdit?*
Wie viel Uhr ist es?	*¿Qué hora es?*	*Quina hora és?*
Guten Morgen!/Guten Tag!	*¡Buenos días!*	*Bon dia!*
Guten Abend!/Gute Nacht!	*¡Buenas tardes!/¡Buenas noches!*	*Bona tarda!/Bona nit!*
Hallo!/Grüß dich!	*¡Hola!/¿Qué tal?*	*Hola/Què hi ha?*
Wie ist Ihr Name, bitte?	*¿Cómo se llama usted, por favor?*	*Com es diu, si us plau?*

Wochentage

Montag	*lunes*	*dilluns*
Dienstag	*martes*	*dimarts*
Mittwoch	*miércoles*	*dimecres*
Donnerstag	*jueves*	*dijous*
Freitag	*viernes*	*divendres*
Samstag	*sábado*	*disabte*
Sonntag	*domingo*	*diumenge*

Monate

Januar	*enero*	*gener*
Februar	*febrero*	*febrer*
März	*marzo*	*març*
April	*abril*	*april*
Mai	*mayo*	*maig*
Juni	*junio*	*juny*
Juli	*julio*	*juliol*
August	*agosto*	*agost*
September	*septiembre*	*setembre*
Oktober	*octubre*	*octubre*
November	*noviembre*	*novembre*
Dezember	*diciembre*	*desembre*

Zahlen

0	*cero*	*zero*
1	*un/una*	*un/una*
2	*dos*	*dos/dues*
3	*tres*	*tres*
4	*cuatro*	*quatre*
5	*cinco*	*cinc*
6	*seis*	*sis*
7	*siete*	*set*
8	*ocho*	*vuit*
9	*nueve*	*nou*
10	*diez*	*deu*
11	*once*	*onze*
12	*doce*	*dotze*
13	*trece*	*tretze*
14	*catorce*	*catorze*
15	*quince*	*quinze*
16	*dieciséis*	*setze*
17	*diecisiete*	*disset*
18	*dieciocho*	*divuit*
19	*diecinueve*	*dinou*
20	*veint*	*vint*
21	*veintiuno, -a*	*vint-i-un*
22	*veintidós*	*vint-i-dos*
30	*treinta*	*trenta*
40	*cuarenta*	*quaranta*
50	*cincuenta*	*cinquanta*
60	*sesenta*	*seixanta*
70	*setenta*	*setanta*
80	*ochenta*	*vuitanta*
90	*noventa*	*noranta*
100	*cien, ciento*	*cent*
101	*ciento uno*	*cent un*
200	*doscientos, -as*	*dos-cents*
300	*trescientos,-as*	*tres-cents*
400	*cuatrocientos,-as*	*quatre-cents*
500	*quinientos,-as*	*cinc-cents*
600	*seiscientos,-as*	*sis-cents*
700	*setecientos, -as*	*set-cents*
800	*ochocientos, -as*	*vuit-cents*
900	*novecientos, -as*	*nou-cents*
1000	*mil*	*mil*
2000	*dos mil*	*dos mil*
10 000	*diez mil*	*deu mil*
1 000 000	*un millón*	*un milió*
¼	*un cuarto*	*un quart*
½	*medio*	*mig*

	Spanisch (Kastilisch)	Katalanisch
Mein Name ist …	*Me llamo …*	*Em dic …*
Wie geht es Ihnen?	*¿Qué tal / está usted?*	*Com està?*
Auf Wiedersehen!/Tschüs!	*¡Adiós!/¡Hasta luego!*	*Adéu-siau!/Adéu!*
Bis morgen!	*¡Hasta mañana!*	*Fins demà!*
gestern/heute/morgen	*ayer/hoy/mañana*	*ahir/avui/demà*
am Vormittag/am Nachmittag	*por la mañana/por la tarde*	*al matí/a la tarda*
am Abend/in der Nacht	*por la tarde/por la noche*	*a la tarda/a la nit*
um 1 Uhr/2 Uhr …	*a la una/a les dos …*	*a la una/a les dos ...*
um … Uhr 30	*a la/las … y media*	*dos quarts de …*
Minute(n)/Stunde(n)	*minuto(s)/hora(s)*	*minut(s)/hora (hores)*
Tag(e)/Woche(n)	*día(s)/semana(s)*	*dia (dies)/setmana (setmanes)*
Monat(e)/Jahr(e)	*mes(es)/año(s)*	*mes(os)/any(s)*

Unterwegs

Nord/Süd/West/Ost	*norte/sur/oeste/este*	*nord/sud/oest/est*
oben/unten	*arriba/abajo*	*amunt/avall*
geöffnet/geschlossen	*abierto/cerrado*	*obert/tancat*
geradeaus/links/ rechts/zurück	*derecho/ a la izquierda/ a la derecha/ atrás*	*tot dret/ a l'esquerra/ a la dreta/enrera*
nah/weit	*cerca/lejos*	*prop/lluny*
Wie weit ist das?	*¿A qué distancia está?*	*És molt lluny això?*
Wo sind die Toiletten?	*¿Dónde están los aseos?*	*On es el lavabo?*
Wo ist der Flughafen/ der Fährhafen/die Polizei?	*¿Dónde está el aeropuerto/ el puerto/una policía?*	*On és l'aeroport/ el port/una policia?*
Wo finde ich … eine Bäckerei/ ein Lebensmittelgeschäft/ den Markt?	*¿Dónde encuentro una panadería/ un supermercado/ el mercado?*	*On hi ha per aquí … un forn/una fleca un supermercat/ el mercat?*
Ist das der Weg/ die Straße nach …?	*¿Es este el camino/ la carretera a …?*	*És aquest el cami per …/ És aquesta la carretera a ?*
Ich möchte mit … dem Zug/dem Bus/ der Fähre/dem Flugzeug nach … fahren.	*Quisiera ir en ... tren/autobús/ ferry/avión a …*	*Voldria anar amb … tren/autobús/autocar/ ferry/avió a …*

Hinweise zur Aussprache – Spanisch und Katalanisch

c	vor ›a, o, u‹ wie ›k‹, z. B.: casa, caja vor ›e‹ und ›i‹ ähnlich dem englischen ›th‹, z. B.: gracias, cinc
ch	wie ›tsch‹, z. B.: leche
g	vor ›e‹ und ›i‹ wie ›ch‹, z. B.: gente
gue, gui	wie ›ge, gi‹, z. B.: guiso, pague
h	ist immer stumm
j	wie ›ch‹, z. B.: jamón
ll	zwischen Vokalen wie ›lj‹ z. B.: tortilla, llum
ñ	wie ›nj‹, z. B.: niño
que, qui	wie ›ke, ki‹, z. B.: queso, quiero, porque
s	vor ›b, d, g, l, m, n‹ weiches ›s‹, z. B.: isla, sonst immer scharfes ›s‹
v	wie ›b‹, z. B.: via, vino
z	ähnlich dem englischen ›th‹, z. B.: tenaz

Besonderheiten des Katalanischen

ç	wie scharfes ›s‹, z. B.: França, dolços
g	vor ›e‹ und ›i‹ wie in Garage, z. B.: coratge, ›ig‹ am Wortende wie ›dsch‹, z. B.: puig
j	wie ›g‹ in Garage, z. B.: menjar
ny	wie ›gn‹ in ›Champagner‹, z. B.: Catalunya
s	am Anfang und Ende des Wortes scharfes ›s‹, z. B.: sis, vas, seda zwischen zwei Vokalen weiches ›s‹, z. B.: ase
ss	zwischen zwei Vokalen scharfes ›s‹, z. B.: passa
x	wie ›sch‹, z. B.: caixa
z	wie weiches ›s‹, z. B.: onze, setze

	Spanisch (Kastilisch)	Katalanisch
Ich möchte eine Anzeige erstatten.	*Quisiera hacer una denuncia.*	*Voldria fer una denúncia.*
Man hat mir ... Geld/die Tasche/ die Papiere/die Schlüssel/ den Fotoapparat/ den Koffer gestohlen.	*Me han robado ... el dinero/el bolso/ los documentos/las llaves/ la cámara fotógrafica/ la maleta.*	*M'han robat ... els diners/la cartera/ la documentació/les claus/ l'aparell fotogràfic/ la maleta.*

Bank, Post Telefon

Wo ist die (der) nächste … Telefonzelle/ Bank/Post/ Geldautomat?	*¿Dónde está … la cabina telefónica/ el banco/el correo/ el cajero automático más cerca?*	*On hi ha per aquí prop ... una cabina telefònica/ un banc/un correu/ un caixer automàtic?*
Brauchen Sie meinen Ausweis?	*¿Necesita mi documento de identidad?*	*Necessita el meu carnet d'identitat?*
Haben Sie … Telefonkarten/Briefmarken?	*¿Tiene Usted … tarjetas de teléfono/sellos?*	*Té targetes … de telèfon/segells?*

Tankstelle

Wo ist die nächste Tankstelle?	*¿Dónde está la estación de servicio más cerca?*	*On és la benzinera més propera?*
Ich möchte … Liter … Super/Diesel/ bleifrei.	*Quisiera … litros de … gasolina super/diesel/ gasolina sin plomo.*	*Voldria … litres de … gasolina/super/diesel/ sense plom.*
Volltanken, bitte!	*¡Lleno, por favor!*	*Ple, si us plau!*
Bitte prüfen Sie … den Ölstand/ die Batterie.	*¡Por favor, controle… el nivel del aceite/ la batería!*	*Controli, si us plau … el nivell de l'oli/ la bateria.*

Panne

Ich habe eine Panne.	*Tengo una avería.*	*Tinc una avaria.*
Der Motor startet nicht.	*El motor no arranca.*	*El cotxe no s'engega.*
Ich habe kein Benzin.	*No tengo gasolina.*	*No tinc gasolina.*
Gibt es hier in der Nähe eine Werkstatt?	*¿Hay algún taller por aquí cerca?*	*On hi ha per aqui aprop un taller?*
Können Sie mir einen Abschleppwagen schicken?	*¿Puede enviarme una grua?*	*Pot enviar-me una grua?*
Können Sie den Wagen reparieren?	*¿Puede repara el coche?*	*Pot reparar-me el cotxe?*
Bis wann ist er fertig?	*¿Cuándo estará listo?*	*Quant tardaran a arreglar el cotxe?*

Mietwagen

Ich möchte ein Auto mieten.	*Quisiera alquilar un coche.*	*Voldria llogar un cotxe.*
Was kostet die Miete … pro Tag/pro Woche?	*¿Cuánto cuesta el alquiler … por día/por semana?*	*Quant costa el lloguer ... per dia/per setmana?*
Wo kann ich den Wagen zurückgeben?	*¿Dónde puedo devolver el coche?*	*On puc tornar el cotxe?*

Unfall

Hilfe!	*¡Ayuda!/¡Socorro!*	*Ajuda!*
Achtung!/Vorsicht!	*¡Atención!/¡Cuidado!*	*Compte!*
Rufen Sie bitte schnell … einen Krankenwagen/ die Polizei/die Feuerwehr.	*Por favor, llame en seguida … una ambulancia/ a la policía/a los bomberos.*	*Truqui, si us plau de pressa … a una ambulància/ a la policia/als bombers.*
Es war (nicht) meine Schuld.	*(No) Ha sido por mi culpa.*	*(No) Ha estat culpa meva.*
Ich brauche die Angaben zu Ihrer Autoversicherung.	*Necesito los datos de su seguro.*	*Necessito les dades de la seva assegurança seguro.*
Geben Sie mir bitte Ihren Namen und Ihre Adresse.	*¿Puede usted darme su nombre y dirección, por favor?*	*Pot donar-me el seu nom i la seva adreça, si us plau?*

	Spanisch (Kastilisch)	Katalanisch

Krankheit

Können Sie mir einen Arzt/Zahnarzt empfehlen?	*¿Puede recomendarme un médico/dentista?*	*Pot recomanar-me un metge/un dentista?*
Wann hat er Sprechstunde?	*¿A qué hora tiene su consulta?*	*Quines hores visita?*
Wo ist die nächste Apotheke?	*¿Dónde está la farmacia más próxima?*	*Hi ha alguna farmàcia prop d'aqui?*
Ich brauche ein Mittel gegen …	*Necesito un medicamento contra …*	*Necessito un medicament contra ...*
Durchfall/Fieber/ Insektenstiche/ Verstopfung/ Zahnschmerzen.	*la diarrea/la fiebre/ las picaduras de insectos/ el estreñimiento/ el dolor de muelas.*	*la diarrea/la febre/ les picades d'insectes/ el restrenyiment/ el mal de queixal.*

Hotel

Können Sie mir bitte ein Hotel empfehlen?	*¿Podría recomendarme un hotel, por favor?*	*Pot recomanar-me un hotel, si us plau?*
Ich habe bei Ihnen ein Zimmer reserviert.	*He reservado aquí una habitación.*	*Tinc una habitació reservada al seu hotel.*
Haben Sie …	*¿Tiene usted una …*	*Té una …*
ein Einzel-/Doppelzimmer …	*habitación individual/doble …*	*habitació individual/ doble …*
für eine Nacht/eine Woche?	*para una noche/una semana?*	*per una nit/una setmana?*
Was kostet das Zimmer mit …	*¿Cuánto cuesta la habitación con …*	*Quant val l'habitació amb …*
Frühstück/Halbpension?	*desayuno/media pensión?*	*esmorzar/mitja pensió?*

Restaurant

Wo gibt es ein gutes, günstiges Restaurant?	*¿Dónde hay un buen restaurante económico?*	*Hi ha algun restaurat bo i econòmic prop d'aquí?*
Welches Gericht können Sie besonders empfehlen?	*¿Qué plato puede usted recomendarme?*	*Què em recomana?*
Die Speisekarte, bitte.	*¡La carta, por favor!*	*Em pot portar la llista de plats, si us plau?*
Die Rechnung, bitte!	*¡La cuenta, por favor!*	*El compte, si us plau!*

Essen und Trinken

Apfel	*manzana*	*poma*
Aubergine	*berenjena*	*albergínia*
Banane	*plátano*	*plàtan*
Bier	*cerveza*	*cervesa*
Brot/Brötchen	*pan/panecillo*	*pa/panet*
Butter	*mantequilla*	*mantega*
Ei	*huevo*	*ou*
Eintopf	*cocido*	*escudella*
Eiscreme	*helado*	*gelat*
Espresso	*café solo*	*cafè*
Espresso mit etwas Milch	*cortado*	*tallat*
Essig	*vinagre*	*vinagrè*
Fisch	*pescado*	*peix*
Fleisch	*carne*	*carn*
Gemüse	*verdura*	*verdura*
Huhn	*pollo*	*pollastre*
Hummer	*bogavante*	*llamàntol*
Kaninchen	*conejo*	*conill*
Kartoffeln	*patatas*	*patates*
Käse	*queso*	*formatge*
Lammfleisch	*cordero*	*xai*
Meeresfrüchte	*mariscos*	*marisc*
Milch	*leche*	*llet*
Milchkaffee	*café con leche*	*cafè amb llet*
Nachspeisen	*postres*	*postres*
Oliven	*aceitunas*	*olives*
Olivenöl	*aceite de oliva*	*oli d'oliva*
Orange	*naranja*	*taronja*
Pfeffer	*pimienta*	*pebre*
Pilze	*setas*	*bolets*
Reis	*arroz*	*arròs*
Rindfleisch	*carne de ternera*	*carn de vedella*
Salat	*ensalada*	*amanida*
Salz	*sal*	*sal*
Schinken (roh)	*jamón serrano*	*pernil serrà*
Schweinefleisch	*carne de cerdo*	*carn de porc*
Suppe	*sopa*	*sopa*
Vorspeisen	*entremeses*	*entremès*
Wassermelone	*sandía*	*sindria*
Wein	*vino …*	*vi ...*
Weiß-/ Rot-/ Rosé-Wein	*blanco/ tinto/ rosado*	*blanc/ negre/ rosat*
Weintrauben	*uvas*	*raim*
Zucker	*azúcar*	*sucre*

ADAC Reiseführer
NEU! Jetzt multimedial
Berlin
Potsdam mit Sanssouci
Museen • Architektur • Märkte • Plätze • Parks
Aussichtspunkte • Nachtleben • Hotels • Restaurants
Amsterdam
Barcelona
London
München
Paris
Rom
JETZT mit Maxi-Klappkarten
QUALITÄT ZUM KLEINEN PREIS!
Unschlagbar gut – unschlagbar günstig!
Andalusien
Gardasee
Istrien
Mallorca
Palma Pollença Alcúdia
Strände • Städte • Dörfer • Shopping • Ausflüge
Museen • Nachtleben • Hotels • Restaurants
Kreta
Sardinien
Südtirol

Register

Impressum

Herausgeber: TRAVEL HOUSE MEDIA GmbH, München
Programmleitung: Dr. Michael Kleinjohann
Verlagsleitung: Ulrich Safferling
Redaktionsleitung: Jens van Rooij
Autor: Cornelia Hübler
Aktualisierung: Wolfgang Rössig
Redaktion: Intermag Publishing GmbH, München
Bildredaktion: Intermag Publishing
Satz: Intermag Publishing
Umschlaggestaltung: Eva Stadler
Karten (Umschlag): Computerkartographie Carrle, München
Karten (Innenteil): Computerkartographie Carrle
Herstellung: Anna Bäumner
Druck: Drukarnia Dimograf Sp z o.o. (Polen)

Ansprechpartner für den Anzeigenverkauf:
KV Kommunalverlag GmbH & Co. KG,
MediaCenter München, Tel. 089/92 80 96 44

ISBN 978-3-95689-171-7

Neu bearbeitete Auflage 2015

Bei Interesse an maßgeschneiderten Verlagsprodukten:
Telefon: 089/450 00 99 12
E-Mail: veronica.reisenegger@travel-house-media.de

TRAVEL HOUSE MEDIA

Ein Unternehmen der
GANSKE VERLAGSGRUPPE

Bildnachweis

Titel: Cala Fornells bei Peguera im Südwesten der Insel
Foto: **Huber Images** (Massimo Ripani)

Rücktitel: links: **Huber Bildagentur** (C. Dörr)
rechts: **Fotolia** (Sven Weber)

Alimdi: 44/45 (Katja Kreder), 68, 73 (Nico Stengert), 75 (Martin Siepmann), 103, 104 (Fellow) – **Argus:** 108 (Thomas Raupach) – **Bilderberg:** 2.2 (Wh. von 25), 25, 58 (Rainer Drexel), 118/119 (Oliver Brenneisen) – **Jan Bitter:** 51.1 – **Blume Bild:** 30, 33.1, 36.1, 51.2, 56, 66, 67, 92, 110 – **Botanicactus:** 122 – **dpa Picture Alliance:** 32.1 (efe), 79 (Hartmut Schwarzbach) – **F1 Online:** 3.1 (Wh. von 57), 57 (Tiophoto), 71 (sodapix) – **Fotolia:** 5.1 (SOMATUSCANI) – **Fundación Yannicky Ben Jakober:** 5.2 (Wh. von 86), 86 – **Glow Images:** 95.1 (ImageBroker) – **Huber Bildagentur:** 4.1 (Wh. von 54/55), 9, 30/31, 52/53, 54/55, 81, 83, 93, 95.2, 99.2, 113 (R. Schmid) – **Cornelia Hübler:** 4.4 (Wh. von 41), 41 – **Helga Lade:** 59, 109 – **laif:** 3.4 (Wh. von 8), 4.2 (Wh. von 32.2), 4.3 (Wh. von 63), 5.3 (Wh. von 10.3), 6.2, 87 (Sabine Bungert), 10.3, 28.2, 62 (Frank Heuer), 8, 32.2 (Gerhard Westrich), 11.1, 125 (Zanettini), 23 (Knechtel), 55, 82 (hemis.fr/René Mattes), 63 (hemis.fr/Jean-Pierre Degas), 72 (Huber), 101 (Tobias Gerber) – **Jalag Syndication:** 7 – **Look:** 2.1 (Wh. von 48), 3.2 (Wh. Von 21), 6/7, 20, 21, 26, 70, 121 (Konrad Wothe), 2.4 (Wh. von 16/17), 8/9, 16/17, 99.1, 116 (H. & D. Zielske), 42/43, 46/47, 115.2 (Holger Leue), 45 (Bernhard Limberger), 48 (The Travel Library), 61, 65 (Michael Zegers), 82 (Hauke Dressler), 88 (age/fotostock) – **Mauritius Images:** 3.3 (Wh. von 18/19) (SuperStock), 18/19, 5.4 (Wh. von 6.1), 6.1, 27 (Urs Flüeler), 33.2 (imagebroker/Wrba), 40 (imagebroker/Jochen Tack), 49 (S. Pearce), 69, 117 (Steffen Beuthan), 91.1 (imagebroker/vox), 94 (P. Widmann), 112.1 (Peter Merten) – **Museu Arqueològic de Son Fornés:** 97.1, 98 – **Dirk Renckhoff:** 115.1 – **Schapowalow Bildagentur:** 11.2, 22/23, 29, 34, 76/77 (Huber) – **Shutterstock:** 38/39 (Gert Hochmuth) – **Thomas Semmler:** 100 – **Superbild:** 105 (Bernd Ducke) – **Ullstein Bild:** 2.3 (Wh. von 102), 10.1 (Caro/Sorge), 12, 14, 84, 91.2, 97.2, 102, 106/107 (imagebroker), 13 (Asia), 96 (Caro/Preuss) – **Dr. Gerd Wagner:** 112.2 – **West 8 urban design & landscape architecture:** 15 – **White Star:** 38 (Monica Gumm) – **Ernst Wrba:** 10.2, 28.1, 35, 36.2, 89, 111

ADAC
Über 4600 Stellplätze.
Mit 5 neuen Traumtouren!
ADAC
Stellplatzführer
Deutschland · Europa
CAMPING Key
Europe
ADAC
ADAC CampCard